THE SIXTY EFFECTS
THE LEADERS
SHOULD FOCUS ON

领导者应关注的60种效应

陈金明 编著

人民出版社

序　言

　　无论身处哪个国家、何种文化，如何才能成为一名出色的领导者一向被认为是一门深奥莫测的学问，也是很多管理学家、心理学家等相关研究者，以及军队和地方党政机关、企事业单位的领导者十分关注的问题。

　　《领导者应关注的 60 种效应》一书介绍了 60 种与领导者的管理教育有关的效应，其中不仅包含了大量有实证研究支持的心理学效应，还包含了其他如管理学、社会学、教育学等学科中的相关效应，涉及的范围相当广。每种效应独立成篇，作者一一作了深入浅出的详尽介绍。首先由生动的事例、故事或实验入手，引入要阐释的效应，紧接着简明扼要地为该效应下定义；然后，作者再结合中国的实际情况，对每个效应作了通俗易懂的详细解释，让即使没有心理学、管理学等学科背景的读者也能迅速明白这个效应的实际含义；最后，作者总结了这个效应在实际工作中带给领导者的启示，这部分也是本书内容的精华之所在。

　　我深深地感到了作者的诚意，也感佩于一位长期工作在第一线的同志可以如此出色地完成一部专业性较强的作品的不易。

　　具体说来，该书有如下创新与特色：

第一，"效应"提炼的方法很独特。作者精选和提炼出了可用于管理教育工作中的 60 种效应。这些效应有的来自心理学家的经典实验，如巴纳姆效应、皮格马利翁效应、曝光效应等；有的来自民间传说与神话故事，如安泰效应、情绪效应、木桶效应等；有的来自国内外名人名家轶事趣闻的联想，如"超限效应"就是根据美国著名幽默作家马克·吐温去教堂听牧师演讲和罗斯福总统反复请前来采访的记者吃三明治的趣闻提炼出来的。此外，还有一些效应则与日常生活中的观察发现有关，如淬火效应、软化效应、洼地效应等。在这些效应的选择和提炼过程中，反映出作者善于学习、思考、总结和提炼，有极强的观察能力和思维能力。

第二，"效应"的本土化释义很精彩。由于书中阐述的大多数效应来自国外，作者通过对中国的政治文化、历史典故以及中国现代社会中的案例的旁征博引，实现了对这些效应本土化的解释，让读者更容易理解这些效应的含义，在情感上也更容易接纳这些效应。例如，作者在解释社会心理学中著名的"首因效应"时，引用了楚汉之争时的韩信以及《三国演义》中庞统的典故；在解释"约翰逊效应"时，引用了我国夏朝著名神箭手后羿由于私心杂念和缺乏应有心理素质，导致竞技失败的历史典故。作者的引经据典不仅能够让读者在阅读过程中更加深入地了解这个效应的意义，拓宽了知识面，加深了对中国传统文化的认识和理解，同时也使读者的阅读体验更深刻，让读者在品味典故、阅读故事的过程中相对轻松地学习到相应的知识。

第三，"效应"的理论联系实际很到位。作者在写作过程中，将自身长期在领导工作实践中的宝贵经验和切身体会，融入到了书中，其中有些启示和感悟是长期从事研究而较少接触实际工作的研究者很难想到的。例如，在对"布里丹毛驴效应"进行阐述之后，作者提出了"布里丹毛驴效应"对领导者四个方面的启示：即要养成独立思考的习惯，要严格执行决策纪律，要适时调整决策目标，要采取稳健的决策方式；在介绍"霍布森选择效应"的基本含义之后，提出了该效应带给领导者的三点启示：即尽可能多方案选择，尽可能大范围选择，着力提高决策水平。本书中介绍的各种效应，对于军队、地方党政机关和企事业单位领导者提升领导能力和决策水平，发现和招纳人才，进行有效的人力资源管理，以及如何恰当地平衡和协调上下级或同级间的关系等都有直接的帮助。正是由于作者长期领导工作经验的累积，以及在实务工作中不断学习、不断反思、不断领悟，这本书的内容才能与实践紧密结合，内容才能更加贴近领导者的实际情况，使本书具有十分重要的实践价值。

总的来说，这本书既有一定的理论依据，又能联系实际，同时视野开阔、内容丰富、可读性强，对领导者们，尤其是在军队和地方党政机关，以及企事业单位中担任领导职务的同志具有实际的参考意义。

当今社会信息爆炸，经济发展迅猛，任何人都要不断学习才能跟得上时代前进的步伐，领导干部更不例外。党的十九大为祖国未来的发展勾画出一幅宏伟壮丽的蓝图，对领导干部提出了新的更高的要求，每位领导者只有不断更新自己的知识和理念，不断学习，提高自己的素质，掌握领导的艺术，才能更好地胜任领导工作。作者在书中总结的 60 个效应，蕴含了丰富的心理学、管理学、社会学、教育学等学科的知识，给领导者们以很好的知识补充，对于提高领导者的素质和管理工作的艺术具有极大的帮助，我向所有的领导者，尤其是在军队和地方党政机关工作的领导者强烈推荐这本书！

刘邦惠

2017 年 10 月 20 日

于中国政法大学学院路校区

刘邦惠：中国政法大学教授，心理学博士，曾任中国心理学会法制心理专业委员会副主任，北京市心理学会常务理事，中国政法大学社会学院副院长、分党委副书记，现任中国政法大学犯罪大数据研究中心主任。

目　录

安 泰 效 应

　　古希腊神话中有一个大力神叫安泰，他是海神波塞冬与地神盖娅的儿子，他力大无比，百战百胜，势不可挡。但他有一个致命的弱点，那就是他一旦离开大地，离开母亲的滋养，就失去了一切力量。他的对手刺探了这个秘密，设计把他高高举起，在空中把他杀了。后来人们把一旦脱离相应条件就失去某种能力的现象称为"安泰效应"。

　　"安泰效应"寓意：基础不牢、地动山摇，没有基层人民群众的拥护和支持，任何组织和个人最终都是要失败的，任何规划蓝图都将是空中楼阁。因此，要重视抓基层、打基础的工作。群众工作是全部领导工作的基础，只有宣传和组织群众，相信和依靠群众，才能从根本上巩固执政根基。

　　"安泰效应"启示领导者，人民群众是实践的主体，是历史的创造者。纵观古今中外各种党派的执政历史，最大的优势和成功是团结人民群众，最大的危险和失败是脱离人民群众。为此，各级领导者应充分相信和依靠人民群众，坚持走群众路线。

　　启示一，深刻理解人民群众的主体地位。领导者要时刻把人民放在心中最高位置，尊重人民主体地位，尊重人民首创精神。从党和国家的事业看，人民群众的主体地位突出体现在三个方面。其一，人民群众是历史的创造者、是历史发展的基本动力，这是马克思主义的基本观点。长期以来，我们之所以能在革命、建设和改革实践中，战胜各种艰难险阻，取得巨大的历史性成就，靠的就是绝大多数人民群众的拥护和支持。形势在变化，但人民群众作为历史实践的主人没有变，群众观点任何时候任何情况下都不能丢。其二，人民群众掌握着历史选择的主动权，我们决不能在历史的功劳簿上停步不前。尽管党的各级领导者领导人民群众在革命、建设和改革实践中取得了举世瞩目的成就，但我们要战胜各种风险，永远赢得人民的信任，就必须毫不动摇地坚持全心全意为人民服务的根本宗旨。其三，人民群众的拥护和支持，是巩固领导地位的唯一保证。水能载舟，亦能覆舟。要巩固党的执政根基，谋求国家改革发展稳定，必须依靠人民群众这块"土壤"，如果离开了人民群众的滋养，国家的发展，民族的伟大复兴就失去了力量源泉。在新时代中国特色社会主义建设的进程中，我们要思想上尊重群众、感情上贴近群众、工作上依靠群众，把最广大人民群众紧紧团结在自己的周围。

启示二，切实维护人民群众的正当权益。领导者必须始终坚持以人民为中心的发展理念，把人民群众对美好生活的向往作为我们的奋斗目标，把实现好、维护好、发展好最广大人民根本利益作为一切工作的出发点和落脚点，做到权为民所用、情为民所系、利为民所谋，使我们的工作获得最广泛、最可靠、最牢固的群众基础和力量源泉。就当前而言，有三个问题必须高度重视。其一，把民生工程放在突出位置，着力解决群众生产生活中的实际困难和问题。重点关切中低收入的劳动阶层，通过改革和政策调整，如健全劳动报酬正常的增长机制，创设大幅度提高劳动收入的发展环境和制度条件，切实维护广大劳动群众的利益。通过实施精准扶贫，帮助群众解决生产生活中的实际困难，特别是要努力满足群众在教育、就业、社会保障、医疗卫生、住房等方面的基本需求。其二，群众的利益需求是多种多样的，我们一定要全盘考虑、全面关注。一要经济需求和政治需求并重。不仅要积极满足人民群众的经济需求，不断提高他们的物质生活水平，而且还要积极满足人民群众的政治需求，落实民主选举、民主决策、民主管理和民主监督等各项权利，让人民群众真正成为社会的主人。二要妥善处理不同利益之间的关系。对群众的不同利益要科学分析、统筹兼顾，根据群众生产生活的需要，在不同时期不同阶段有所侧重，妥善处理。三要把群众的切身利益维护好。群众对看得见、摸得着的利益感受是最深的，所以一定要把关乎群众切身利益，如合理的劳动报酬、教育医疗、住房保障、食品药品安全、环境保护、安全生产等作为关注的重点，把中央的惠民政策落实好，把好事办好、实事办实，让改革的成果惠及百姓。其三，凡是群众反映强烈的问题都要严肃认真对待，凡是损害人民利益的行为都要坚决纠正。群众往往对发生在身边的违纪违法现象最敏感，也最容易引起不满。我们要坚决惩治腐败，以反腐倡廉实际成效取信于民。对发生在群众身边的腐败现象，要治标治本两手抓、惩治预防两手硬。对已经发生的问题，要及时揭露和查处，形成依法严惩的高压态势。同时，注重分析发生问题的原因，以完善惩防体系为重点，规范制约权力，改进干部作风，建立长效机制，从源头上防止腐败的发生。

启示三，注重提高群众工作的科学化水平。领导者应高度重视并切实做好新形势下群众工作。不断增强联系、组织、服务和团结群众的本领，真正成为群众工作的行家里手。具体地说，重点应该从三个方面做出努力。其一，以积极主动的态度开展群众工作。一要主动地联系群众。领导者必须用足够的时间和精力，深入基层，深入到困难多、问题多、矛盾多的地方，倾听群众呼声，体察群众情绪，关心群众疾苦，自觉与群众打成一片。二要积极地了解群众。了解群众，就是要了解群众的政治觉悟、经济水平和工作生活状况，了解群众所思、所盼、所忧，全面准确地掌握基层群众的第一手资料。三要真诚地服务群众。按照目前的经济状况，只要心中装有群众，真正把群众的利益放在首位，无论在什么地方，都可以为群众办成许多实事好事。其二，以谦虚务实的精神推进群众工作。一要虚心向群众学习。各级领导者在做群众工作的时候，一定要有"眼睛向下"的姿态和"放下臭架子，甘当小学生"的思想，通过各种方式倾听群众意见，研究群众经验，汲取群众智慧，只有这样，才能找到推进改革、促进发展和保持稳定的金钥匙。二要依靠群众。加强调查研究，畅通民意反映渠道，逐步建立群众有序参与决策的机制，把群众利益和群众意愿作为出主意、做决策、抓工作的基础。三要团结和带领群众。群众的思想水平和政治觉悟都不可能是整齐划一的，我们要立足多数、重视少数，鼓励先进、带动后进，把多数群众的意见作为制定政策和执行政策的基本依据。其三，以科学有效的方法做好群众工作。一要用民主的方法教育引导。对群众的利益矛盾和意见不满，要能够换位思考，从尊重、理解和关心的角度出发，做好耐心细致的说服教育工作，以理服人、以情感人，绝不能用简单粗暴的方法强制压服，更不能搞惩办主义。二要创新方法手段。随着经济发展和社会进步，利益矛盾日益复杂，群众的法治意识、维权意识也不断增强，领导者要善于运用法治思维和法治方法开展工作，提高依法办事的水平，要主动向群众宣传法律知识和政策规定，引导群众以理性合法的形式表达利益诉求、解决利益纠纷、维护自身权益。三要有相应的制度保证。建立健全联系群众、教育群众、服务群众的制度机制，形成内有动力、外有压力的制度环境，保证领导者主动深入基层、深入群众，积极解决群众的生产生活困难，有效化解群众的不满情绪，自觉维护群众的合法权益。

总之，领导者不能失去人民群众这个力量的源泉，不能失去赖以生存和发展的必要环境。如果失去了人民群众这个立党之本、执政之基、力量之源，纵有"力拔山兮气盖世"的能耐，也终有失败的时候。为此，各级领导者应牢固树立和自觉践行以人为本、执政为民的理念，更加自觉地相信和依靠群众，更加积极地服务群众，更加坚定不移地走群众路线，永远不辜负人民的支持和期望。

暗 示 效 应

　　三国时期，诸葛亮因错用马谡而失掉战略要地——街亭，魏将司马懿乘势引 15 万大军向诸葛亮所在的西城蜂拥而来。当时，诸葛亮身边没有大将，也没有多少军队。诸葛亮传令，把所有的旌旗都藏起来，按兵不动，把四个城门打开，每个城门口派 20 名士兵扮成百姓模样，洒水扫街。诸葛亮自己披上鹤氅，戴上纶巾，领着两个小书童，带上一张琴，到城上望敌楼前凭栏而坐，燃起香，然后慢慢弹起琴来。司马懿来到城前，疑惑不已，下令退兵。别人不解，司马懿说："诸葛亮一生谨慎，不曾冒险，现在城门大开，里面必有埋伏，如果进去，正好中计。还是快快退兵吧！"于是各路兵马都退了回去。

　　东汉末年，曹操带兵去攻打张绣，军队一路行军走了很多天，十分疲乏。时值盛夏，火辣辣的太阳挂在空中，散发着巨大的热量，这一路又是荒山秃岭，没有人烟，方圆几十里没有水源，将士们头顶烈日，一个个被晒得头昏眼花，大汗淋漓，可是又找不到水喝，口渴难耐，嘴唇干裂，身体渐渐支持不住，行军速度明显慢了下来。曹操目睹这样的情景，心里十分焦急，他策马奔向旁边一座山冈，极目远眺，干旱的土地一望无际。此时他灵机一动，抽出令旗指向远方，大声喊道："前面不远的地方，有一大片梅林，结满了又大又甜又酸的梅子，大家坚持一下，走到那里就能解渴了！"将士们听了曹操的话，想起了梅子的酸甜，嘴里顿时生出了不少口水，精神也振作了起来，鼓足力气加紧向前赶路，就这样，曹操终于率军队按时到达了目的地。

所谓暗示是指"用含蓄、间接的方式，对别人的心理和行为产生影响。暗示作用往往会使别人不自觉地按照一定的方式行动，或不加批判地接受一定的意见或理念"（《心理学大辞典》）。俄国著名心理学家巴甫洛夫指出："暗示是人类最简化、最典型的条件反射。""暗示效应"是指在无对抗的条件下，用含蓄、抽象、诱导的间接方法对人们的心理和行为产生影响，从而诱导人们按照一定的方式去行动或接受一定的意见，使其思想、行为与暗示者期望的目标相符。简而言之，就是用含蓄、间接的方式对别人的心理和行为施加影响，从而使被暗示者不自觉地按照暗示者的意愿行动。

"暗示效应"启示领导者，暗示就像一把"双刃剑"，它可以救治一个人，也可以毁掉一个人，关键在于暗示者和接受心理暗示的个体自身如何理解和把握。

启示一，要准确领会"暗示效应"的意义。国外心理学界曾做过这样的实验：将一张从报刊上摘选的人物照片复印成 30 份，准备两份指导语，其中 15 份的指导语把图片上的人物介绍成罪犯，另外 15 份的指导语把图片上的人物介绍成一位著名的教授。然后将不同指导语的图片分别发给要做实验的两组人员，让其根据图片和图片上的人物介绍，分别独立进行描述。两组人员因为受到不同的暗示，所以尽管他们看到的图片是同一个人，但是他们对该人物的描述会截然不同。

赵本山、范伟的小品《卖拐》，也是"暗示效应"的幽默体现。买者说，自己虽然"脸有点大"，但腿没问题；卖者则说，"脸大，那是腿部末梢神经坏死，把脸憋大了"。买者说，"自己的左腿没毛病，只是小时候右腿摔过"；卖者说，"那是转移了"，把左腿跺麻后走一圈儿，肯定会有不适应感。买者一试果然如此。"末梢神经坏死"以及"病灶转移"等，都是医学的常用语，有极强的"暗示效应"。结果，买者对自己的"左腿有病"便深信不疑，于是，一场骗局大功告成，《卖拐》也成了小品的经典之作。

还有一则轶事。一位著名的作家患有严重的失眠症，每天都由夫人给他三片安眠药服下，才能安然入睡，这已经成了他的习惯。可是谁又能想到，夫人提供的安眠药居然是维生素 C 呢！作家也始终被蒙在鼓里，倘若他知道服下的是维生素 C 而不是安眠药，那么，他肯定会辗转反侧而不能入眠。

人们经常使用"暗示效应"，或暗示别人，或接受别人暗示，或进行自我暗示。积极的心态，如热情、激励、赞许或对他人有力的支持等，使他人不仅得到积极暗示，而且得到温暖，得到战胜困难的力量。反之，消极的心态，如冷淡、泄气、退缩、萎靡不振等，则会使人受到消极的暗示影响，暗示带来的痛苦与压力有时会波及人的身体健康。因此，日常生活中，一定要认真对待各种语言暗示、情感暗示、动作暗示，注意分析暗示的来源、原因以及对自己的作用，尽量注意接纳积极暗示，摒弃消极暗示；当我们在与他人交往时，如果发现他人有可能受到自己的暗示时，也要注意暗示的内容、方式和力度，尽量使他人接受积极的、适度的暗示，防止因为不当暗示而导致他人心理、行为方面出现不必要的问题。

启示二，要用积极的心理暗示下属。 "暗示效应"可分为积极的或消极的，积极的"暗示效应"，如曹操在行军途中让士兵"望梅止渴"；消极的"暗示效应"，如赵本山、范伟的小品《卖拐》。积极的暗示可以帮助下属稳定情绪、树立信心、激发战胜困难和挫折的勇气；消极的暗示却能使下属颓丧、消沉、迷茫。将"暗示效应"应用到管理教育中，称为"暗示管理法"或"启发式教育法"。下属上进心、求知欲的激发，都需要积极的心理暗示。这就要求领导者广泛开展健康向上、丰富多彩的文体活动，在下属不觉察的状态下，通过言语或非言语行为侧面地、间接地刺激其潜意识，从而对下属的心理或行为产生积极影响。注意经常性地、广泛深入地开展正面教育和耐心细致的思想工作，积极创造良好的管理教育环境，以科学的理论武装人，以正确的舆论引导人，以高尚的情操塑造人，以优秀的作品鼓舞人。大力弘扬正气，激发正能量。另外，积极的"暗示效应"在很大程度上取决于领导者在下属心目中的威望，所以要求领导者既要不断提高个人的能力水平，又要修炼令人信服的人格魅力，不断增强积极的"暗示效应"。

启示三，要运用各种形式的暗示方法转化后进。 后进下属是困扰管理、教育的一个重要问题，暗示在教育、转化后进人员方面具有特殊作用，可运用情感暗示、成就暗示、角色暗示等方法进行教育、转化。只有对下属无私的爱和发自内心的赞赏，才会起到真正有益的暗示作用。领导者应设身处地地关心爱护后进人员，时时从语言、神态、动作上注意自己的教育行为，一个赞赏的眼神，一句热情的鼓励、一个支持的暗示，都能使后进人员平添一份激动，让他们感受到组织和领导的关爱和信任，进而从内心深处萌发上进心，促其成长进步；领导者还应注意发现后进人员的"闪光点"，及时捕捉后进人员的点滴进步，通过体态暗示和语言暗示等有效手段，进行肯定和表扬，帮助后进人员转变态度，提高工作热情；对后进人员分层次安排工作、学习，让他们有选择余地，使不同人员得到不同的发展，不同层次有不同的进步，让大家都能看到自己的成长进步，从而增强自信心；领导者要真正尊重后进人员的个体地位，摒弃厌烦、歧视的心理，努力创设一种平等的、轻松愉快的工作、学习、生活氛围，让后进人员在团结、友爱、和谐、向上的"正能量"影响下，沿着组织和领导者暗示的目标迈进。

　　启示四，要利用环境资源发挥隐性暗示作用。环境是重要的教育资源，具有促进人员发展的教育功能。领导者要善于创设良好的暗示环境，充分发挥环境的隐性教育作用，规范下属的行为习惯，引导下属学会自主管理。苏联著名教育实践家和教育理论家苏霍姆林斯基说过："孩子在他周围——在学校走廊的墙壁上、在教室里、在活动室里经常看到的一切，对于他的精神面貌的形成具有重大意义。"孩子如此，大人又何尝不是这样。良好的环境起到积极的心理暗示作用，使下属产生愉悦的情感，激发他们奋发向上的潜力，有利于下属的健康成长。单位是人们学习工作生活的重要场所，优化、美化单位基础设施，加强单位政治、文化建设，无疑是发挥环境暗示作用的一种重要方式。因此，领导者应结合不同时期的形势、任务和要求，在单位机关、工作场所设置宣传栏，张贴守则、公约、标语、口号，悬挂名人格言、字画等，进行富有创意的环境暗示，使之起到潜移默化、润物细无声的多重功效，达到"导而勿牵"、"引而勿发"的暗示效果，同时还应充分利用多媒体、群众性文化活动等大家喜闻乐见的形式，弘扬正气，激发正能量。

启示五，要借助自我暗示调节下属心态。自我暗示是指通过五官（视、听、嗅、味、触）给予自己心理暗示或刺激，让自己接受某种观念，对自己的心理施加某种影响，对情绪等产生作用。自我暗示是一种常见的心理调节方法，具有镇定、提醒等作用。大发明家爱迪生深信自我暗示的力量，他曾在工作日志上写道："我相信自己会成功的，我知道自己一定能行，我会发明电灯的！"在坚持了上万次之后，他终于成功研制出了世界上第一盏电灯。心理学家普遍认为，自我暗示不是来自外界，而是来自肌体内部的控制和调整。自我暗示是人的心理活动中的意识思维的发生部分与潜意识的行动部分之间的沟通媒介。它是一种启示、提醒的指令，会告诉你注意什么、追求什么、效力于什么和怎样行动，因而它能支配并影响你的行为——这是每个人都拥有的一个看不见的法宝。领导者要注意引导下属多看到自己的进步，积极对待失败和挫折，经常给自己积极的自我暗示，避免消极暗示，多与同事、领导沟通，在交流中缓解紧张、消极的情绪。注意工作、生活的规律性，稳定情绪的同时，每天花点时间做自己喜欢的运动或者休闲一下，亦能提高工作效率。最重要的是给自己一个合理的奋斗目标，做到心中有数。

自我暗示会产生强烈的心理定势，由此引导潜在动机产生行为，即潜意识根据确定的信念和主观的愿望形成一种意识能量，从而指导主体行动。领导者要注意引导下属利用自身强大的精神力量消除心理障碍，获得最佳的心理状态，诱使下属主体非智力因素发生作用，促成既定目标的实现。只要持之以恒，自我暗示就能成为心理调整的得力助手。

巴纳姆效应

1948 年，心理学家伯特伦·福勒做了一个实验：他给一群人做完明尼苏达多项人格测试问卷（MMPI）后，拿出两份结果让参加者判断哪一份是自己的结果。事实上，一份是参加者自己的结果，另一份是多数人的回答平均起来的结果。参加者竟然认为后者更准确地表达了自己的人格特征。还有心理学家用一段笼统的、几乎适用于任何人的话让大学生判断是否描述了自己，结果，绝大多数大学生认为这段话将自己刻画得细致入微、准确至极。

著名魔术师菲尼亚斯·泰勒·巴纳姆在评价自己的表演时说，他之所以很受欢迎是因为在节目中包含了每个人都喜欢的成分，所以他使得"每分钟都有人上当受骗"。所谓"巴纳姆效应"，即指这样一种心理倾向，人们很容易受到来自外界信息的暗示，从而出现自我知觉的偏差，认为一种笼统的、一般性的人格描述十分准确地揭示了自己的特点。即使这种描述十分空洞，他仍然认为反映了自己的人格面貌，哪怕自己根本不是这种人。

通过"巴纳姆效应"，我们可以发现"人贵有自知之明"，唯有自知才能认清自身的长短，从而扬长避短，使自己在社会竞争中赢得一席之地。同时，"巴纳姆效应"也告诉我们"人难有自知之明"，虽然人们总是自认为了解自己，可真正具有自知之明并非易事。也正是难在自知，所以有很多人看不到自身的缺点与不足，也不能很好地利用自己的优点和长处。他们常常选择了不适合自己的发展方向或人生道路，甚至在选择朋友与伴侣时，也走了很多弯路。

《吕氏春秋·先己》中也讲了这个道理，要想战胜别人，必须先战胜自己；要想品评别人，必须先品评自己；要想认识别人，必须先认识自己。这是对"自知"的最好阐释。

"巴纳姆效应"启示领导者，一个对自己都不了解的人，是无法对自己今后的人生与未来发展道路做出科学判断的。

启示一，不要简单地以别人为参照。 人们在认识自己的时候，时常受到外界暗示，习惯于将别人作为自己行为的参照、奋斗目标的参照，甚至是判断事物对错的参照，因而导致自己陷入被动局面。据传爱因斯坦小时候很贪玩，他的母亲对此忧心忡忡，可是，父母一提醒他学习，他总会说，小朋友们不都在玩吗？直到 16 岁那年的秋天，一天上午，父亲将正要去河边钓鱼的爱因斯坦拦住，并给他讲了一个故事："昨天我和邻居杰克大叔去清扫南边的一个大烟囱，他在前面，我在后面。我们抓着扶手一节一节终于爬了上去。下来时，你杰克大叔仍然走在前面，我走在后面，待清扫完钻出烟囱时，我发现杰克全身被烟囱里的烟灰蹭黑了，心想，我一定和他一样，脸脏得像个小丑，于是就到小河里洗了又洗。其实，我在杰克后面，身上并没有很多烟灰。杰克见我钻出烟囱时比较干净，以为他自己也一样，于是没有清洗便去上街了。结果，街上的人见到他都笑破了肚皮，还以为他是个疯子呢。"爱因斯坦听罢，忍不住和父亲一起大笑起来。父亲郑重地对他说："其实别人谁也无法清晰地照出你的模样，只有自己才是自己的镜子，拿别人做镜子，白痴也会把自己照成天才。"爱因斯坦听后很受启发，从此发奋苦读，终于成为著名的物理学家。其实，以别人的言行为参照，来判断自己行为的对错，是不够科学的。有些人到十字路口的时候，不是看红绿灯，而是看其他人怎么走，人家走自己也跟着走。怎样才能避免盲目参照别人而导致贻误自己呢？最有效的方法就是凡事问个为什么。特别是在本单位建设和发展的办法、途径上，既要借鉴国内外先进经验，更要紧密联系自己的实际情况，避免照抄照搬，这一点对于领导者来说尤为重要，

启示二，不要迷失自我。"认识你自己"，是刻在古希腊阿波罗神庙的三句箴言之一，也是其中最有名的一句。"我是谁？我从哪里来？又要到哪里去？"从古时候开始，人类一直没有停止对这些问题的探寻，然而时至今日，人们不能不遗憾地说，"认识自己"的目标距离我们仍然还很遥远。正因为如此，人常常迷失在自我当中，很容易受到周围信息的暗示，并把他人的言行作为自己行动的参照。从众心理便是典型的证明。在日常生活中，人既不能每时每刻去反省自己，也不可能总是站在局外人的角度来观察自己，从而常常不能正确地知觉自己。因此，作为领导者在认识自己的问题上，不要盲目自信，当自己寻找不到确切答案时，可以听一下群众的意见，特别是有关专家的看法，以免茫然无措，随波逐流。智者的意见加上自己的判断，要远比盲目地参照理智。要时常听听局外

人的评价，哪怕这种评价我们不愿意接受，也要耐心地听一听，局外人不受利益左右，见解往往更为客观真实。尤其经验比较丰富的人的意见、专业人士的意见，非常重要。唐太宗李世民曾说，"以铜为鉴，可以正衣冠；以古为鉴，可以知兴替；以人为鉴，可以明得失"。有的读者可能会想，以人为鉴不就是以别人为参照吗？其实不然，区别有二：一是鉴者为高人，二是自己有所思考与判断。

启示三，不为他人的态度所左右。快乐与否应该由自己来决定，我们何以让自己快乐的钥匙掌握在别人手上呢？如果只因为对方不友善的回应而自己生闷气，那是多么不值得啊。很多年轻人都会有这样一种心态，就是特别在意别人的反应，在意别人的态度，甚至因为别人的好恶而极大地影响自己的情绪。认真地想一想，这大可不必。也就是说做许多事情时，只要你觉得是对的，就放心大胆地去做，并不需要太在意旁人的眼光，太在意别人的反应而裹足不前，会错过许多该做的好事，甚至放弃自己真正想要的东西，失去良好的机会。作为领导者更要始终坚定正确的理想信念，不唯书、不唯上、只唯实，敢于坚持真理，排除各种干扰，只要是对党和人民有利的事，就毫不动摇地坚持下去。

曝 光 效 应

1968 年，一位名为罗伯特·扎伊翁茨的心理学家做了这样一个实验：他向参加实验的人出示一些人的照片，让他们观看。有些照片出现了二十几次，有些出现了十几次，而有些则只出现了一两次。之后，观看照片的人评价他们对照片的喜爱程度。结果发现，参加实验的人看到某张照片的次数越多，就越喜欢这张照片。他们更喜欢那些看过二十几次的熟悉照片，而不是只看过几次的新鲜照片。也就是说，看的次数多，加深了喜欢的程度，或者说，看过的次数与喜欢的程度成正比。扎伊翁茨对这种现象进行了总结，即人们会单纯因为自己熟悉某个事物而产生好感。他还测试了许多东西，包括形状、面部表情，甚至是无意义的词汇，都证明了这一效应。我们每天都会在镜子里看到自己的形象，因此也更加喜欢这一形象。

另一实验：在一所大学的女生宿舍里，心理学家随机找了几个寝室的女生，发给她们不同口味的饮料，然后要求这几个寝室的女生可以以品尝饮料为理由，在这些寝室间互相走动，但见面时不得交谈。一段时间后，心理学家评估她们之间的熟悉和喜欢的程度，结果发现：见面的次数越多，相互喜欢的程度越大；而见面的次数少或根本没有，相互喜欢的程度就较低。

还有这样一个实例：有位女生让她男友给她的同事介绍男朋友，男友说出了一个名字，女生跳起来说："啊，他哪里配得上我同事？"其实，她同事并不见得有多美，不过，在她眼里，朝夕相处的同事美若天仙。然而，这对看似很不般配的男女，经过一段时间的频繁交往还真的喜结良缘了。

人们会偏好自己熟悉的事物，只要经常出现就能增加喜欢程度，这种对越熟悉的东西越喜欢的现象，在心理学上称为"曝光效应"或"多看效应"、"接触效应"。这些现象不仅仅是在心理学实验中才出现，在现实生活中，我们也经常能发现这种情况。对人际交往吸引力的研究发现，我们见到某个人的次数越多就越觉得此人招人喜爱、令人愉快。有些人善于制造双方接触的机会，从而提高彼此间的熟悉度，使互相间产生更强的吸引力。在我们新认识的人中，有时会有相貌不佳的人，最初我们可能觉得这个人难看，可是在多次接触之后，逐渐就不觉得他难看了，有时甚至会觉得他在某些方面很有魅力。

"曝光效应"启示领导者，应充分认识和把握该效应的应用范围和使用条件，以强化自身的影响力和执行力。

启示一，运用"曝光效应"改善人际关系。"曝光效应"证明，我们见到某人的次数越多，就越能增强亲切感、吸引力，就越招人喜爱、令人愉快。这就要求领导者转变领导作风，改进工作方法。坚持走群众路线，经常深入基层一线，深入人民群众之中，听民声、察民情、解民忧，与人民同呼吸、共命运、心连心，满腔热忱地为人民群众做好事、办实事、解难事。在与人民群众面对面、心贴心、实打实的接触中，了解人民群众，同时也让老百姓熟悉和理解自己，不断增进相互间的理解支持和感情交流，密切党群、干群关系，增强领导工作的吸引力、凝聚力和感召力，促进各项工作的顺利开展。

启示二，运用"曝光效应"增强自信心。"曝光效应"就是这么神奇：人们具有喜欢镜像超过正常照片的显著倾向。即一般人相比于看自己的正常照片而言，会更喜欢镜子里面的自己。因为一般人都是见镜子里的自己次数多，每天的洗漱，出门前的整理，女生还经常补补妆等。我们不难发现，有心的单位领导者在单位出入口、大厅、过道等处会摆放一面大镜子，这不仅可以帮助大家正衣冠、树形象，还可以增强人们的自信心，使大家更爱自己、爱单位、爱工作、爱生活，增强单位的生机与活力。有经验的领导者，在公开演讲和大会作报告前，总是对着镜子备课，看口型变化，看面部表情，看手势举止，首先把自己的形象摆端正，自信心充足了，底气和潜能才能焕发出来，同时也增强讲话的感染力、说服力，从而也真的在听众心目中树起了良好形象。

启示三，运用"曝光效应"增强知名度。研究发现，当不熟悉的刺激短暂呈现时，"曝光效应"最强。为此，领导者特别是新上任的领导者，一方面要善于推介自己和自己的单位，多公开露面，利用多种场合曝光，增强知名度和亲和力。特别是在信息网络时代，领导者要善于面对大众媒体，以达到扩大正面宣传，化解矛盾纠纷，消除误解猜疑，打击谣言传播的目的，以此树立领导和单位的良好形象。另一方面，要善于广告宣传新的工艺产品、新的发明创造、新的方针政策，不断提高经济效益和社会效益。

当然，任何事物都有个度，"曝光效应"的应用很广，也能给人们的生活、工作带来很大帮助。但"曝光效应"要在一定的前提下才能起作用，所以，领导者在运用"曝光效应"的时候，应注意两个因素。一是使用对象（包括人、事、物）最初的态度是中性或者积极的才可以使用这一效应；二是过多的曝光会引起厌烦。这就要求领导者把握好曝光频度。有研究表明，"曝光效应"是显著的、可靠的，其效应量 $r=0.26$，即曝光（多看）次数在 10 至 20 次之间一般能达到最大的喜欢程度，次数过多或过少都会下降。

贝 尔 效 应

英国前首相威廉·皮特还是一个孩子时，就相信自己一定能成就一番事业。在成长过程中，无论他身在何处，无论他做什么，不管是上学、工作，还是娱乐，他从未放弃过对自己的信心。不断地告诉自己，应该成功，应该出人头地。这种自信的观念鼓励着他锲而不舍、坚忍不拔地朝着自己的人生目标——做一个公正睿智的政治家——前进。22岁那年，他就进了国会，第二年，他就当上了财政大臣，到25岁时，他已经坐上了英国首相的宝座。凭着一股要成功的信念，小威廉·皮特完成了自己的飞跃。

英国作家夏洛蒂·勃朗特很小就认定自己会成为伟大的作家。中学毕业后，她开始向成为伟大作家的方向努力。当她向父亲透露这一想法时，父亲却说，写作这条路太难走了，你还是安心教书吧。她给当时的诗人罗伯特写信，两个多月后，她日日夜夜期待的回信来了，回信这样说，文学领域有很大的风险，你那习惯性的遐想，可能会让你思绪混乱，这个职业对你并不合适。但是夏洛蒂对自己在文学方面的才华太自信了，不管有多少人在文坛上挣扎，她坚信自己会脱颖而出。她要让自己的作品出版。终于她先后写出了长篇小说《教师》、《简·爱》等，成了公认的著名作家。

"贝尔效应"由美国布道家、学者贝尔提出，即想着成功，成功的景象就会在内心形成。有了成功的信念，成功就有了一半的把握。

"贝尔效应"给领导者的启示是令人振奋的。

启示一，信念坚定，必然成功。"如果你对结果足够关心的话，你就能够实现它。"这是美国心理学家、哲学家、教育学家威廉·詹姆斯的一句话，他还说："在这里，你可以把它理解为一种必胜的信念。因为当你的目标对你的吸引力足够大时，你就会树立起一种必定成功的信念。在任何时候，告诉自己，我一定要，而且能够成功。这样，你就能够成功。"

古罗马杰出的政治家、军事家盖乌斯·尤利乌斯·恺撒成功的秘诀在于他使他的士兵们知道，他们必须取得成功，没有退路。当恺撒率领他的军队从高卢渡海而来，登陆现在的英格兰的时候，他是怎样取得胜利的呢？他把军队带到了多佛海峡的白岩石悬崖上，让士兵望着位于自己脚下200英尺的海面上燃烧的船只。士兵们知道，他们与大陆的最后联系已经断绝，退却的工具已经被焚毁，唯一可做的事情就是前进、征服、胜利。就这样，恺撒和他的军队取得了胜利。

领导者要想战胜知识、经验不足所产生的恐惧，以及提高自己的能力素质以取得最后的成功，必须把消极的思想全部扔到火里焚烧，并把身后通往犹豫、退缩的大门关闭。很多名人的成功都得益于这种方法。耶鲁大学的乔治·戴维森教授就是依靠这种强大的信念取得成功的。年轻时候的乔治有一个梦想，他希望能够改变世界、服务全人类。为了达到这个理想，他需要接受最好的教育，而美国是他最理想的去处。当时的乔治身无分文，要到10000多公里外的美国去，简直就是天方夜谭。不过，他还是出发了。他相信自己能够克服常人难以想象的困难，到达自己的目的地。于是，他对自己说："前进、继续前进，除非我死了。"经过种种磨难和痛苦，1950年10月，乔治终于用两年的时间来到了美国，骄傲地跨进了斯卡吉特峡谷学院的大门。凭着对目标的专注和近乎偏执的成功信念，乔治战胜了常人难以战胜的困难。

乔治成功了，是因为他有明确而强烈的欲望，保持了高度的热忱，具备了克服困难的坚强毅力。更重要的是，他相信自己一定能够成功。大量事实证明，成功者不一定具有不同于一般人的本领和才智，但他坚信自己一定能够成功，并且，他会把全部精力用于追逐成功的行动当中。这样，成功的概率就会大大提高。因为，人——无论是谁——本身都有无穷的潜在能力，但能否开发出来，往往取决于每个人自己的态度。如果你相信自己能够成功，那么你就必定成功。成功的秘诀只有一条——坚持。

启示二，不忘初心，方得始终。这是一句解读佛家《华严经》箴言而得来的人生真理，意思是只有不忘记自己最初的信念，最后才能够实现自己的梦想，获得成功。《左传》记载了这样一个故事：春秋时代的邾国国君邾文公打算迁都到绎地，于是就让太史占卜吉凶，占卜的结果是"利民不利君"。邾文公说，利民就是利君，国君的责任就在于利民。寿命长短都有定限，只要对人民有利，那就要迁过去，没有比这更好的决策了。于是邾国迁都于绎，当年五月，邾文公逝世。这虽是巧合，时人却纷纷赞誉邾文公的贤德，后来邾国经济也得到了迅速发展。邾文公为了坚守做个贤良国君的初心，能把人民利益放在个人利益之上，虽然有可能缩短他的生命，也在所不惜，实在令人感叹、敬佩。

我们绝大多数领导者在初入仕途时，多是怀揣"先天下人之忧而忧，后天下人之乐而乐"的政治抱负，有着满满"位卑未敢忘忧国"、"苟利国家生死以，岂因祸福避趋之"的报国情怀，或是"富贵不能淫，贫贱不能移，威武不能屈"的浩然正气，甚至是"鞠躬尽瘁，死而后已"的献身精神，都想在自己的工作岗位上施展抱负，有所作为，实现自己的人生价值。可随着职务的变化和权力的增大，有的领导者理想信念动摇，道德品行滑坡，渐渐忘掉了自己的初衷，慢慢迷失了自己，他们最后为自己的行为付出代价，也使党的事业蒙受损失。

不忘初心，一是要求领导者坚定理想信念，领导者的初心和使命，就是为广大人民谋幸福，为中华民族谋复兴。为此，领导者必须加强理论学习，不断锤炼党性，提升自我修养，筑牢思想防线，耐住清贫，守住寂寞，经住诱惑，始终保持政治定力。二是要求领导者一日三省吾身，不要因为走得太远而忘记了为什么出发，经常想想自己从政之初的信念，在遇到选择之时，在需要做出判断与取舍之时，在面临金钱、名利、美色的诱惑之时，问问自己有没有遵循自己的初心。三是要求领导者淡泊明志，恪尽职守，善于站在人生的高地评判自己的荣辱得失，衡量自己的工作成绩，检验自己人生的奋斗价值。

　　启示三，世上无难事，只要肯登攀。成功其实并没有想象的那么难，它有时需要的仅仅是信心和勇气，这正是一般人所缺乏的。不论环境如何，在我们的生命里，均潜伏着改变现实环境的力量，如果你满怀信心，积极地想着成功的景象，并持之以恒地努力，那么世界就会变成你想要的模样。你可以达到成功的最高峰，也可以庸庸碌碌悲叹，而这一切的不同，仅仅在于你是否有成功的信念，并为之付出行动。很多事情我们不敢做，并不在于它们难，而在于我们没有信心去做。其实，人世中的许多事，只要想做，并相信自己能成功，那么你就能做成。所以，对那些说"你不会成功"、"成功不是为你准备的"闲言碎语，完全可以置之不理，你要用行动来证明自己的能力，想着成功，你的内心就会形成为成功而奋斗的无穷动力。不管遇到什么困难，都要坚信自己，那么，最终你就一定会成功。

布里丹毛驴效应

法国哲学家、大学教授布里丹养了一头小毛驴，他每天要向附近的农民买一堆草料来喂驴。这天，送草的农民出于对哲学家的敬仰，额外多送了一堆草料放在旁边。这可给驴出了道难题：它站在两堆数量、质量和与它距离完全相等的草料之间，左右为难。它虽然享有充分的选择自由，但由于两堆草料价值相等，客观上无法分辨优劣，于是它左看看，右瞅瞅，始终无法分清究竟选择哪一堆好。于是这头可怜的毛驴就这样站在原地，一会儿考虑数量，一会儿考虑质量，一会儿考虑颜色，一会儿分析新鲜度，犹犹豫豫，来来回回，在无所适从中活活地饿死了。导致这个悲剧的原因，就在于它左右都不想放弃，不懂得如何选择和决策。

人们把这种在决策过程中犹豫不定、迟疑不决的现象称为"布里丹毛驴效应"。

俗话说："鱼和熊掌不可兼得。""布里丹毛驴效应"产生的根源之一，恰恰是违背了这条定律，既想得到鱼，又想得到熊掌，其行为结果是鱼和熊掌皆失。这种思维和行为方式，表面上看是追求完美，实际上是贻误良机，是在可能与不可能、正确与谬误之间错误地选择了后者，是最大的不完美。

古人云：用兵之害，犹豫最大；"三军之灾，生于狐疑"。"布里丹毛驴效应"启示领导者，当我们面对两堆同样大小的"草料"时，或者"非理性地"选择其中一堆"草料"，饕餮大餐一顿，或者"理性地"等待下去，直至饿死。前者要求我们在已有知识、经验基础上，运用直觉、想象力、创造思维，找出尽可能多的方案，进行抉择，以有限的"理性"求得满意结果。

启示一，要养成独立思考的习惯。不能独立思考，总是人云亦云，缺乏主见的人是不可能做出正确决策的。如果不能有效运用自己的独立思考能力，随时随地因为别人的观点而否定自己的计划，那自己的决策很容易出现失误。从前，有两个兄弟看见天空中有一只大雁在飞，哥哥想把它射下来，说：等我们射下来就煮着吃，一定会很香的。这时，他的弟弟抓住他的胳膊争执起来说，煮着不好吃，大雁要烤着吃才会更好吃，你真不懂吃。哥哥已经把弓箭举起来，听到这里又把弓放下，为怎么吃这只大雁而犹豫起来。就在这时，有一位农民从旁边经过，于是他们向老农请教。老农听了以后笑笑说，你们把大雁分开，煮一半烤一半，自己一尝不就知道哪一种方法更好吃了吗？哥哥听了，拿起弓箭再回头想射大雁时，大雁早已无影无踪了，连根雁毛都没留下。

启示二，要严格执行决策纪律。有这样一个故事：一个越国人为了捕鼠，特地弄回一只善于捕鼠的猫，可这只猫也喜欢吃鸡，结果越国人家中的老鼠被捕光了，但鸡也所剩无几。他的儿子想把吃鸡的猫弄走，父亲却说：祸害我们家的是老鼠不是鸡，老鼠吃我们的粮食，咬坏我们的衣服，挖穿我们的墙壁，损坏我们的家具，不除掉它们我们必挨饿受冻，所以必须除掉它们。没有鸡大不了不吃罢了，离挨饿受冻还远着哩。利与弊往往是事情的一体两面，很难分割，有的人明明事先已经做了能有效抵御风险的决策，但是一旦现实中的风险涉及自己的切身利益，往往就下不了决心执行了。很多股民在处于有利状态时，会因为赚多赚少的问题犹豫不决，在处于不利状态时，虽然有事先制定好的止损计划和止损标准，可常常因为犹豫不决使自己被套牢。因此，作为领导者要有决策定力，善于权衡利弊得失，始终坚定正确的决策信念不动摇。

　　启示三，要适时调整决策目标。过高的目标不仅没有起到指导方向的作用，反而由于目标定得过高，带来一定心理压力，束缚决策水平的正常发挥。事实上，多数环境中如果没有良好的决策水平作支撑，一味地追求利益最大化势必处处碰壁。而且，很多人不了解止损的重要性，当情况开始恶化时，依然紧抱着缥缈的构想，无法客观分析状况，以赌徒心态盲目坚守以致持续深陷，直至到达无法挽回的地步。这时平衡的心态往往更重要。有人布置了一个火鸡的陷阱，他在一个大箱子的里面和外面撒了玉米，大箱子有道门，门上系了一根绳子，他抓着绳子的另一端躲在暗处，只要等到火鸡进入箱子，他就拉绳子把门关上。有一次，12 只火鸡进入箱子里，他正要拉绳，不巧 1 只火鸡溜了出来，他想等箱子里有 12 只火鸡后再关上门。然而就在他等第 12 只火鸡的时候，又有 2 只火鸡跑了出来，他想等箱子里有 11 只火鸡时就拉绳子关门，可是在他等待的时候，又有 3 只火鸡溜了出来……最后，箱子里 1 只火鸡也没剩。

启示四，要采取稳健的决策方式。有一个流传很广的笑话：齐国有个女孩，两个小伙同时来求婚。东家的儿子很丑但是家财万贯，西家的儿子相貌英俊但是很穷。那女孩的父母不能决定选谁，就去问他们的女儿想嫁给谁。女孩不好意思说话，母亲就说，你想嫁哪个就露出哪边的胳膊。结果女孩露出了两个胳膊。母亲奇怪地问她原因，女孩说，我想在东家吃饭到西家住。在东家吃饭在西家住，看上去是一个笑话，但不失为一种稳健的决策取向。在很多情况下，人的选择都面对一种趋避式冲突，有些人一个劲地陷入哪个好哪个坏的争论之中，但是只要没有明确的二者必选其一的要求，就无须犹豫不决，领导者完全可以整合资源优势，达到"鱼"与"熊掌"兼得。如成语中"一石二鸟"、"一箭双雕"等，都是稳健决策的成果。

通用电气公司前总裁杰克·韦尔奇把决策能力看成是"面对困难处境勇于做出果断决定的能力，始终如一执行的能力"。决策具有复合性，是一种合力，领导者必须从自己的洞察力、分析力、创造力、行动力和意志力等方面不断地加强训练，才能摆脱犹豫不决，进行相对理性的选择，才不会成为"布里丹的毛驴"。

超 限 效 应

美国著名作家马克·吐温有一次去教堂听牧师演讲。最初，他觉得牧师讲得很好，使人感动，准备捐款。过了十分钟，牧师仍然在讲，他有些不耐烦了，决定只捐一些零钱。又过了十分钟，牧师还没有讲完，他决定一分钱也不捐。等到牧师终于结束了冗长的演讲，开始募捐时，马克·吐温由于气愤，不仅未捐钱，还从盘子里拿走了两美元。

1945 年罗斯福第四次连任美国总统的时候，一位记者采访他，请他谈谈感想，总统微笑着没有回答，拿起一块三明治，很客气地请记者吃，记者受宠若惊，十分愉快地吃了下去。罗斯福继续微笑着，请他吃第二块。他肚子已经吃饱了，但盛情难却又吃了下去。不料总统又请他吃第三块，他实在吃不下了，但还是勉强吃了下去。没想到，罗斯福在他吃完之后又说："请再吃一块吧！"记者一听啼笑皆非，因为他已经有想呕吐的感觉了。罗斯福说："现在你不要问我的感想了，因为你自己已经感觉到了。"

这种由于刺激过多过强或作用时间过久从而引起心理极不耐烦

或逆反的心理现象，称为"超限效应"。

综上两个例子，可以得出"超限效应"至少反映了四个方面的问题：1.以自我为中心；2.没有注意方式方法；3.没有注意度的把握；4.没有换位思考。

联系到管理、教育中的谈心活动，往往由于某些领导者谈话时间过长、话题太多等，没有把握好"度"，降低了对方的兴趣，导致谈话效果不佳。因此，"超限效应"启示领导者应把握好以下几个环节。

启示一，数量上不宜"多"。有的领导者认为，谈心次数反映工作的细致程度，因而只要兴致上来，就拉着下属"汇报思想"、"交流感情"。从心理学角度讲，人们对第一次谈心并不会产生厌烦心理，但如果太频繁，累加效应逐步增大，就会从重视、激动到不重视、不耐烦，出现"你说你的，我做我的"等疲惫心理甚至对抗情绪。中国绘画讲究"疏可走马"，意思是有了空白，才能产生美感。适当的"留白"，更易激起人们心中想象的浪花和好奇的涟漪。每一名下属都是有尊严、有追求、有个性、有情感的独立个体，在与下属谈心时，最好"点到为止"，适时适当地给下属心中留点"空白"，让他们自己去思考、去吸纳。

启示二，时间上不宜"拖"。个别领导者认为，和下属谈心时间越长，效果越好。所以，谈心时有意把话题延长，东拉西扯，不着边际，影响了谈话效果。殊不知谈心的时间与效果并非成正比，拖时间的谈心往往会让下属失去兴趣，认为：让我谈心不过是走走过场，聊聊闲话而已。因此，谈心要控制好时间，及时切入主题，不讲无准备之话，不讲无用之话，切忌拖拖拉拉，尽量把谈话时间压缩到最短，提高谈话的成效。

启示三，言辞上不宜"过"。一是不要过"空"。应抓住下属关注的热点、难点、疑点问题和思想实际，对症下药，释其所疑、解其所惑；尽量用通俗易懂的语言，把真理变成他们听得懂、能理解、愿接受、真正入耳入脑的大实话，让下属从中领悟道理。二是不要过"硬"。不能张口"我认为"、"我觉得"、"我要求"；闭口"你应该"、"你必须"、"你只能"，要根据下属的性格、年龄、经历、文化层次等特点，灵活运用各种语言技巧。比如对性格外向的，可多用坦率的语言，开门见山，推心置腹；对性格内向、虚荣心强的要多用柔性语言，像春风化雨，点滴入土；对文化水平高、接受能力快的，要多用文雅语言、多说富有哲理性的话；对文化水平低、接受能力慢的，要多用朴实语言，多说浅显的道理，循循善诱，慢慢引导。三是不要过"绕"。有的领导者在谈话中客套、程式、恭维等习惯性、铺垫性的语言过多，导致下属云里雾里，不知所指。所以，谈话中要力求把话说短、说精、说到位，切忌啰啰唆唆、喋喋不休。

领导批评是如此，表扬亦应防"超限效应"。俗话说："好菜连吃三天惹人厌，好戏连演三天惹人烦。"世界万事万物都要有个合理的尺度，超过这个尺度，事物就会朝相反的方向发展。古希腊哲学家德谟克利特曾经说过这样一句名言："当人过度的时候，最适宜的东西也会变成最不适宜的东西。"因此，领导者在对下属进行表扬时应注意：第一，不言过其实。表扬要符合实际，注意分寸，不无限扩大。第二，不吝啬表扬，但也不轻易表扬。一些分内的工作，本该完成的事情，不因为下属希望被关注就随意表扬。频繁的表扬就有可能导致"超限效应"。事实上，过多的廉价的表扬不仅不能对部属产生积极作用，反而会让他们产生浅尝辄止和随意应付的习惯。不付出努力就唾手可得的赞赏又有谁会珍惜呢?

可见，做任何事情都应注意"度"，如果"过度"就会产生"超限效应"，如果"不及"又达不到既定目的。因此，领导者一定要掌握好"火候"、"分寸"、"尺度"，只有这样才能"恰到好处"。

淬 火 效 应

　　见过打铁的人都知道，铁匠师傅总是将铁件高温加热、重锤敲打后，快速将其浸入冷水里，如此这般循环往复，直至将其锻造成实用器件。俗话说"百炼成钢"，一块普通的生铁，要想成为坚强的好钢，高温和外力的千锤百炼固然十分重要，但是最关键的步骤，是把铁趁热放入凉水里进行冷处理，只有经历了高热和低温的考验之后，才能算是成器。

　　这种将金属工件，加热到一定温度后，快速浸入冷却剂（油、水等）中，进行冷却处理，使工件的性能更好、更稳定的现象，被心理学家定义为"淬火效应"，教育学上称之为"冷处理"。

　　"冷处理"是相对于"热处理"而言的，所谓"热处理"，就是以正面教育为主，动之以情，晓之以理，感化对方。当下属犯错误时及时指出，给予教育矫正，遏制事态的进一步发展。如果不及时批评教育，就会使其产生惯性，以致在错误的道路上越走越远，所造成的不良影响就会越来越大。但是，当下属情绪激烈，产生逆反心理或表现出无所谓的态度时，不妨进行"冷处理"。在充分掌握其情况的基础上，在较长一段时间内将其搁置，对其不予理睬，使其冷静反思，消除不良行为。

"淬火效应"启示领导者在以下几种情况下，应"冷处理"。

启示一，当下属犯错误的时候，应"冷处理"。领导者对下属都有恨铁不成钢之感，下属犯了错误又拒不接受批评，领导者往往火气十足，认为朽木不可雕也，于是大动肝火，逼其就范，甚至觉得嗓门不大，就不过瘾，就起不到震慑作用，认为只有这样的批评教育才能使下属在暴风骤雨的洗礼中幡然醒悟，并引以为戒。然而，这样做的效果往往不符合我们的预想，甚至相反。这种情况下如果再继续"加温"常常会激化矛盾，促其破罐子破摔。特别是当下属抵触情绪很大时，热烈的争论、激愤的批评根本达不到教育效果。遇到这种"顶牛"的情况，就应采取"冷处理"，暂时搁置，待双方对立情绪烟消云散后，再心平气和地摆事实、讲道理、论危害、明是非，这样促膝谈心、循循善诱，下属自然会心悦诚服地承认错误。所以，领导者在管理教育下属的过程中，遇到一些突发事件，不要一下子火冒三丈，要采取"冷处理"，停一停、放一放，让当事人——下属和领导者都冷静下来，仔细分析事情的经过，回放一下事情的来龙去脉，摆一摆利害关系，也许这样，我们的管理、教育效果会更好一些。

启示二，当下属骄傲自满的时候，应"冷处理"。长期受表扬让有些头脑发热的下属，很容易自感良好，自以为是，以自我为中心，甚至目中无人，狂妄自大，他们早已习惯了领导的表扬和同事的羡慕眼光，听不得中肯的建议和善意的批评，长此以往，对下属的成长极为不利。这时不妨设置一点小难题，几经冷却锤炼，促其心理成熟；对下属一些微小成绩，暂且搁置在心中，放缓表扬的频率，避免他们飘飘然。在日常教育中，我们经常会发现这样一些现象，某下属因一贯表现不好，偶尔取得一次成功和进步，马上就受到来自各方面的礼遇，表扬、奖励纷至沓来，可是，这样的好事情并未能持续多久，该下属又重蹈覆辙，这不能不说是我们的"捧杀"导致的恶果。对于一些各方面都很优秀的下属，给予适当的"冷处理"，也是让他们在前进的过程中能时时理智冷静判断自己的位置，清醒地意识到山外有山。农民在庄稼生长过程中，有意识延缓浇水、施肥，让作物"墩墩苗"，以便后期根深叶茂、苗壮成长就是这个道理。

启示三，当下属不良行为有反复的时候，应"冷处理"。 下属的不良行为会有反复，往往不是靠一次两次的说服教育就能达到完美效果的，由于个别下属缺乏恒心，自制力弱，可能会出现多次反复，领导者在耐心教育多次仍未达到理想效果时，可采取表面疏远的方法，即对其表现出失望。领导者冷落与疏远对内心渴望被赞美被认同的下属来说，无疑是最大的惩罚了。时间一长，下属盼望领导者关爱，开始自行改正以前的错误行为，这时再施以教育，效果自然会比直接批评教育要好。所以，下属多次犯错，批评不奏效时，请耐心等待，实行"冷处理"。如果遇到领导者使尽各种办法下属还是"刀枪不入"的情况，领导者容易心急，失去理智对其破口大骂乃至体罚或变相体罚，那样领导者就把自己放在一个失败者的位置了。如果认为下属难以理喻，只有实施纪律处分，这也只是一种黔驴技穷的办法。姑且不说现在的所谓处分对下属的教育意义是多么微乎其微，这只是一种强制的措施，不但不能使下属认识到自己的错误，甚至会适得其反，把下属推向一个极端处境。因此，不到万不得已，不可用此下策。只有耐心等待，实行"冷处理"，观察一段时间再说。倘若这时你不急，下属倒可能比较着急了。

启示四，当下属之间发生冲突时，应"冷处理"。当两个下属发生争吵来找领导评理的时候，往往双方火气都很大，一到领导面前都是相互指责对方，把责任全部推给对方。这时作为领导者，应让下属不要急于找对方的问题，首先收回对对方的指责。冷静地想一想在这件事情上自己有什么不理智的言行，然后写出经过来分析这个事情。等两个人反思完了，气也消得差不多了。在这种情况下就不会互相指责了，反而能认识到自己的不对之处。这时领导者还是要问明情况，在了解情况分清是非的前提下，可以适当地开展批评，讲清道理，下属会心悦诚服地互相道歉。如果一开始就问他们谁对谁错，肯定谁也不会承认错误，领导也会陷入被动的局面而无法左右形势。在下属间发生争执或吵架的时候，不少领导者最简单粗暴的处理就是双方各打五十大板了事。这样的处理，下属焉能服气？下属本以为到公正的领导面前会有一个妥善的解决办法，却被领导"和稀泥"了，这既让领导失去威信，也会使下属以后有什么事情都不愿到领导面前倾诉了，因为他觉得不值得告诉领导。干群关系的疏远也就在所难免。

启示五，当领导者与下属发生冲突时，应"冷处理"。俗话说，一个巴掌拍不响。在领导与下属发生冲突、双方都很激动的时候，作为领导者应当马上冷静下来，做点"冷处理"，给双方一些时间在实践中自我反省，改正不足，这不仅有利于问题的解决，有助于下属自制力的锻炼，也不至于因自己"急火攻心"，方法失当，伤了下属的自尊心。领导与下属发生矛盾冲突时，不论是谁的责任，最终领导都是失败者。所以，最好不要与下属发生正面冲突。即使无法避免，也要宽容下属，懂得谦让，体现领导宽阔的胸怀和海纳百川的思想境界，以高尚的人格魅力去感染下属。

当然，在应用"淬火效应"处理一些管理教育上的问题的时候，也要注意与其他教育方法一起运用，只有当领导者十分了解下属，并经过深思熟虑才可使之具有教育意义。否则此法一旦运用不当，将对下属造成心理伤害。

搭便车效应

古代有一则典故，讲的是有一个国王为了显示自己的威望，决定在自己生日那天，让自己的子民同一时刻高呼"陛下万岁"。他把时间定在了正午时刻。子民们也十分期待这一时刻的到来，因为那时他们就能听到世界上最大的声音。有一位智者发现了这样一个问题，如果自己也呼喊的话，听到别人声音的效果将大打折扣。于是他决定在呼喊的时候保持沉默，只是静听别人的呼喊。他把这个想法告诉了自己最亲近的人，想让他也能享受到此种乐趣。但不到半天时间，这消息传遍了整个国家。预定的正午时刻到了，大家翘首盼望着最大声音的到来，但结果却比预期的声音小得多。

春秋战国时期，齐国的国君齐宣王酷爱音乐，尤其迷恋竽声。而且齐宣王喜欢热闹，爱摆排场，喜欢在人前显示做国君的威严。所以每次听吹竽的时候，总是叫 300 个吹竽手在一起合奏给他听。有个叫南郭先生的人听说齐宣王有这个癖好，觉得有机可乘，是个赚钱的机会，就跑到齐宣王那里，吹嘘说："陛下，我是个有名的乐师，听过我吹竽的人没有不被感动的，就是鸟兽听到了也会翩翩起舞，花草听见了也会合着节拍颤动，我愿把我的绝技献给大王。"齐宣王听了很高兴，不加考察就痛快地收下了他，把他也编入了那300人的吹竽队伍中。从这以后，南郭先生就随那300人一块合奏给齐宣王听，和大家一样拿着优厚的薪水和丰厚的赏赐，心里满意极了。其实南郭先生压根就不会吹竽。每逢演奏的时候，南郭先生就捧着竽混在队伍中，人家摇晃身体，他也摇晃身体，人家摆头他也摆头，脸上装出一副动情忘我的样子，看上去和别人一样吹奏得挺投入，还真瞧不出什么破绽来。南郭先生就这样靠着蒙骗混过了一天又一天，不劳而获地白拿薪水。可是好景不长，过了几年，爱听竽合奏的齐宣王死了，他的儿子齐愍王继承了王位。齐愍王也爱听吹竽，可是他和齐宣王不一样，认为300人一块儿吹实在太吵，不如独奏来得悠扬逍遥。于是齐愍王发布了一道命令，要这300个人好好练习，做好准备，一个个轮流吹竽给他听。乐师们得到命令后都积极练习，想一展身手，只有那个滥竽充数的南郭先生急得像热锅上的蚂蚁，惶惶不可终日。他想来想去，觉得这次再也混不过去了，只好连夜收拾行李逃走了。

综上两例，"搭便车效应"是指在利益群体内，某个成员为了本利益集团所作的努力，集团内所有的人都有可能得益，但其成本则由这个人承担。由于利益集团的利益是由组成集团的每个成员的需求和动机决定的。因此，每个利益集团成员只有联手努力才能获得共同利益。如果有人没有为此而努力，而其他人员付出了努力，那么这就会抑制集团成员为本利益集团努力的动力；如果利益集团内每个成员都共同努力，则个人成本就会相当小。

"搭便车效应"首先是由美国经济学家曼瑟尔·奥尔森于1965年出版的《集体行动的逻辑：公共利益和团体理论》一书中提出的。主要内容是指，团队生产中，由于团队成员的个人贡献与得到的报酬没有明确的对应关系，每个成员都有减少自己的成本支出而坐享他人劳动成果的机会主义倾向，团队成员缺乏努力工作的积极性，这样就导致团队工作无效，其基本含义是不付成本而坐享他人之利。正确的工作伦理的缺失，是出现"搭便车效应"的根本原因，这种缺失与团队环境密切相关，而团队管理的失误，则是出现"搭便车效应"的直接原因。

"搭便车效应"产生的社会后果是严重的：一是造成了集体行为的低效率；二是增加了组织的管理成本和协调成本；三是降低对组织的认同感和忠诚度，造成消极的集体文化。

"搭便车效应"启示领导者尽力规避滥竽充数式的不作为现象。

启示一，应确定合理的集体规模。一般说来集体越大，就越容易出现滥竽充数的行为。一是当集体成员人数众多时，成员之间对违章者的监督成本以及处罚违章行为的执行成本太高。二是缺乏对集体公益事业做贡献的激励机制。三是集体成员的数量越大，组织成本就越高。四是人数越多，规模越大，信息不对称的情况越严重。五是集体成员越多，就越难以形成凝聚力、忠诚感和相互依赖感。而且由于集团越大，集体利益就要在越多的人之间分配，增进集团利益的人获得的集团总收益份额越小，有利于集团的行动得到的报酬就越小，那么理性的经济人缺乏提供集体物品的激励，就会等待搭其他成员的便车。因而，小规模集体的集体行为如公共物品的提供情况会好于大规模的集体。集体成员较少时，即便没有选择性激励手段，也会促成集体行动。这种成员之间讨价还价的成本较低，成员之间的博弈是在一种近乎完全信息的条件下进行的，即大家都知道各自可能的行动以及该行动将带来的各种可能后果。另外，与利益分散的大集团相比，小集体的利益更加的明确。所以较小的集体比较大的集团更易于组织集体行动。因此，管理学家斯蒂芬·罗宾斯认为最好的工作团队规模一般比较小，如果团队成员多于 12 人，他们就很难顺利开展工作，他们去相互交流时会遇到很多障碍，也很难在讨论问题时达成一致。所以，我们需要确定合理的集体规模，也可以将现有的大集团划分为若干小集体来避免滥竽充数式的"搭便车"行为的出现。军队建制的班级人数一般为 12 人就是这个道理。

启示二，应进行选择性激励。"选择性激励"是公共选择理论中关于集体行动的一个概念，是美国经济学家和社会学家曼瑟尔·奥尔森设计的动力机制，旨在解决集体行动中由于"搭便车"而出现的无效率。奥尔森指出："能有效地代表大量个人的组织的出现，需要应用'独立的和选择性的激励'来抑制搭便车的行为。"我们说过，一个人做出了有益于集体的行为，却因为集体利益的非排他性为所有的成员共享，造成了个人成本和收益的不一致。既然缺乏提供集体利益的激励，我们就通过"选择性激励"的方法将每一个集体成员区别对待。具体来说，就是对于那些为集体利益增加做出贡献的人，除了获得应得的份额外，再给予适当的奖励；而对于那些有损于集体利益的人则进行相应的惩罚。通过这样的措施，那些没有以一定方式为实现集团利益做出贡献，甚至有损于集体利益的人所受到的待遇与那些做出贡献的人就会不同，从而可以很好地调动集体成员的积极性。因此"选择性激励"从根本上说是用激励的方式增加了个人提供集体利益的个人收益，从而抑制"搭便车"行为。值得注意的是，"选择性激励"可能是奖励性的，也可能是惩罚性的，甚至是强制性的。例如国家运用强制力来保证税收的实现。对于破坏集体利益的个人要采取惩罚性的措施，其实也是对其他成员的保护，因为一旦存在"搭便车"行为而未受到惩罚，就会改变其他成员的策略，造成恶劣影响。

启示三，应加强监督，改进量化技术，提高信息对称性。经上分析，"搭便车"者得以浑水摸鱼主要是信息不对称的广泛存在，那么如何提高信息的对称性呢？应该尽可能减少因为监督缺失和量度的不完全给滥竽充数者提供"搭便车"机会，提高集体成员之间的监督，是提高信息对称性的有效手段。相对于领导者而言，集体成员之间的相互监督会更容易，准确性也较高。成员之间往往具有类似的知识结构和共同或者相关的工作任务，在工作岗位上的接触也比较多，信息方面的不对称也相对小一些，如果充分发挥下属成员之间的相互监督，可以有效提高成员的积极性。为此，很多现代企业都采取了一种类似"连坐"的制度，即设置一个团队业绩，如果该团队的业绩不达标，所有团队成员的奖金都取消，工资也要下调。因此，集体成员的数目少，又是利润分享、连带责任的情况下，成员更有动力去监督他人，并且给予"搭便车"者压力，甚至是用"以牙还牙"或向上司打报告相威胁。改善量度技术也能减少信息不对称，提高对个人业绩的量度准确性，从而迫使每个成员努力工作，不偷懒，不懈怠。齐愍王基于一个人的演奏就是这样一种量度技术的改进。

启示四，应发挥道德等非正式制度的作用。 道德伦理、组织文化、社会规范等非正式制度也能有效地抵消"搭便车"行为的影响，避免集体行动困境的出现。非正式制度是人与人之间关系的行为规范和基本原则。它们对于人们的行为影响缓慢，但广泛而深刻。费尔曼和甘姆森把选择性激励区分为外在选择性激励和内在选择性激励。外在选择性激励是奥尔森理论中的那些以面积大小、结构和权力分配为前提的选择性激励；内在选择性激励则是人们内心存在的团结感和忠诚感。他们指出，人们一旦有了团结感和忠诚感，不但不会为自己的损失而斤斤计较，而且做出的牺牲越大，社会运动目标在他们的心中的价值就越大，目标实现后给他们带来的喜悦也就越大。因此，来自内部的教育和传统文化也能在解决集体行动困境时起到至关重要的作用。制度应该使犯罪的人没有机会，道德则使有机会犯罪的人没有动机。人们在偷懒"搭便车"时产生愧疚，在不被发觉时仍然内心存在不安，或者受到同伴的指责或者不信任，来自集体的压力会使人们权衡利益的得失，从而减少"搭便车"的行为。因此，在集体中建立良好的社会规范、道德激励机制、可靠的信誉等非正式制度来培养成员的忠诚度、合作精神、主人翁意识，都能很大程度上减少滥竽充数等"搭便车"行为。

德 西 效 应

　　美国心理学家爱德华·德西讲过这样一则趣闻轶事：一位国外老人在城外乡村休养，但附近却住着一群十分顽皮的孩子，他们天天去老人房前屋后追逐打闹，喧哗的吵闹声此起彼伏，使老人无法很好休息。几天下来，老人家实在难以消受，在屡劝不止的情况下，老人想出了一个办法，他走出房间，将孩子们招呼到一起，给了每个孩子10美分，并对大家说："你们让这儿变得很热闹，我觉得自己年轻了不少，这点钱表示谢意。"孩子们很高兴，第二天仍然来了，一如既往地嬉闹。老人再出来，给了每个孩子5美分。5美分也还可以吧，孩子仍然兴高采烈地走了。第三天，老人只给了每个孩子2美分，孩子们勃然大怒，"一天才2美分，知不知道我们多辛苦！"他们发誓，再也不会为他玩了！从此，老人居处开始安静了下来。

　　1971年，德西做了一个专门的实验。他随机抽调一些学生去单独解一些有趣的智力难题。实验分三个阶段，第一阶段，所有的被试者都无奖励。第二阶段，将被试者分为两个独立组（即实验组和控制组），实验组的被试者完成一个难题可得到1美元的报酬，而控制组的被试者跟第一阶段那样解题但无奖励。第三阶段为休息时间，被试者可以在原地自由活动，并把他们是否继续去解题作为喜爱这项活动的程度指标。结果发现，被奖励组在第二阶段确实十分努力，而在第三阶段继续解题的人数很少，表明兴趣与努力的程度在减弱，而无奖励组的学生比受奖励组的更多学生愿花更多的休息时间在继续解题，表明兴趣与努力的程度在增强。

综上两例，在某些情况下，人们在外在报酬和内在报酬兼得的时候，不但不会增强工作动机，反而会降低工作动机。此时，动机强度会变成两者之差。人们把这种规律称为"德西效应"。

"德西效应"启示领导者，进行一项愉快的活动（即内感报酬）时，如果再提供外部的物质奖励（外加报酬），反而会减少这项活动对参与者的吸引力。

启示一，切实把握好表彰奖励的度。在实际工作中，有些单位的评比表彰活动过多过滥，并不一定能起到好的效果。其主要原因，就是这种评比表彰往往流于形式，没有真正起到树立典型、弘扬先进的作用。如果领导者对下属完成了应完成的任务、履行了应履行的义务、遵守了应遵守的规章制度这些本来就应该做到的一般行为，当作突出表现大张旗鼓地进行表彰奖励，甚至为了照顾情绪，拿表彰奖励送人情，"排排坐，吃果果"，对今后的工作就可能产生负面效应。人们就会把这些一般行为当成是一般人难以做到的，当成"积极分子"的专利，认为做到了就应该受到领导的褒奖，如果得不到就会失去心理平衡和工作的动力。可以说，这种送人情的表彰奖励是一种短视行为。当然，作为领导者，应该注意发现每一位下属的"闪光点"，在适当场合恰如其分地进行表扬激励。但必须注意，这种褒奖是有限度的，是在平时工作中随时进行的，应真正起到精神激励和树立典型的作用。只有这样，人们才会把应承担的义务看作是"应该做的"、"必须做的"，做不到应该受到严厉批评，做到了不应当"邀功请赏"，只有做得更好、更突出，取得了常人难以取得的成绩，才会立功受奖。

启示二，着力调动下属的内在动力。兴趣与体现自身价值，才是最长久的内驱力。"兴趣是最好的老师"，而人的兴趣一方面来自领导和组织的培养，但更重要的来自个体本身。苏霍姆林斯基说得好："如果你只指望靠表面看得见的刺激来激发学生对学习的兴趣，那就永远也培养不出学生对脑力劳动的真正热爱。要力求使他们亲自去发现兴趣的源泉，使他们在这种发现中感到自己付出劳动并得到了进步。这本身就是一个最重要的兴趣来源。"美国著名心理学家德西经过长期观察和实验发现，有些人看重的是"内在的成功"而不是"外在附加奖励"，当这种人从事有内在兴趣的工作而取得成绩时，会体验到由衷的满足感和成功感。而一味的外在奖励会使下属把外在奖励看成工作的目的，只专注于当前的名次和奖赏物，导致工作动机和目标的转移，这是领导者的大忌。这就提示领导者，在开展工作、学习等各项活动中，要学会正确使用鼓励方法，而不要滥用奖励，避免产生"德西效应"。为此，领导者在褒奖下属时，要运用"激发内部动机为主"的原理，使下属由关注外在奖励，转到关注自己能力素质的提高上来。

启示三，坚持"精神奖励为主，物质奖励为辅"。在学习、工作和各项活动中，领导者要培养下属积极主动、持之以恒的工作、学习兴趣和坚忍不拔的意志，仅靠物质刺激是远远不够的。正确的做法应该是：把物质奖励和精神奖励结合起来，坚持"精神奖励为主，物质奖励为辅"。因为"物无尽善，过则为灾"。平时，领导者要仔细观察下属的良好行为，及时给予精神鼓励，引导他们自主的良好行为，使之朝着正确方向发展。实际上，激励手段不只是发钱、发物，鼓励下属进步的方法很多，而提供机会和平台，让他们充分展现自己的才华，体现自身价值远比一味表扬、奖励更加有效。如有体育才能的，可以推荐参加运动队；有文艺才能的，组织参加文工团等；爱读书的可以给予更多的读书机会，举办读书演讲等；爱写作的可以让其有公开发表文章的机会；爱发明创造的，可以提供更多实验的机会和设施。使人尽其才，才尽其用，这样，更能激发人的主观能动性。

定 势 效 应

美国心理学家迈克曾经做过这样一个实验：他从天花板上悬下两根绳子，两根绳子之间的距离超过人的两臂长，如果用一只手抓住一根绳子，那么另一只手无论如何也抓不到另外一根。在这种情况下，他要求一个人把两根绳子系在一起。不过他在离绳子不远的地方放了一个滑轮，意思是想给系绳的人以帮助。然而尽管系绳的人早就看到了这个滑轮，却没有想到它的用处，没有想到滑轮会与系绳活动有关，结果没有完成任务。其实，这个问题很简单。如果系绳的人将滑轮系到一根绳子的末端，用力使它荡起来，然后抓住另一根绳子的末端，待滑轮荡到他面前时抓住它，就能把两根绳子系到一起，问题就解决了。

还有一个故事。一位公安局长在路边同一位老人谈话，这时跑过来一个小孩，急促地对公安局长说："你爸爸和我爸爸吵起来了！"老人问："这孩子是你什么人？"公安局长说："是我儿子。"请你回答：这两个吵架的人和公安局长是什么关系？这一问题，在100名被试中只有两人答对。后来问一个三口之家这个问题，父母没答对，孩子却很快答了出来："局长是个女的，吵架的一个是局长的丈夫，即孩子的爸爸；另一个是局长的爸爸，即孩子的外公。"为什么那么多成年人对如此简单的问题解答反而不如孩子呢？这就是思维定势的结果：按照成人的经验，公安局长应该是男的，从男局长这个心理定势去推想，自然找不到答案；而小孩子没有这方面的经验，也就没有心理定势的限制，因而一下子就找到了正确答案。

美国科普作家艾萨克·阿西莫夫曾经讲过一个关于自己的故事。阿西莫夫从小就聪明，年轻时多次参加"智商测试"，得分总在160左右，属于"天赋极高者"。他一直为此而洋洋得意。有一次，他的老熟人，一位汽车修理工对阿西莫夫说："嗨，博士！我来考考你的智力，出一道思考题，看你能不能回答正确。"阿西莫夫点头同意。修理工说："有一位既聋又哑的人，想买几根钉子，来到五金商店，对售货员做了这样一个手势：左手两个指头立在柜台上，右手攥成拳头做出敲击状的样子。售货员见状，先给他拿来一把锤子；聋哑人摇摇头，指了指立着的那两根指头。于是售货员就明白了聋哑人想买的是钉子。聋哑人买好钉子，刚走出商店，接着进来一位盲人。这位盲人想买一把剪刀，请问：盲人将会怎样做？"阿西莫夫顺口答道："盲人肯定会这样。"说着，伸出食指和中指，做出剪刀的形状。汽车修理工一听笑了："哈哈，你答错了吧！盲人想买剪刀，只需要开口说'我买剪刀'就行了，他干吗要做手势呀？"智商160的阿西莫夫，这时不得不承认自己确实是个"笨蛋"。而那位汽车修理工人却得理不饶人，用教训的口吻说："在考你之前，我就料定你肯定你要答错，因为，你所受的教育太多了，不可能很聪明。"实际上，修理工所说的受教育多与不可能聪明之间关系，并不是因为学的知识多了人反而变笨了，而是因为人的知识和经验多，会在头脑中形成较多的思维定势。这种思维定势会束缚人的思维，使思维按照固有的路径展开。

综上所述，"定势效应"是指有准备的心理状态能影响后继活动的趋向、程度以及方式。大意是以前的心理活动会对以后的心理活动形成一种准备状态或心理倾向，从而影响以后心理的活动。在对陌生人形成最初印象时，这种作用最为明显。随着定势理论的发展，我们不仅可以用定势这个概念来解释人们在感觉、知觉、记忆、思维等方面的倾向，也可用这一概念解释人们在社会态度方面的倾向。

人们在学习、工作和生活中会形成一些固定性、模式性、习惯性思维方式，这种思维定势有利于常规思考，但对创新会起到阻碍作用。所以，要实现创新，就要努力打破思维定势。诚如美国著名企业家亨利·福特所说："人总要受沿袭已久的陈规旧习的支配，这在生活中是允许的，但在工业企业中是必须排除的恶习。"那么，怎样才能打破旧的思维定势呢？

"定势效应"启示领导者：在学习上，一要敢疑。不唯书、不唯上，要向书中学习社会科学和自然科学知识，学习专家教诲和名人名言。但不要迷信书本或专家权威。当然"疑"绝对不是怀疑一切，否定一切，而是从不同方位辐射、透视问题的全部，让自己不满足已有的经验和认识，去寻找更新的办法，提出不同的见解，从而取得创造性的成就。二要活学。善于使已有知识进入"流通领域"能聚合、能分解、能跳跃、能嵌入，随意听从"调令"。这样在分析和解决问题时，才不受具体情境的约束，保证思维有较高的流畅的创造性。三要善比。比较是就两种或两种以上同类事物或同一事物不同方面鉴别异同或高低的思维方法，它是理解和思维的基础。在运用这种方法时要注意新旧知识的联系，给自己留下充分思考的余地，要让自己从固有的思维定势中解脱出来，通过纵向、横向比较，把思维带入更广阔的佳境。这样在对比中会提高思维能力，正确地评价人或客观事物。四要深辩。辩论是通过对现有学习材料、文件或已有结论的讨论、辨析，从而加深对问题的认识和对上级精神领会的一种方法。因此，首先要具有质疑的态度，不回避疑难，主动寻找问题，不为固有结论所限制，摆脱成见和规范化的束缚，勇于提出自己不同的见解。其次要有灵活多变的思维技巧，对产生传统结论的背景、条件进行多种排疑、筛选，善于抓住问题的关键；适时改变思维的方向和角度，寻觅解决问题的最佳途径。总之，必须充分认识和掌握思维定势的实质与规律，并对思维定势加以正确的诱导或破坏，只有这样才能增强创新意识。

"定势效应"启示领导者：在工作、生活中，一要棒喝自己，保持警觉。思维定势是一种格式化的东西，具有隐蔽性、持续性、顽固性等特征。思维定势一旦形成，就会如影随形，紧紧地把你粘住，人在思考问题时，便会陷入知其然而不知其所以然的怪圈，难以看到事物的本来面目。这时候，所有的聪明才智都会化为泡影，会日渐丧失分析问题的能力，甚至不再愿意去对问题进行分析、思索。因此，要打破思维定势，就要充分认识其危害，以使自己时时保持对它的警觉。二要解放思想，更新观念。"天下乌鸦一般黑"，是不是所有的乌鸦都是黑的呢？不是，也有白乌鸦，为什么现在才知道？原因是"爷爷告诉的，书本上写的"等旧观念束缚了世人的头脑。因此，要打破思维定势，就必须从怀疑旧观念，发现新事物开始。某贫困县发展缺资金，一筹莫展，外出参观学习考察，受到启发，找到了本地发展的资源优势，然后公告宣传，招商引资，"借鸡下蛋"，得到快速发展。商业人士常说，"观念一变天地宽"。当今，改革开放日渐深入，领导者的思想当然解放了不少，但与迅猛发展的时代相比，其程度远远不够，为打破思维定势，推进事业发展，必须进一步解放思想，更新观念。邓小平同志说过一句话："一个党、一个国家、一个民族，如果一切从本本出发，思想僵化，迷信盛行，那它就不能前进，它的生机就停止了，就要亡党亡国。"三要独立思考，坚持己见。思维定势的形成极为复杂，但一个不争的原因是，自我感知受了他人感知的影响。因此，要打破思维定势，一个十分关键的环节，就是培育这样一个意志品质：勇于独立思考，敢于坚持己见，必要的时候，即使是独木桥，也要坚持走下去，也就是说，作为思维的主体，要努力克服自己的从众心理。唯有不"跟风"，不人云亦云，不随波逐流，自己的创新思维能力才能得到充分的发挥，实事求是，独立思考，坚持真理，说起来容易做起来难。除了防止盲目从众之外，还要不迷信权威，不盲目信奉已有的知识和经验。四要坚持自信，永不言败。我们最需要打破思维定势的时候，往往是遇到挫折和困难的时候，然而，人在遇到困难和挫折的时候，也最容易灰心丧气。因此，打破思维定势必须勇往直前，无所畏惧。英国学者塞缪尔·斯迈尔斯在《自己拯救自己》一书中写道："最穷苦的人也有位及顶峰的时候，在他们走向成功的道路上，至今还没有被证明是根本不可能战胜的困难。"由此可见，在挫折和困难面前，只要我们不灰心、不气馁、不退却，就一定能够取得突破，迎来鲜花与掌声。

多米诺骨牌效应

宋徽宗宣和二年（1120），民间出现了一种叫骨牌的游戏。这种骨牌游戏在宋高宗时传入宫中，随后迅速在全国盛行。当时的骨牌多由畜牧动物的牙骨制成，所以骨牌又有牙牌之称，民间则称之为牌九，寓意"牌救"。

1849年8月16日，一位名叫多米诺的意大利传教士把这种骨牌带回了米兰。作为最珍贵的礼物，送给了他的小女儿。多米诺为了让更多的人玩上骨牌，制作了大量的木质牌，并发明了各种玩法。不久，木制牌就迅速地在意大利及整个欧洲传播，骨牌游戏成了欧洲人的一项高雅运动。

后来，人们为了感谢多米诺给他们带来这么好的一项运动，就把这种骨牌游戏命名为多米诺骨牌。到19世纪，多米诺骨牌已成为世界性的运动。在非奥运会项目中，它是知名度最高、参加人数最多、扩展地域最广的体育运动。

大不列颠哥伦比亚大学物理学家罗恩·A.怀特海曾经制作了一组骨牌，共13张。第一张最小，长9.53mm、宽4.7mm、厚1.19mm，还不如指甲大。以后每张体积扩大1.5倍，这个数据是按照一张骨牌倒下时能推倒一张1.5倍体积的骨牌而选定的。最大的第 13 张长 61mm、宽 30.5mm、厚 7.6mm，牌面大小接近扑克牌，厚度相当于扑克牌的 20 倍。把这套骨牌按适当间距排好，轻轻推倒第一张，必然会波及第 13 张，第 13 张骨牌倒下时释放的能量比第一张倒下时整整要扩大 20 多亿倍。因为多米诺骨牌倒下的能量是按指数形式增长的，若推倒第一张骨牌要用 0.024 微焦，倒下的第 13 张骨牌释放的能量达到 51 焦。可见多米诺骨牌倒下产生的能量的确令人瞠目。如果按此制作 32 张骨牌，那摩天大厦就会在一指之下被轰然推倒。自那以后，"多米诺"成为一种流行用语，常指一系列的连锁反应，即"牵一发动全身"。

由此，所谓"多米诺骨牌效应"或"多米诺效应"，是指在一个互相联系的系统中，一个很小的初始能量就可能产生一系列的连锁反应。

客观上，"多米诺骨牌效应"是由点到面的一种运动过程，动作是一个接一个地接力着，直到完成最后的终点动作。事实上，多米诺骨牌在摆布或静态中积蓄能量，当起点，也可能是体系中的某一位置受到刺激时，将积蓄的能量释放，就引发一场类似灾难性的"雪崩"，一旦发生，其势不可阻挡，像流体一样，迅速冲击整个体系。

"多米诺骨牌效应"启示领导者，要十分重视问题的连锁反应。

启示一，要用相互联系的观点看问题。世界上任何事物的存在都不是孤立的，而是同周围其他事物相互联系、相互渗透、相互作用和相互制约的。一个很小的力量开始能够引起的或许只是察觉不到的渐变，但是它一系列的连锁反应，所引发的却可能是翻天覆地的变化。第一棵树的砍伐，可能造成森林的消失，最后可能导致大片的土地沙漠化；一滴水无端被浪费，造成水源短缺，最后可能导致所有湖泊的干涸。而森林被砍伐，植被遭破坏，湖泊的干涸导致的严重后果是生态失衡，物种灭绝，人类无法生存，最后可能就是地球毁灭，这不是危言耸听。一日的荒废，可能是一生荒废的开始；第一场强权战争的出现，可能是整个世界文明化为灰烬的力量。这些预言或许现在听来不可思议，但是在未来我们可能不得不承认它们的准确性。或许我们唯一难以预见的是从第一块骨牌到最后一块骨牌的传递过程会有多久。有些可预见的事件最终出现，要经历一个世纪或者两个世纪的漫长时间，但它的变化已经从我们没有注意到的地方开始了。这是常识性的逻辑，通俗易懂，却容易被忽视。我们的各项工作也是如此，它是一个有机的结合体，各项工作密切关联，环环相扣，牵一发动全身。一项工作不到位，或者一项工作失误，就会导致全盘工作被动，进而整个计划失败。

启示二，要用发展变化的观点看问题。世间万物都是发展变化的，而任何事物的发展变化都有一个前因后果，都是一个从量变到质变的过程，量变是质变的前因和积累，质变是量变的最终结果，而作为前因的量变是漫长的、渐进的，往往引不起人们的重视，一旦作为后果的质变发生，又让人感到惊讶和不可思议。如一个小的违章违纪行为不被及时制止，就会埋下巨大的事故隐患，进而可能引发不堪设想的后果，"祸不单行"就是这个道理。为此，领导者必须善于透过现象看本质，抓住事故、案件的隐患苗头和深层次根源，有针对性地提前预防。一方面，按照全面依法治国和全面从严治党的要求，从落实法律法规和各项规章制度抓起，从日常学习、工作、生活等点滴小事做起，严格教育、严格要求、严格管理、严格监督，矫正和规范下属言行举止，筑牢思想防线，养成遵纪守法的习惯。另一方面，善于从细枝末节和蛛丝马迹中发现问题苗头，并防微杜渐，切实克服习以为常、见怪不怪和松懈麻痹思想，增强预防工作的警觉性、敏锐性和鉴别力，把事故、案件和矛盾问题消灭在萌芽状态。特别是在敏感时期，要广泛开展隐患的预想、预测、预防活动，"翻箱倒柜"找问题，"挖地三尺"查隐患，举一反三补"短板"，真正从源头上防患于未然，有效预防"多米诺骨牌效应"的发生。

启示三，要见微知著，防微杜渐。古人云："天下大事，必作于细"，细节决定成败。作为领导者应注意身边的每一个小问题、小差错，因为一个个小问题、小差错的破坏性，往往是呈指数级增长的。有时一件小事、一个细节没处理好，就可能带来巨大的灾难。春秋时期，楚国的边境上有一座叫卑梁的城邑，那里的姑娘时常与吴国边境上的姑娘一起采桑和做游戏。一次，她们在做游戏时，吴国姑娘不小心踩伤了楚国姑娘的脚。于是楚国人带着受伤的姑娘前去责备吴国人。她们见吴国人不但不肯认错，反而出言不逊，便出手杀死那个吴国姑娘后逃走了。后来吴国人前去报复，将那位姑娘的全家都杀了。楚国的守邑大夫大怒，派兵杀光了当地的吴国人。吴王夷昧听说这件事后很生气，派人领兵入侵楚国，攻占了几座城池，楚国闻听吴国入侵，连忙调兵遣将，两国之间爆发了大规模战争，然而这场惨不忍睹的战争只是源于一次踩伤脚的小事。同样，我们平时工作中出现的问题，有时只是一些细节上做得不够到位导致的。当这些小的差错累积到一定程度时，就可能导致无法估量的灾难。

海洋运输的货轮性能先进，极少出现较大的事故。但是，巴西一家远洋运输公司的货轮却在海上发生了火灾，导致全船人员葬身海底。后来，事故调查人员从失事的货轮的残骸中发现了一个神秘的瓶子，里面有一张纸条，写满了全船人在生命最后一刻的遗言。人们惊奇地发现，这些船上的大副、二副、水手、电工等熟知航海条例的人，竟然在私下里干了很多错事：有人忏悔自己发现消防探头损坏时却没有及时更换；有人后悔在发现救生筏出现故障时却置之不理；有人检讨自己平时例行检查时工作不到位；等等。最后，船长悲哀地写了这样一句话：平时，我们每个人都犯下了一点毫不起眼的小错误，积累起来，酿成了今天船毁人亡的灾难，再想弥补已经晚了。小的漏洞没有及时弥补，同样也能够最终毁掉一个运作良好的单位、企业。在单位或企业运营中，我们每个人都是这个单位或企业整体链条上的一环。如果这个链条上出现一点小的纰漏，经过"多米诺骨牌效应"的传导后，可能会演变成一个巨大的错误，给单位、企业带来毁灭性的灾难。因此，领导者在平时的工作中，应善于"见微知著"、"小题大做"，防止出现百密一疏的错误。

凡勃伦效应

有一天，一位禅师为了启发他的门徒，给门徒一块石头，让他到菜市场，试着卖掉它。这块石头不大，很美丽。禅师说："不要真卖掉它，只是试试行情。注意观察，多问一些人，然后只要告诉我在菜市场它能卖多少钱。"这个人去了，在菜市场，许多人看着石头想：它可做很好的小摆件，我们的孩子可以玩，或者我们可以把它当作称菜用的秤砣，或者用作腌菜缸的压菜石。于是他们出了价，但只不过几个小硬币。那人回来告诉禅师说："它最多只能卖几个硬币。"禅师说："你现在去黄金市场，询问那的人，但仍不要卖掉它，光问问价。"从黄金市场回来，这个门徒很高兴，说："这些人太棒了。他们乐意出到 1000 块钱。"禅师说："现在你去珠宝市场，低于 50万不要卖掉。"他去了珠宝商那儿。他简直不敢相信，他们竟然乐意出 5 万块钱，他不愿意卖，他们继续抬高价格——出到10 万。但是这个门徒说："这个价钱我不打算卖掉它。"他们又出到 20 万、30 万。这个门徒说："这样的价钱我还是不能卖，我只是问问价。"虽然他觉得不可思议，但是没有表现出来。最后，他以 50 万的价格把这块石头卖掉了。他回来后，禅师说："现在你明白了，如果你不要更高的价格，你就永远不会得到更高的价值。"

这个故事里，禅师要告诉徒弟的是关于实现人生价值的道理，但从门徒售石头的过程中，却反映出一个经济的规律：即一些商品价格定得越高，可能越能受到消费者的青睐。商品价格越高，消费者反而越愿意购买的消费倾向，由美国经济学家凡勃伦最早注意到，因此被命名为"凡勃伦效应"。

美国经济学巨匠托斯丹·邦德·凡勃伦在《有闲阶级论》一书中写道："在任何高度组织起来的工业社会，荣誉最后依据的基础，总是金钱力量；而表现金钱力量，从而获得或保持荣誉的手段是有闲和对财物的明显浪费。"这就出现了一种奇特的经济现象，即一些商品价格定得越高，就越受到消费者的青睐。其实，消费者购买这类商品的目的并不仅仅是为了获得物质上的满足。在现代社会同住豪宅、开名车、戴名表、购奢侈品一样，重金征婚、奢侈婚宴等消费的目的并不仅仅是为了获得直接的物质满足和享受，而在更大程度上是为了获得一种社会心理上的满足（公众的关注和私人财富、身家、地位的充分展示，一掷千金的快感）。由于某些商品对别人具有炫耀性的效果，消费者可能是想通过使用昂贵的优质的产品来引人注目，以此炫耀自己的地位、身家。在凡勃伦看来，具有艺术价值的物品带给购买者的总效用不仅包括由于直接"消费"这件物品所带来的"物理效用"，而且包括由于这件物品本身的高昂价格所带来的社会效用。

"凡勃伦效应"启示领导者，要想在同事和下属心中占据重要地位，就要善于巧妙营销自我，提高自己的价值。在该"唱高调"的时候，不能毫无原则地"低调"。

启示一，善于提升自身的价值。"凡勃伦效应"指的是存在于消费者身上的一种愿意购买高价商品的消费倾向。这种消费的目的在更大程度上是为了获得一种社会心理上的满足，而并不仅仅是为了获得直接的物质满足与享受。现代社会，人们的虚荣心越来越强，很多人通过购买高价商品来对别人炫耀，以满足自己的虚荣心。正是在这种心态的驱使下，很多消费者都愿意购买这类物价居高的商品，以此显示出自己的富有和地位。随着社会的发展，这种消费趋势越来越明显。其实，人的气场也符合"凡勃伦效应"所揭示的规律，即你在别人心目中的地位往往是由你的气场"价值"高低决定的。当然，这种"价值"通常与尊重联系紧密，而不是通过金钱的数量来衡量的。对于任何人来说，与人为善、谦和恭敬都是一种难能可贵的品质。不过，要想使自己的气场变得更加强大，就必须坚持自己的原则和立场，切忌毫无原则、不分时间和场合地顺从别人。要知道，没有条件的宽容是纵容，没有原则的退让是怯懦。

东汉末年，诸葛亮在隆中"躬耕陇亩"，半耕半读，过着清静悠闲的生活。他志向远大，能力超群，同时又淡泊明志，深谙抬高身价之道。其实，诸葛亮抬高自己身价的方法很简单，即绝不轻易出山。刘备初次请诸葛亮出山时，首先是听山歌，然后是看山，再然后是碰钉子，最后才见到崔州平。这一切让刘备惊叹不已，山是"清景异常"，景是"观之不已"，人则是"器宇轩昂"，处处透露出不同凡响。因此，刘备情不自禁地称赞隆中是一块风水宝地。由此，他推断卧龙岗上的人也必定是一位世外高人。刘备第二次去请诸葛亮时，先是见到诸葛亮的朋友，然后见到诸葛亮的弟弟，最后见到了诸葛亮的岳父。如果说一顾茅庐让刘备大开眼界，那么二顾茅庐则让刘备更加欣喜若狂。不管是诸葛亮的朋友、弟弟，还是诸葛亮的岳父，都给刘备留下了深刻的印象，使刘备对于诸葛亮更加心向神往。刘备第三次去请诸葛亮时，非常隆重。诸葛亮一副高高在上的姿态，但是刘备却沐浴更衣拱立阶下。当然，这一切并非偶然，而是诸葛亮刻意安排的。他想用自己的矜持换来刘备的重视，从而得到刘备的器重。毋庸置疑，诸葛亮这种"高傲"的姿态直接增强了他的气场。为了寻找一个救世明主，为了向世人展现自己的傲世之才，他坚持不肯随便出山。也许，正是因为诸葛亮坚持不肯出山，不愿意随便跟从别人，坚持自己的心气，所以才最终寻得明主，大展宏图。对于领导者而言，诸葛亮的做法在当今社会仍然有借鉴意义。做人就要像诸葛亮这样，既不能妄自菲薄，也不能狂妄自大，而要坚持自己的理想和追求，利用"凡勃伦效应"，提高自己的身价。总之，只有对自己有信心，坚持不肯屈就，别人才会视你为珍宝。

启示二，重视修炼自身的"气场"。三国时期，曹操统一北方，威名大振，很多部落纷纷投奔曹操的麾下。不过，有个匈奴王不知道曹操是否值得依附，便带了大量的金银珠宝试探曹操。同样的，曹操对自己的外形也没有百分之百的把握，为了威慑匈奴王，曹操便让气宇轩昂的谋士崔琰代替自己坐在那里，而自己则假扮成侍卫的样子随侍一旁。会面之后，曹操派使者私下去问匈奴使者觉得曹操如何。使者直截了当地说："魏王气质非凡，长相俊美，但是，相比之下，旁边那位提刀的人气度威严，绝非常人。他才是真正的英雄！"气场是一种看不见摸不着的东西，是我们身上无形的精神符号。尽管曹操装扮成侍卫的样子站立在一旁，但是，匈奴使者却感知到了曹操的威严。每个人都有"气场"，通过"气场"，人体会把消极的、颓废的、无所作为的，或者积极的、阳刚的、有能力的等信息传递给周围的人。伟人和大人物的"气场"都非常强，他们的身上有一种耀眼的光，让人崇敬或者拜服。就像曹操一样，即使打扮成侍从的样子在一旁站立，也无法掩饰他身上的强大"气场"，掩饰不住他身上散发出来的耀眼光芒。如果一个人意志薄弱，缺乏奋勇拼搏的精神，或者自甘堕落，对于生活没有希望和信心，那么，他的"气场"就会越来越弱。这种人很难影响到周围人的感知，更难以产生折射效应。相反，如果一个人奋发向上，积极乐观，那么，他的"气场"就会越来越强大，并且折射到周围人的感知中，从而影响他们。有一个非常奇特的现象：如果一个人的"气场"发生改变，那么，他身边的人很容易就能够觉察到，并且做出相应的反应。人们根据一个人表情、语调，甚至是身体姿势的微妙变化，就能够感觉到一个人"气场"的变化。"气场"是一个人内在气质的潜在流露。实践证明，领导者只有重视修炼自身正面"气场"，才能以正面的折射效应获得下属的尊重和支持。

启示三，每天都要自我肯定。著名模特莫万丹说："气场，就是一种感觉。当你想做一件事情的时候，应该从内心深处意识到舞台是属于你的。就像我一样，当我站在台上，我感觉自己就是T台的主角，每件服装都是为我量身设计的。"毋庸置疑，这是一种强烈的自我肯定。只要你肯定自己，世界也会肯定你。具体地说，自我肯定就是对自己有信心。积极的自我肯定，就是使用一种类似于"自信宣告"的表述。细心观察的人不难发现，说起话来总是斩钉截铁，充满自信："我将会、我一定能、我会更好、我期待着、我希望、我肯定能做到……"只要我们每天都进行这种建设性的自我肯定，就会树立自信，战胜生活中的一切困难。不要将这种自我肯定当成是一种负担，也不要把它当成是一种夸耀，而要把它养成习惯，一种下意识的心理反应。古人云，"天生我材必有用"，学会肯定自己，有助于战胜悲观情绪，积极乐观地走好人生之路。《羊皮卷》一书总结出了 11 种自我肯定的人生信条，值得我们借鉴。如：我完全有能力实现今天确立的目标；我能够控制自己的情绪、思想和行动，并且指导它们帮助我改善身体素质、关系、生活以及工作；我将努力实现自己的价值，并且以此作为生活的目标；我相信自己的判断力和承担风险的能力，这是对自己极限的挑战；我愿意接受因为这个决定而获得的回报以及此后的所有结果；我的精神、思想和身体是一支强有力的团队，在它们的配合下，我能够不断地超越自我；每天，我都尽量让自己变得更明白事理、更有学识、更有适应力、更有好奇心、更富于同情心、更有控制力并且更加成功；我能够从难题和挫折中学习，并且从中抓住进步和成长的机会等。人生的道路充满变数，而且坎坷不平。不管是遭遇坎坷不平的彷徨时分，还是一帆风顺的快意时刻，都要坚信命运掌握在自己的手中，学会自我肯定。只有这样，才能感觉到自己时刻都被积极的情绪所笼罩，从而能够唤起内在的活力和勇气，形成一种积极的能量。这种积极的暗示能够激发你的潜能，使你不断突破自己，超越自己，往好的方向发展。

非零和效应

　　电影《美丽心灵》中有这样一个情节：一个烈日炎炎的下午，约翰·福布斯·纳什教授给二十几个学生上课，教室窗外的楼下有几个工人正在施工，机器发出刺耳的噪声，于是纳什走到窗前狠狠地把窗户关上。马上有同学提出意见："教授，请别关窗子，实在太热了！"而纳什教授一脸严肃地回答说："课堂的安静比你舒不舒服重要得多！"然后转过身，一边叨叨着，一边在黑板上写着数学公式。这时，一位叫阿丽莎的漂亮女同学走到窗边打开了窗子，对窗外的工人说道："打扰一下，嗨！我们有点小小的问题，关上窗户，这里会很热；开着，却又太吵。我想能不能请你们先修别的地方，大约45分钟就好了。"正在干活的工人愉快地接受了她的请求。阿丽莎回过头来快活地看着纳什教授，纳什教授也微笑地看着阿丽莎，既像是讲课，又像是在评论她的做法似的对同学们说："你们会发现在多变性的微积分中，一个难题往往会有多种解答。"而阿丽莎对"开窗难题"的解答，使得原本的一个零和博弈变成了另外一种结果：同学们既不必忍受室内的高温，教授也可以在安静的环境中讲课，结果不再是0，而成了+2。由此我们可以看到，很多看似无法调和的矛盾，其实并不一定是你死我活的僵局，那些看似零和博弈或负和博弈的问题，也会因为参与者的巧妙设计而转为正和博弈。

龟兔赛跑的故事老幼皆知，但假如龟兔多次赛跑又会是什么结果呢？第一次，兔子骄傲，半路睡觉了，乌龟赢了。兔子不服，于是进行第二次赛跑。第二次，兔子吸取教训，不睡觉了，一口气跑到终点，所以兔子赢了，乌龟不服。他说咱们比第三次吧。前两次你指定路线跑，这次得由我指定路线跑。兔子心想反正我跑得快，你爱指定就指定吧。第三次赛跑，兔子按乌龟指定的路线跑了，兔子又跑到了前面。快到终点时，被一条大河挡住了道，兔子过不去。乌龟慢慢爬到，下河游了过去，于是乌龟赢了。第四次赛跑时他俩商量说，干吗老这样比赛呢？咱俩合作吧。于是，陆地上，兔子驮着乌龟跑；过河时，乌龟驮着兔子游。这样两个小动物同时到达终点——双赢。

"非零和效应"来源于零和效应，即实力相当的双方在谈判时做出大体相等的让步，方可取得结果，亦即每一方所得与所失的代数和大致为零，谈判便可成功。然而，人类社会发展的历程越来越走向"非零和"，也就是我们现在所说的"双赢"。因此，"非零和效应"已经替代了过时的"零和效应"。如今，人们常将"非零和效应"称之为"双赢效应"。

美国著名思想家、前总统威廉·杰斐逊·克林顿的智囊罗伯特·赖特所著《非零和时代》是近年来最为热议的书籍之一。该书运用博弈的观点，揭示了人类历史的必然命运：世界和人类发展的推动力和最终趋向并不是你死我活的竞争关系，而是互利共赢的合作关系，即"非零和"。

比如投资股票和债券，投资者一方面可在股票或者债券的价格涨落中赚取差价或从每年的派息之中获得利益，上市公司用投资者的钱来经营，创造利润，上缴税金，增加就业等。而办好教育，则更是多赢的"非零和效应"，一个人成才，是其本人努力的结果，是教师劳动价值的体现，是一个家庭的荣耀，他必将在社会大舞台上实现自我，为社会、为人民作出贡献。如此双方或多方面都可以从中获益，利人利己利国，这便是新时期的博弈论。

"非零和效应"启示领导者，要树立起现代正确的竞争观念。

启示一，双赢则皆利，两败则俱伤。要在人与人之间，同级之间，上下级之间，单位与单位、企业与企业之间形成良性和谐的竞争局面，做到在合作中竞争，在竞争中合作。充分认识同事之间既是竞争对手，更是合作伙伴，双赢和多赢，是一种新的竞争理念，也是一种新的竞争策略。人类的历史发展到今天，世界一体化，经济全球化正在形成，多元文化并存，多级评价标准共用，多维信息符号共享，整个世界已成为你中有我、我中有你，在交互中相互依存、相互补充、共同发展。此时此刻，倘若依然有非友即敌、势不两立的态度显然是不对的。要知道，竞争的目的不是将对方打倒击垮，而是以人之长、补己之短，互利双赢，共同发展。要竞争"双赢"，即"你好，我好，大家都好"，这才是竞争的最高形式。孙子说："凡用兵之法，全国为上，破国次之；全军为上，破军次之……必以全争于天下，故兵不顿，而利可全。此谋攻之法也。"向我们的对手学习，竞争"双赢"，争而不破彼，彼此又获利益，这才是真正的"善之善者也"。

启示二，只有团结协作，才能互利共赢。领导者要向下属不断地灌输合作共赢的理念，尤其是在企业改革过程中，要大力提倡合作精神，力求取得双赢的成效。一要注意上下级间的纵向协作，领导者要充分相信和依靠群众，走群众路线，做到问需于民、问计于民、服务于民，甘当人民群众的小学生，从人民群众中吸收营养、增长智慧，争取人民群众的拥护和支持。二要提倡同级间的团结协助，相互学习，取长补短，精诚合作，协同共进。三要注意与不同领域、行业、部门、单位的横向联合，相互支持、资源共享、互利共赢。四要加强地域之间的协作。改革开放40年来，新疆与各地的关系越来越密切，交流越来越频繁，各地与新疆的互补性愈加突出，新疆有各地需要的石油、煤炭、天然气等资源和市场，而新疆缺少的资金、人才、技术、管理等资源，各地可以提供。因此，不仅对新疆有利，各省区市也同样受益。尤其是国家西部大开发政策和"一带一路"倡议的实施，新疆的地缘优势凸显。新疆具备的优势牢牢吸引着各地，因此说支援西部开发不再是单方面的支援，而应从互惠互利、合作共赢的高度去理解和认识，加大双边和多边合作，以求"非零和效应"。

格拉丘纳斯效应

　　法国管理顾问格拉丘纳斯在1933年发表的一篇论文中，分析了上下级之间可能存在的关系，并提出了一个用来计算在任何管理宽度下，可能存在的人际关系数的数学模型。他的理论把上下级关系分为三种类型：

　　（一）直接的单一关系。指上级直接地、个别地与其直下属级发生联系。

　　（二）直接的组合关系。存在于上级与其下属人员的各种可能组合之间的联系。

　　（三）交叉关系。即下属彼此打交道的联系。

　　如果A有三个下属B、C、D，那么他们之间存在的这三种关系如表1所示。

表1

直接的单一关系	直接的组合关系	交叉关系
A→B	A→B 和 C	B→C
A→C	A→B 和 D	B→D
A→D	A→C 和 D	C→D

续表

直接的单一关系	直接的组合关系	交叉关系
	A→C 和 B	D→B
	A→D 和 B	D→C
	A→D 和 C	
	A→B 和 C 及 D	
	A→C 和 B 及 D	
	A→D 和 C 及 D	

可能有人会认为类似"A→B 和 C"与"A→C 和 B"这样的关系是一样的，但格拉丘纳斯认为它们是不同的。因为其中有一个由"以谁为主"的问题所造成的心理状态。

通过这三种上下级关系的分析，格拉丘纳斯认为，在管理宽度的算术级数增加时，主管人员和下属间可能存在的互相交往的人际关系数几乎将以几何级数增加。据此，他提出了一个可以用在任何管理宽度下计算上下级人际关系数目的经验公式：

$$C=n\left[2^{n-1}+(n-1)\right] \text{ 或 } n\left(\frac{2^n}{2}+n-1\right)$$

式中，C 代表各种可能存在的联系总数，即关系数；N 代表一个管理者直接控制的下属人数，即管理幅度。当 N=1，C=1；N=2，C=6；N=3，C=18；N=10，C=5210。根据这一公式，不同下属人数的可能关系数见表 2。

表 2

N（下属人数）	C（关系数）
1	1
2	6

续表

N（下属人数）	C（关系数）
3	18
4	44
5	100
6	222
7	490
8	1080
9	2376
10	5210
11	11374
12	24708
13	2359602

由此可见，随着管理宽度的增加，上下级之间的相互关系数量也在急剧上升。这说明管理较多下属的复杂性。因此主管人员在增加下属人数前一定要三思而行。需要指出的是，格拉丘纳斯的这个公式没有涉及上下级关系发生的频率和密度，因而它的实用性受到了一定的限制。对一个主管人员来说，相互关系和所发生的频率与密度（可用所需时间来计算）也应是在确定下属人数时所考虑的重要因素。总之，管理幅度受多方面因素的影响，这也决定了管理幅度具有很大的弹性。

在管理心理学中，人们把本不是自己该管的事揽过来管，结果自己该管的事没有管好，而不该管的事却越来越多，弄得焦头烂额，成了问题中心，这种现象称为"格拉丘纳斯效应"。格拉丘纳斯认为，直接向一位行政首长汇报的下属数每增加一人，会导致可能存在关系的总数极大增加。这就是说，管理中必须按照层级管理原则来进行，否则，管理就根本无法进行。

我国成功学专家易发久把人们日常中遇到的某一问题、某一项待解决的事情或工作任务比喻为"猴子"，上述这种"猴子"越来越多，上司成为"猴子"托管所的现象，便是"格拉丘纳斯效应"。这种现象经常在领导工作中发生。

"格拉丘纳斯效应"启示领导者应有自知之明，不断增强层级管理意识。

启示一，要对下级放心。领导者要充分信任下级，做到疑人不用、用人不疑。讲得更清楚一点，应该是疑人不任用，使用人不疑。任用时要全面考察德才，情况不清楚、吃不准的人就不要任用；而一旦任用之后，使用中就不要疑惑，不能一有风吹草动，特别是下级提出不同意见，或者有人打下级的小报告时，就胡乱猜疑，对下级不信任。古人对此有精辟见解，宋代欧阳修就说过："用人之道，要在不疑。宁肯艰于择人，不可轻任而不信。"意思是说，用人的关键是信任、不猜疑。宁可选人时费些艰难、多下功夫，也不能轻易任用以后而不信任。因为对人不信任，会严重挫伤人的自尊心、归属感，影响人的主动性、积极性的发挥，损害团队的凝聚力、向心力。领导的信任能使人感受到自己的价值与尊严，从而成为催人奋发向上的强大动力。领导信任下级，下级也会信任领导，就会产生一种向心力，使上下拧成一股绳，和谐一致地行动。所以有人说，领导给下级多少信任，下级就回报给领导多少干劲，信任和干劲成正比，这是很有道理的，正如司马迁所说："士为知己者死。"做到充分信任，一是领导者必须待人以诚，出于公心，真诚对待下级，不搞亲疏远近，对下级一视同仁，处事公道正派，不搞小团伙；二是领导者要能容人，特别要能容人之过（错）、之短（处）、之失（误），善于团结与自己意见不一致，甚至批评反对过自己的人；三是领导者不能听信谗言，要近君子远小人，耳朵根子要硬，不轻信小报告，充分信任和依靠下级开展工作。信任是下级工作的推进器，这方面的例子古今中外不胜枚举。

启示二，要对下级放权。就是要合理设置各个层级的权力，把该给下级的权力都给下级，并支持下级规范行使。这样才能发挥各个层级的积极性，提高工作效率。反之，领导如果大事小事一把抓，本事再大，水平再高，也难以把事情办好，而且还会累得要死。俗话说的"一个人浑身是铁也打不了几根钉子"就是这个意思。传说春秋时期，孔子先后给鲁国的单父县推荐了两个县长：宓子贱和巫马期。这宓子贱当县长时简政放权，充分发挥下面人的积极性，结果自己工作轻轻松松，还有时间和雅兴弹弹琴，而全县大治，百姓安居乐业。巫马期当县长则不同，什么都抓在自己手上，大事小事亲自处理，结果天天早出晚归，废寝忘食，好不容易才把县里治理得马马虎虎，自己却因为劳累过度病倒了。两个县长的故事告诉我们，领导者并不是要事必躬亲，而要善于出谋划策、统筹协调，调动下级的积极性、创造性。当然，放权也并非易事，既需要智慧，也需要勇气，同时还需要遵循规则。

首先，要合理设置各个层级的权力，该是哪一级的权力就给哪一级，上级不能截留。清代曾国藩在组建湘军的过程中强调，"一营之权，全付营官，统领不为遥制；一军之权，全付统领，大帅不为遥制"，从而建成了一支强大的湘军。如今，经过几十年的努力，我国关于国家机关职权方面的法律法规已经基本完善，多次机构改革也明确了机关部门的职能权限。然而，不同层级的权力、权限还不是十分清晰；在同一个部门或单位中，各个层级、各个岗位的职责还有些模糊，需要进一步研究、厘清。其中比较普遍存在的问题是上级截留应该属于下级的权力。其次，在权力运行过程中，上级不要超越权限对下级干预，更不能越级指挥。已经决定授予下级的权力，就不要怀疑他们的忠诚和能力而处处干预。不仅如此，在授予权力后，领导还要为下级"撑腰"，为他们完成任务创造条件。有些领导往往习惯于"一竿子插到底"，好像凡事不亲力亲为，别人就做不好。尤其是少数"一把手"，或者是对手下不放心，或者是权力欲太强，总是喜欢对下级指手画脚，甚至越俎代庖，直接干预、处理下级职权范围的事情。这种现象可以说并不鲜见。如有的领导到下面调研，刚听几句汇报、看几个现场，马上就对当地的工作做指示、提要求，并要下面执行落实，搞得下面一头雾水，左右为难。再如现场办公是我们一些领导比较热衷、推崇的工作方法，并被不少人认为是深入基层、作风扎实的表现。现场办公有时确实可以协调一些矛盾，解决一些问题。但是，现场办公往往由于时间较紧，情况不完全清楚，讨论不很充分，就匆忙拍板，容易发生决策失误。更严重的问题是，现场办公打乱了权力的层级，影响了权力的正常规范运行，使得下面的干部不敢做事，不敢负责。再次，从体制机制方面讲，为了减少上级对下级过多的干预，要减少领导职数，特别是不要设置太多副职。明清时期的大思想家顾炎武提出了一条重要的治官定律："官多则乱，将多则败。"我们党也十分重视这个问题，早在1958年中共中央就转发了《中央组织部关于在中央一级机关中减少副职和取消部长助理职务的意见》，同时还发出《关于安排一部分老干部担任各种荣誉职务的通知》，为减少职数提供了一条途径。然而，60年过去了，副职过多问题仍然存在。一些单位，副职少则五六个，多则七八个，甚至十多个。有的人数不多、内设机构少的单位，官比兵多，领导职数比内设机构多。这就必然造成越级指挥的现象，以致局长干处长的事，处长干科长的事，科长就只能干办事员的事了。这不仅大大降低工作效率，而且严重影响下级的工作积极性。

启示三，要对下级放手。就是要消除顾虑或限制，鼓励下级在工作中充分发挥主观能动性，在遵守大的原则、规定的前提下，结合实际，创造性地工作。唐代著名诗人白居易也是政治家，官至翰林学士、刑部侍郎，对用人也颇有见地。他主张上级要给下级提供一个发挥主观能动性的空间。他说："县宰之权，受制于州牧；州牧之政，取则于使司。迭相拘持，不敢专达。虽有政术，何由施行？"这话的意思是，应一级管一级，如果上级卡得过死，下级没有主动权，虽然想探索、创新，也没有办法去做。当前，经济全球化、社会信息化、管理扁平化，行业愈来愈多，分工愈来愈细，不同地区、层级的情况千差万别，上级不可能全面了解下面的具体情况，更加需要上级对下级放手，让下级大胆去闯、去试、去探索。要建立激励机制，提高干部的自觉性、主动性、创造性，鼓励下级在遵守上级精神和方针政策前提下，结合本地区、本单位、本部门的实际，努力探索，大胆创新。领导者要充分相信下级的水平和能力，一旦交办了工作，就要相信他们，让他们放开手脚，自己想办法解决问题；千万不要在交办工作后，还事事过问，从而让下级束手束脚，工作可能愈弄愈糟。领导者不仅要鼓励下级敢于负责，勇于创新，而且对于那些工作中发挥主观能动性、取得成绩的干部要表彰奖励，成绩突出、群众公认的干部要提拔重用。要保护敢闯敢试、开拓创新的干部，尤其是保护在勇于探索中受到挫折、有些失误的干部。因循守旧可以少犯错误，但难有大成就；探索创新才能有所突破，但弄不好也会出纰漏。在这种情况下，就要具体分析情况，不能只看一时一事，而要看全部历史和全部工作，肯定主流，分析原因，帮助下级总结教训，有时还要主动为下级承担责任，充分保护下级干事创业的积极性。

关系场效应

传说赤壁之战前夕，诸葛亮应周瑜限"十天造十万支箭"的刁难，定出了草船借箭之计。但最初使用的是普通的草捆作为草垛，用来覆盖在船上。诸葛亮将准备工作交给了三个面目较丑的裨将（古代的一种军职名，与"皮匠"同音，臭与丑谐音，所以后来被误传为"臭皮匠"），三个丑裨将在准备的过程中发现如果用普通草垛的话，会被曹军看出破绽，于是自作主张使用了草人代替草垛，戴上盔甲，伪装成真人。最终，三个裨将的这个计策为草船借箭的成功立下了大功。

另一版本，传说，诸葛亮到东吴做客，为孙权设计了一座报恩寺塔。其实，这是诸葛亮要掂掂东吴的分量，看看东吴有没有能人造塔。那宝塔要求很高，单是顶上的铜葫芦，就有五丈高，四千多斤重。孙权被难住了。后来寻到了冶匠，但缺少做铜葫芦模型的人，便在城门上贴起招贤榜。时隔一月，仍无人揭榜。诸葛亮每天在招贤榜下踱方步，高兴得直摇鹅毛扇子。城门口有三个摆摊子的皮匠，他们面目丑陋，又目不识丁，大家都称他们是丑皮匠。他们听说诸葛亮在寻东吴人的开心，心里不服气，便凑在一起商议。他们足足花了三天三夜的工夫，终于用剪鞋样的办法，剪出个葫芦的样子。然后，再用牛皮开料，硬是一锥子、一锥子地缝成一个大葫芦的模型。在浇铜水时，先将皮葫芦埋在沙里。这一着果然一举成功。诸葛亮得到铜葫芦浇好的消息，立即向孙权告辞，从此再也不敢"小看东吴了"。"三个臭皮匠，胜过诸葛亮"的故事，就这样成了一句寓意深刻的谚语。

民间传说中，还有"三个和尚没水喝"的故事：传说山上有座庙，庙里只有一个小和尚。他每天挑水、念经、给观音菩萨案桌上的净水瓶添水，夜里不让老鼠来偷吃贡品，日子过得清净、安稳、自在。不久，来了个瘦和尚。他一到庙里，就把缸里的水喝干了。小和尚叫他去挑水，瘦和尚心想一个人去挑水两个人喝，太吃亏了，便要小和尚和他一起去抬水，两个人只能抬一桶水，而且水桶必须放在扁担的中央，两人才心安理得。但这样总算还有水喝。后来，又来了个胖和尚。他也想喝水，可缸里没水。小和尚和瘦和尚叫他自己去挑，胖和尚挑来一担水，立刻独自喝光了。从此谁也不挑水，前面那两个和尚也不再抬水，三个和尚就没水喝了。三个和尚各念各的经，各敲各的木鱼，观音菩萨面前的净水瓶里的水也被三个和尚抢着喝干了，庙里草木干枯。夜里老鼠出来偷吃贡品，三个和尚都装没听见，谁也不管。结果老鼠更加猖獗，一天老鼠在供桌上肆无忌惮，打翻了烛台，庙里燃起大火。因庙里无水，三个和尚大眼瞪小眼，谁也不先主动救火。结果整个庙宇化为灰烬，三个和尚无庙可归，流离失所。

上述两个方面的典故说明：在角色群体的活动效率中，既可能产生增力作用，也可能导致减力作用。"三个臭皮匠，胜过诸葛亮"，这种情况下，"1+1+1＞3"。这在群体成员活动的效率角度上，称之为"群体的增力作用"。"三个和尚没水喝"，这种情况下"1+1+1＜0"了。这在群体成员活动的效率角度上，称之为"群体的减力作用"。这种由不同角色扮演者组成的群体产生的内聚力或摩擦力，在社会心理学上，统称为"关系场效应"。

"关系场效应"启示领导者，既不能忽视群体对个体智慧的促进作用，也不能迷信群体在任何情况下都比个体活动更有效率，要切实关注角色群体的活动效率的基本原则。

启示一，重视"责任依从原则"，集中力量办大事。所谓"责任依从原则"，是苏联教育家马卡连柯提出来的，他认为群体关系高度发展的主要标志是"责任依从关系"。而社会心理学的研究则进一步阐明，"责任依从关系"的发展程度是群体整合和分化到一定水平的结果。这种"责任依从关系"，具体来说，就是表现在个体在群体中接受群体的影响，而产生的三个方面的心理效果：群体的归属感、认同感、群体的支持力量。所谓"归属感"，即是群体内各个成员发生相互作用时，行为上表现得很协调，同一群体成员能一致对外，彼此都体会到大家同属某一群体。与"归属感"紧密联系的是"认同感"，即指群体内各个成员对一些重大事件和原则问题，都保持共同的认识与评价，群体内其他成员的认识对个体的认识具有某种约束力。而"群体的支持力量"是当一个成员表现出符合群体规范的行为时，群体就会给予他赞许与鼓励，以支持其行为，从而进一步强化他的行为。总而言之，群体的归属感是给个人情感上的依据，群体的认同感对个人的认知给予知识与信息，群体的支持则给个人以力量，使个人的行为能坚持下去。所有这些群体的心理效果，都体现着"责任依从原则"。群体活动效率中的增力作用，即"1+1+1>3"，便由此而来。正是从这个意义上，马克思说："12个人在144小时的总劳动日中共同劳动，比12个孤立的劳动者各自做12小时，会供给一个更大得多的总生产物。"这可以称之为角色群体中由"责任依从原则"带来的一种"关系场效应"。根据这一原则，我们可以发挥我国社会主义的优越性——人多力量大，合力办大事，加快建设步伐。

启示二，关注"责任分散原则"，充分发挥个体的主观能动性。有位心理学家做过一项实验，让年轻人分别以单独、二人、三人……直至八人小组的形式拉绳，测量记录下他们在不同群体规模下用力的情形。结果显示出，当他们单独时以平均63公斤的气力拉。如果依此类推，两人组应有126公斤拉力，三人组应有189公斤拉力……八人组应有504公斤拉力力，但实际上，在两人一起拉时，只有118公斤的拉力，减少了8公斤，三人组只有160斤拉力，减少了29公斤……八人组只有256公斤拉力，减少了248公斤。这说明，群体活动过程中存在一种损耗现象，当群体合作完成一项共同任务时，由于"过程损耗"现象，因而群体共同使出的力气就可能低于这些人单独活动时使用的气力的总和。可见，角色群体蕴含着一种"责任分散原则"。这往往会对发挥每个个体的智慧和创造力的工作产生一种阻抑作用。"三个和尚没水喝"的故事、群体性的袖手旁观现象，正是角色群体中由"责任分散原则"带来的另一种"关系场效应"。这样说来，是不是就可以得出这样的结论：

扬"责任依从原则"、弃"责任分散原则"呢？不能如此简单化。凡事皆有个"度"。一味地扬"责任依从原则"就好吗？不一定。倘过了"度"，就可能使个体角色"去个性化"，湮没在群体中。一概排斥"责任分散原则"也不一定对。因为它的存在有其一定的客观性，而且还有其一定的合理性。问题的关键在于我们要科学地驾驭这两项原则。20 世纪 50 年代，美国创造学家亚历克斯·奥斯本提出了一种"智力激励法"，其强调的一个基本原则就是实施"责任分散"，对群体中个人提出的新见解先不作批评和挑剔，而只加以鼓励，以使每个人都能不受拘束地亮出自己的新主意，只是到最后才对这些见解、主意进行选择和评价，加以集中。试想，在角色群体进行智力激励的过程中，如果一味地强调对群体现有的认识和评价，恪守"责任依从原则"，而不让个体角色在"责任分散"中充分开动脑筋，那就很可能出现"大家都说现成话，说来说去没啥啥"的情景，那怎能谈得上激励智力？为此，要重视发挥个体的主观能动性和聪明才智，调动一切积极因素，为新时代中国特色社会主义建设各尽所能。

启示三，贯彻"民主集中制"原则，实行民主、科学决策。所谓"民主集中制"原则，是苏联布尔什维克提出并实行的一种国家机构制度，其基本含义是民主基础上的集中和集中指导下的民主相结合。角色群体中的"关系场效应"启示领导者：既不能忽视群体对个体智慧的促进作用，也不能迷信群体在任何情况下都比个体活动更有效率。既看到"只有在集体中才可能有个人自由"（《马克思恩格斯全集》第 3 卷，人民出版社 1960 年版，第 84 页），也要看到"每个人的自由发展是一切人的自由发展的条件"（《共产党宣言》)。这就是说，要正确认识群体发展和个体发展之间的相互制约、相互促进的辩证关系：个体的发展必须依赖群体发展所提供的环境和条件，而群体的发展又只能通过其中个体的发展才能实现。群体的作用正是通过个体表现出来的，任何群体的生命力都取决于其中的个体的活力。角色群体对角色个体的约束力如果超过一定的度，个体就会因"去个性化"而失去活力，从而使你所在的群体的生命力也逐渐衰竭。认识到这一点对于领导者如何自觉地使自己成为角色群体中的"皮匠"，而不是成为"和尚"，如何使自己所在的角色群体不断产生良性"关系场效应"也许不无裨益。特别是在党组织生活中，领导者要自觉贯彻"集体领导、民主集中、个别酝酿、会议决定"的十六字方针，努力营造既有集中又有民主，既有纪律又有自由，既有统一意志又有个人心情舒畅、生动活泼的政治局面。

海 潮 效 应

公元前314年，燕国发生内乱，邻近的齐国乘机出兵，侵占了燕国的部分领土。燕昭王当了国君以后，他消除了内乱，决心招纳天下有才能的人振兴燕国，夺回失去的领土。虽然燕昭王有这样的号召，但并没有多少人投奔他。于是，燕昭王就去向一个叫郭隗的人请教，怎样才能得到贤良的人。郭隗给燕昭王讲了一个故事说：从前有一位国君，愿意用千金买一匹千里马，可是三年过去了，千里马也没有买到。这位国君手下有一位不出名的人自告奋勇请求去买千里马，国君同意了。这个人用了三个月时间打听到某处人家有一匹千里马。可是等他赶到这家时，马已经死了。于是，他就用五百金买了马的骨头，回去献给国君。国君看到用很贵的价钱买了马骨头，很不高兴。买马骨的人却说，我这样做是为了让天下人都知道大王您是真心实意想出千金买马，并不是欺骗别人。果然，不到一年时间，就有人送来了三匹千里马。郭隗讲完上面的故事，又对燕昭王说："大王要是真心想得人才，也要像买马骨的国君那样，让天下人知道您是真心求贤。您可以先从我开始，人们看到像我这样的人都能得到重用，比我更有才能的人就会来投奔您。"燕昭王认为有理，就拜郭隗为师，还给他优厚的俸禄，并修筑了"黄金台"作为招纳天下贤士的地方。消息传出不久，乐毅、邹衍和剧辛等一大批贤士纷纷从各自国家来到燕国。经过二十多年的努力，燕国终于强盛起来，最终打败了齐国，夺回了被占领的土地。

用买马骨的方法来买千里马，用修筑黄金台的方法来吸引天下人才，所运用的都是一种"海潮效应"，即海水因天体的引力而涌起海潮，引力大则出现大潮，引力小则出现小潮，引力过弱则无潮的现象。

人才与社会、时代的关系也是这样，社会需要人才，时代呼唤人才，人才便应运而生。人才乃强国之本，求贤纳士，选人用才，贵在诚心实意。对一级组织或一个单位的领导者而言，重要的是通过调节对人才的待遇，以达到人才的合理配置，从而增强本单位对人才的吸引力。同时，应加大对人才的宣传力度，形成尊重知识、尊重人才的良好风气，吸引更多的人才海潮般涌来。燕昭王采纳郭隗建议，不以才小而不敬，敢向天下人昭示自己尊重人才、招募人才的诚心，所以四方贤士纷至沓来，燕国日渐强盛，给领导者以深刻启示。

启示一，完善人才激励机制。在人力资源管理中，如何设计激励模式是一项重大的课题。随着信息流量加大和社会化的人才市场的逐步建立，人才流动靠行政手段是行不通的，而且往往还会陷入法律纠纷。因此，必须建立适应自身工作特点和生产经营需要的，富于魅力的人才发现、吸引、培训、管理、使用机制和激励机制。

激励机制运用得好坏在一定程度上，是决定市场竞争地位或事业兴衰成败的一个重要因素。特别是要不断加大对人才激励的广度、深度和力度，浓厚"尊重知识、尊重人才"氛围，以形成"海潮效应"。

　　启示二，不断强化物质激励。由于物质需要是人类的第一需要，也是基本的需要，所以物质激励是激励的主要模式。在我国，由于职工收入较低，所以更是我国企业内部使用的非常普遍的一种激励模式。物质刺激主要是改善福利分配制度，使其具有激励功能。一是用拉开档次的方法，这一点在集团公司的工资改革中已经体现出来。二是对人才的合理建议和技术革新者提供奖励，使这一部分人的收入得以提高。三是完善多种分配机制。对于不同类型的人才、不同工作性质的单位或部门应当建立不同的奖励方案，可以结合绩效考核情况，完善奖励分配方案，使之适应不同类型人员的需求，从而发挥激励作用。四是领导者或管理层，应把握住企业创新的原动力，采取国际上通用的技术入股、利润提成等措施，通过公平的分配体制，实现个人利益与企业利益的高度一致，使大家感到：有创造力就有回报。只有分配关系理顺了，员工才会把精力集中在工作上，发挥主动性和创造性，真正实现个人与企业的共同发展。

　　启示三，重视非物质激励作用。非物质激励包括职位升迁、权力扩大、地位提升、授予各种荣誉等，这些使他们精神上产生满足感，同时也包括进修、学习等提高自身素质和生存能力的培训。每个人都有对职位、权力、地位、荣誉等的追求，这是人的社会属性决定的，所以当一个人的工作业绩很好，即便得到了物质奖励，仍然有对职位升迁、权力扩大、地位提升、荣誉获得的要求，如果这种需求长期得不到满足，必然会严重挫伤其工作的积极性，所以必须对人才这种需要有所考虑，并通过适时激励，引发"海潮效应"。

启示四，努力营造人才"共生效应"。自然界有这样一种现象，当一株植物单独生长时，往往植株矮小，甚至畸形，而与众多同类植物一起生长时，则根深叶茂、主干挺拔、生机盎然。人们把植物界这种相互影响、相互促进的现象，称为"共生效应"。人才也同样存在"共生效应"，它有两个方面的含义：一是指引进和优待一个杰出人才，可以使四方人才纷至沓来，进而形成一个人才群体；二是指一个人才荟萃的群体中，人才间的信息传递、优势互补，能够极大地促进人才群体的共同提高。为此，领导者应充分运用并不断强化人才"共生效应"，形成一个吸引人才、利于人才成长的群体，推动单位的建设和发展。如美国的贝尔实验室多年来人才辈出，英国卡迪文实验室从 1901 年至 1982 年，先后出现了 25 位诺贝尔奖获得者，这便是人才"共生效应"的杰出典型。

总之，人才是实现民族振兴、赢得国际竞争主动的战略资源。领导者要实行更加积极、更加开放、更加有效的人才政策，以识才的慧眼、爱才的诚意、用才的胆识、容才的雅量、聚才的良方，把国内外各方面优秀人才聚集到一起，鼓励引导人才向边远贫困地区、边疆民族地区、革命老区和基层一线流动，努力形成人人渴望成才、人人努力成才、人人皆可成才、人人尽展其才的良好局面，让各类人才的创造活力竞相迸发、聪明才智充分涌流。

赫洛克效应

　　彼得·巴勒是马戏团的驯兽师，他做过一个动物实验：第一种方法，在训练小狗表演的过程中，当小狗的动作做错时，巴勒便对小狗进行责骂和鞭打，让它记住做错事时会被教训；而当它做对时，巴勒却没有任何表示。第二种做法，当小狗做对了某个特定的表演动作时，就算一点点进步，巴勒就上前去轻轻抚摸它，对它进行一番赞赏，或者赏它一块肉，并逗它一会儿，就当成对它认真态度的嘉奖。通过比较以上两种方法，巴勒发现，后者比前者效果要好得多，小狗更易掌握各种表演动作，而且非常愿意配合。因此，巴勒就使用后一种方法来训练各种动物表演杂耍。当然，巴勒用的并非什么稀罕的方法。自古以来，天下的驯兽师都是用这种方法来驯服各种凶禽猛兽，并教会了它们各种杂耍的技巧。

　　后来，很多心理学家也同样以动物来做实验，以比较做好事予以褒奖和做错事予以惩罚的效果。结果，他们发现褒奖的效果比惩罚的效果要好，一味批评是不会出现什么好结果的。对一般动物如此，那么对高级动物——人类又如何呢？

心理学家赫洛克曾做过一个实验，他把被试人员分成四个等组，在四种不同诱因的情况下完成任务。第一组为表扬组，每次工作后对其优点予以表扬和鼓励；第二组为受训组，每次工作后对其缺点严加训斥；第三组为被忽视组，不予评价，只让其静听其他两组受表扬和挨批评；第四组为控制组，让他们与前三组隔离，不予任何评价。结果工作成绩是，前三组均优于控制组，受表扬组和受训斥组明显优于忽视组，而受表扬组的成绩不断上升，工作积极性高于受训组，受训组成绩有一定波动。相同的方法用在人和人的交往上也是一样有效的。

上述实验表明：及时对工作结果进行评价，能强化工作动机，对工作起促进作用。适当表扬的效果明显优于批评，而批评的效果比不予任何评价要好。这就是所谓的"赫洛克效应"。

马克·吐温说过，听到一句得体的赞美，能使他陶醉两个月。现实生活中，每个人都期待他人的赞美，因为每个人内心都希望自己所付出的努力被别人看到，自己取得的成绩被别人认可。著名心理学家杰斯·雷尔曾说过："对于人类的灵魂而言，赞美就如同阳光一样，没有它，我们便无法健康成长，不过，我们大部分人，只是敏于躲避他人的冷言冷语，却吝于将赞许的阳光给予他人。"心理学家、哲学家威廉·詹姆斯表示："人类性情中最强烈的渴望就是受到他人的认同。"

"赫洛克效应"启示领导者在日常管理教育和领导下属完成各项工作的过程中，要学会不失时机地进行赞美。

启示一，要及时总结讲评。根据"赫洛克效应"和"反馈效应"，及时对活动结果进行反馈和评价，能强化活动动机，对工作、学习起促进作用。因此，应结合不同时期和工作阶段，以及下属的思想动态、行为表现等，及时进行反馈评价，总结经验、查找不足，并对下属的工作、学习表现进行表彰、奖励或批评、处罚，不能麻木不仁、干好干坏一个样。以不断强化下属的工作、学习动机，引导、矫正目标、方向，促进下属成长、进步和各项工作任务的圆满完成。

启示二，要坚持以表扬为主。希望肯定、渴望赞赏、期待表扬是人的本质属性，是一个人成长的催化剂、进步的助推器，是人生价值的意义所在。一句真诚的赞美，能够使人心花怒放，备受鼓舞。为此，领导者不要吝啬表扬，哪怕是下属小小的进步都要进行赞美和表扬，实践证明，肯定、赏识优于批评训斥，在管理、教育中领导者要做到少批评、少指责、少埋怨，多肯定、多赞赏、多表扬。任何下属都有自己的长处和闪光点，领导者要善于发现，及时表扬、鼓励，增强下属特别是后进人员的自信心和荣誉感，扬长避短，激发正能量，促使事物向好的方面转化和发展。

启示三，要因人、择时、适度。表扬的效果优于批评，但并不是一味地表扬而放弃批评的武器，"没有惩罚就没有教育"，必要的惩罚是控制矫治下属行为的有效手法，对个别违法乱纪、无视规矩的下属，批评、惩罚是必要的。表扬很重要，但不能夸大其词，华而不实，防止产生负面影响。批评、惩罚也要注重时机和场合，注意就事论事，不能讥笑和嘲讽。总之，表扬也好，批评也罢，都要针对各自的性格特点，因人而异，掌握好火候和分寸。同时，领导者还应注重奖惩的频率，坚持"表彰、奖励为主，批评、处罚为辅"的方针。从心理学的研究结果看，奖惩的比例为 5∶1 时往往效果最佳。

启示四，要"抓两头，带中间"。表扬的效果明显优于批评，而批评的效果比不予任何评价的效果好。这就要求领导者要掌握好领导艺术，善于"抓两头，带中间"，在适度表扬先进、批评后进的同时，对大多数的中间层也不能置之不理，任其发展。要积极促、善于帮，达到全面进步、整体提高的目的，促进单位建设可持续发展。

启示五，要善于理解和尊重。要使表扬和批评收到实效，关键是理解和尊重。领导者与下属之间政治上、人格上是平等的关系。一方面，应从关心爱护出发，教育帮助下属认识自身的缺点和不足，不断成长进步；另一方面，应出于公心实施管理、教育，帮助指导下属分析自己的优点是什么、问题有多少、原因在哪里，不断改进作风提高工作效率和效益；再一方面，注意领导方式和工作方法，要凭借敏锐的感觉和沟通的智慧对症下药，让下属真切地感受到领导者真诚的关心、爱护和帮助，自觉自愿地完善自己、改进工作，积极主动完成各项任务。

蝴 蝶 效 应

1963 年的一天，美国气象学家爱德华·诺顿·洛伦兹在皇家麦克比型计算机上进行了关于天气预报的计算。他在某一初始值的设定下已计算出一系列气候演变的数据，当他再次开机想考察这一系列更长期的演变时，为了省事，他走了一条捷径，没有令计算机从头运算，而是从中途开始，把上次的一个中间数据直接输入作为计算机的初值，按同样的程序进行计算，希望得到和上次相同的结果，然后他穿过大厅下楼去喝咖啡。一小时后，他回到计算机前再看时却大吃一惊，他意外地发现，天气变化迅速偏离上一次的结果，在短时间内相似性完全消失，简直相差十万八千里。再次验算发现计算机没毛病，问题出在这次作为初始值输入的数据上。于是洛伦兹认定这为："对初始值的极端敏感性"，即"混沌"（影像似美丽的蝴蝶翅膀）。

这就是所谓的"蝴蝶效应"：一只南美洲亚马孙河流域热带雨林中的蝴蝶，偶尔扇动几下翅膀，可能两周后在北美的密西西比河流域引起一场龙卷风。蝴蝶翅膀的运动，导致其身边的空气系统发生变化，并引起微弱气流的产生，而微弱气流的产生又会引起它四周空气或其他系统产生相应变化，由此引起连锁反应，最终导致其他系统的极大变化。

此后，"蝴蝶效应"之说不胫而走。今天说到的"蝴蝶效应"是广义的"蝴蝶效应"，已不限于天气预报，而是一切复杂系统对初始值极为敏感的代名词或同义语，其含义是：对于一切复杂系统，在一定的固值条件下，其长期大范围的未来行为，对初始条件数值的微小变动或偏差极为敏感，即初值稍有变动或偏差，将导致未来前景的巨大差异，这往往是难以预测的或带有一定的随机性。

"蝴蝶效应"听起来有些荒诞，但说明了事物发展的结果对初始条件具有极为敏感的依赖性；初始条件的极小偏差，将会引起结果的极大差异。它之所以令人着迷，发人深省，不仅因其大胆的想象力和迷人的美学色彩，而更在于其深刻的科学内涵和哲学魅力，给人带来诸多有益启示。

启示一，及时抓"早"。"蝴蝶效应"产生的原因在于：蝴蝶翅膀的扇动，导致身边的空气系统发生变化，由此引起连锁反应，最终导致其他系统的极大变化。1300多年前《礼记·经解》中说："《易》曰：'君子慎始，差之毫厘，谬之千里。'"孔子曰："知几，其神乎？……几者动之微，吉之先见者也。君子见几而作，不俟终日。"意思是说，能洞悉隐微之理，算是达到高妙境界了吧？隐微之理，是事物变化开始的微小征兆，是吉凶祸福的隐约外显。君子发现隐微之理，便相机而动，决不能拖延时间。这些都说明，我们不论做什么事情，都要高度关注起始条件，尽管这些条件是微乎其微的，或者说是微不足道的，但它都是引起"龙卷风的那只蝴蝶"。

任何事物的发展变化都有前因后果，都是一个从量变到质变的过程。而作为前因的量变是细微的、渐进的，往往因微不足道而被忽略，而达到一定量后就会产生质的大变化，一旦作为后果的质变——"龙卷风"刮来，又让人感到惊讶和不可思议。这就要求各级领导者善于透过现象看本质，抓住事故、案件的苗头、前兆，有针对性地敲警钟、示黄牌、亮红灯，超前防范。做到"见于未萌，禁于未发"，把预防工作做在前头。

美国心理学之父威廉·詹姆斯说过："播下一个行为，你将收获一种习惯。播下一种习惯，你将收获一种性格。播下一种性格，你将收获一种命运。"中国有句话叫作"栽什么树苗结什么果，撒什么种子开什么花"，就是说领导者自身或对下属要重视早期教育和品行修养，对好人好事及时肯定和表扬，对不良言行及时批评和纠正。一个单位建设应重视抓好起点，打好基础，一个民族也要重视青少年的早期培养教育，少年强则中国强，教育要从娃娃抓起就是这个道理。剖析一些领导者腐化堕落，无不是从开始的吃点、喝点、拿点不当个事，慢慢私欲贪欲膨胀，最终在腐败的泥潭中越陷越深而不能自拔。因此，各级领导者必须从自身做起，从源头上抓起，早打预防针，增强免疫力，以慎始保善终。

启示二，善于抓"小"。"蝴蝶效应"说明，一个坏的微小机制，如果不加以及时的引导、调节，会给单位乃至社会带来非常大的危害；一个好的微小机制，只要正确引导，经过一段时间的努力，将会产生非常好的结果。从消极的角度看，"蝴蝶效应"往往给人一种对未来行为不可预测的危机感，但从积极的角度看，此效应会使我们有可能"慎之毫厘，得之千里"，从而可能以小的代价，换得巨大的"福果"。纵观历史，"蝴蝶效应"的痕迹处处可见。伟大的文学家莎士比亚曾有句名言："马，马，一马失社稷。"说起来难以置信，因为一匹马和一个马掌钉，在博斯沃斯战役中，英勇善战的英格兰国王查理三世竟然被击败，失去了自己的帝国。一匹马和一个马掌钉，为何使查理三世失去了国家？因为战前卫士给国王的马钉马掌，由于疏忽少钉了一个钉。在战场上，国王的战马因为马掌松动摔倒了，查理三世狼狈地跌落马下，被敌军轻易俘虏。士兵见状，纷纷溃逃，本来力量占优势的英格兰军队随即失败。事后，在西方流传的一首民谣对此作了形象的说明："少了一个钉，坏了一只马蹄铁；坏了一只马蹄铁，折了一匹战马；折了一匹战马，伤了一个国王；伤了一个国王，输了一场战争；输了一场战争，亡了一个帝国。"表面上看来，所有这一切都是一个小小的马掌钉惹的祸。但是冷静分析，小小的马掌钉却足以折射出英格兰国王的军队不注重从小处着手，从每个士兵抓起，从心理、作风、气质、意志等方面点滴养成好的习惯，故失败是不可避免的。"蝴蝶效应"还应了我们"小洞不补，大洞吃苦"、"千里之堤，溃于蚁穴"这两句古训。一个单位或企业的安全工作中，同样有着"蝴蝶效应"，因工作中一个安全帽、一个围栏、一个习惯性动作等，这些小小不妥，都可能酿成不可挽回的重大损失。这就要求我们领导者第一，要贯彻从严管理的方针，从落实法律法规和规章制度抓起，从日常工作、学习、生活等点滴小事做起。严格要求，严格管理，严格监督，矫正下属不良的行为习惯。第二，要防微杜渐，善于从细枝末节和蛛丝马迹中发现问题苗头，并"小题大做"，见微知著，防止和克服习以为常、见怪不怪和松懈麻痹思想，增强工作的警觉性和敏锐性，把事故隐患消灭在萌芽状态。第三，领导者由于所处职业、地位和影响力，更应高标准、严要求，带头"不以善小而不为，不以恶小而为之"。加强理论武装和党性修养，顶得住诱惑，抗得住寂寞，守得住底线，从一举一动、一言一行的小事中严以律己，为人表率，从而在单位中掀起一股积极向上的"清风正气"。

启示三，注意抓"细"。成也细节，败也细节。所谓细节，一般来讲，就是指细小的事物、环节或情节。可以形象地说，细节是转动链条上的环扣，是高楼大厦的砖瓦，是千里铁轨上的铆钉，是太空飞船的螺丝。细节组成生活、工作、学习，言谈举止、社交礼仪，这些简单、平常、细小的事情，成为日常生活的重要内容，体现一个人的修养、品格和形象。细节是工作中平淡却不可或缺的小事。在日常工作中，人们往往要重复一些具体、琐碎、细小的事，而正是这样一些平淡的小事，却体现出工作水平和质量，甚至决定事业的成败。古今中外的经验教训告诉我们："天下难事，必作于易；天下大事，必作于细。""酷烈之祸，多起于玩忽之人，盛满之功，常败于细微之事。"可见，细节至关重要，细节决定成败。阿基米德从洗澡水溢出澡盆这一细节获得灵感，发现了"浮力定律"；牛顿从苹果由树上掉下来这一细节获得启示，提出了"万有引力定律"；弗莱明深入思考葡萄糖菌被污染这一细节，发现了青霉素；丰田汽车公司把精细化的生产管理落实到实践中，创造了占领世界市场的辉煌业绩；沃尔玛公司坚持抓好降低成本，为百姓省钱这个细节，发展成为世界零售业巨子；海尔公司始终坚持精细化零缺陷的经营理念，使一个亏损企业发展成为世界家电品牌。从载人飞船飞向太空，到农民播下一颗种子获得丰收，都是做好每一个细节的结果。无数事实证明，小事牵连大事，细节关系全局。把每一个简单的事情做好就不简单，把每一件平凡的事做好就不平凡，正如习近平总书记讲的，简单的事重复做，你就是专家。同样，因忽视细节而造成失败甚至灾难的例子比比皆是。三国时期蜀国将领马谡在排兵布阵中，因忽视魏军断其水源这一细节而导致街亭失守；近代蒋介石、冯玉祥、阎锡山军阀混战中，由于参谋将会师地点沁阳写成泌阳，直接导致冯、阎部失败；美国"哥伦比亚号"航天飞机因小片隔热瓦脱落而导致坠毁，机上7名宇航员全部遇难。这些年，一些地方不断发生煤矿瓦斯爆炸事故、交通安全事故、火灾事故等，究其原因，大部分属于安全生产管理细节没有到位，违章操作造成的责任事故。有的地方由于服务细节做得不好，破坏了投资环境，影响了政府形象。一些项目决策，由于前期工作不深不细，造成盲目投资和低水平重复建设。无数事实证明，祸患常积于忽微，百分之一的细微失误或疏忽，有可能演变成百分之百的失败。当代系统论认为，庞大的系统是由无数有机联系、彼此制约的细节构成的统一整体，忽视了细节，将导致系统整体的严重瘫痪。当前社会分工越来越细，专业化程度越来越高，要求越来越严，没有细，工作就不会完美，就很难达到标准要求；没有细，服务就不会到位，人民群众就不会满意。要在激烈的区域竞争中立于不败之地就需要注重细节，各地在抢抓机遇、加快发展的过程中，政策优惠、区域优势等方面的差距越来越小，区域竞争主要是环境、形象、服务的竞争，归根到底是细节的竞争。针尖上打擂台，拼的就是精细。谁把细节做得好，做得到位，谁就将在激烈的竞争中站稳脚跟，获得主动。

霍布森选择效应

1631年，英国剑桥商人约翰·阿特金森·霍布森在从事马匹生意，他说："你们买我的马、租我的马，随你的便，价格都便宜。"霍布森的马圈大大的、马匹多多的，然而马圈只有一个小门，高头大马出不去，能出来的都是瘦马、赖马、小马。霍布森只允许人们在马圈的出口处选。来买马的左挑右选，不是瘦的，就是赖的，要么就是小的。大家挑来挑去，自以为完成了满意的选择，可最后的结果只能是一个不好的决策结果，其实质是小选择、假选择、形式主义的选择。

后来，美国管理学家赫伯特·西蒙把这种没有选择余地的所谓"选择"，即小选择、假选择、形式主义的选择，讥讽为"霍布森选择效应"。

产生"霍布森选择效应"的原因：一是不对比的自我选择；二是主观封闭性与趋同性。它给领导者的启示是显而易见的。

启示一，尽可能多方案选择。管理学上有一条重要格言："当看上去只有一条路可走时，这条路往往是行不通的。"对于领导者决策方案的选择来说，也是如此。只有一个备选方案就无所谓择优，没有了择优，决策、判断也就失去了意义。特别是在信息化条件下，决策空间多维，决策因素多元，情况瞬息万变，如果禁锢于"霍布森选择"，只有一种方案的话，即使这一方案再完善、再合理，也难满足发展的需要。因此，对领导者来说，如果陷入"霍布森选择效应"的困境，就不可能发挥自己的创造性。道理很简单，任何好与坏、优与劣，都是在对比选择中产生的，只有拟定出一定数量和质量的方案对比选择、判断才有可能做到科学、合理。如只有在许多可供对比选择的方案中进行研究，并能够在对其了解的基础上进行判断，才算得上判断。因此，没有选择余地的"选择"，就等于无法判断，就等于扼杀创造。

为了使选择进入"多方案选择"的良性状态，避免"霍布森选择效应"，头脑中就应当有"来自自我"和"来自他人"的不同意见。从"来自自我"这个角度而言，就是要充分思索的意思。选择，就是充分思索，让各方面的问题暴露出来，从而把思想过程中那些不必要的部分丢弃，这好比对浮雕进行修凿。在这个过程中，如果理智在开始时就过分仔细地检验刚刚产生的念头，显然是徒劳无益的，它肯定会阻碍心灵的创造工作。孤立地看，让一个念头任意地走向极端可能毫无意义，但是跟踪这个念头却可以取得重要结果，它很可能在和其他貌似荒谬的念头的搭配下，提供一条十分有用的线索。因此，在构想选择方案的时候，理智应该让大门口撤销其看护人，让思路畅通无阻。此外，选择的多方案之构成，还需要来自他人的充分的不同意见。一项选择的优劣，一种判断、决策的正误，不决定于意见的一致。只有以对立的观点、不同的意见和不同判断的选择为基础，才会是好的选择、判断和决策。优秀的领导者都有一个共同特征，他们在确定某项选择、做出某种决策前，总是尽可能地激发反对意见，从每一个角度去弄清楚确定选择、实施决策到底应该是怎样的。激发、思考来自他人的不同意见，第一，可以使自己不致成为某种想法的俘虏；第二，可以给判断、决策提供可选择的另一些方案，有从多方面思考、比较和进行选择的余地；第三，可以激发想象力，开辟觉察和了解问题的新途径。正是由于上述这些益处，所以，领导者在做出判断和决策之前，应高度重视对反面意见的激发和运用。只有这样，才能辨别出那些貌似有理、实则错误的想法，才能得到"另一方案"以供选择并做出决策，才能在决策被证明是行不通的时候，不至于迷失方向。同时，反面的意见也可以激发领导者的想象力，可以使似是而非的意见转化为正确的意见，把正确的意见转化为最佳选择和决策。如此一来，"霍布森选择效应"也就不辞而别了。

启示二，尽可能大范围选择。领导者应充分认识和把握客观世界的多样性、复杂性，以及系统环境的开放性和开阔视野的多维性。客观世界是不会让人只走一条路的。世界是统一的，但它绝不是那种单调的、仅有一种的具体统一形式。事物运动和发展变化中各种可能性集合构成了"可能性空间"。这是一个由若干可能状态和可能转换关系组成的整体，有着自己的形态、结构和运动变化规律。在一定条件下，这种潜在的可能性进入具体的"时空流"，生成现实性、既存性。这意味着在无限多个可能的世界中选择了一个。所以现实性并非只是"必然如此"，它是某种选择的结果。选择就是可能性空间中收缩自由度的过程。信息概念的定义又告诉我们，某一物质系统同其他一切物质系统全面的亦即整体性的相互作用，要求人们从尽可能大的范围去系统地考虑自身的行为模式。只有这样，人们才可能为社会、为自身带来更富远见的福祉。信息论就是这样强调整体性的学问，又是强调"大"的学问，认为人们的学习、工作的目标，通常是一个集合而不是一个点，而达到目标的方式或途径更可以有多种。这就是说，事物在发展中始终面临着多种选择、多种方向。这样，封闭性的、趋同性的思维方式，理所当然地要被开放性的、扩散性的思维方式所代替。正如约翰·奈斯比特在《大趋势》中指出的，当今时代是一个"从非此即彼的选择到多种多样选择"的时代。在开放性的社会大系统中，你完全可以去开拓多维性的视野，去进行多样化的选择，有什么必要硬把自己困在一条小路上呢？有什么必要在选择时附加上"霍布森选择效应"，使自我没有选择的余地呢？

如果领导者用这个别无选择的标准来约束和衡量别人，必将扼杀多样化的思维，从而也扼杀了别人的创造力。例如一个领导者在选任副职或下级领导时，往往只局限于在自己的小圈子里挑选人才，选来选去，再怎么公平、公正和自由，也只是在小范围内进行挑选，很容易出现"霍布森选择"的局面，甚至出现"矮子里拔将军"的惨淡状况。用一个呆板不变的标准来要求下属的领导者，会激起大家的不满与愤怒。领导者不要使下属陷入"霍布森选择效应"，更不能把他们约束在任何一张无形的网中。在日常的教育、管理中，领导者要引导下属从不同的角度去思考问题，追根溯源地去探索，让下属有更多的机会拥有主动实践、探索的机会，但在调研中，领导者总是急于给出问题的答案，总是千方百计地对下属进行暗示和引导，把结论下在调研之前。领导者的这种做法，不知不觉中让下属陷入了"霍布森选择效应"的困境，缩小了自由探索的空间，窒息了下属的主观能动性和开拓创新精神。总之，领导者要避免"霍布森选择效应"的陷阱，关键是要站在战略全局的高度观察事物、分析形势、思考问题、制定决策，只有站得高了，视野、胸怀、思路才能开阔，选择的范围才能宽广，领导者的判断、决策才能科学、正确。

启示三，着力提高决策水平。提升领导者决策的质量和水平，关键是要跳出"霍布森选择效应"的陷阱。20 世纪五六十年代，美国与苏联争霸太空时，就有一个跳出"霍布森陷阱"的曲折过程。起初，美国对航天技术并没有表现出多大的热情，耽误了发展时机。只是在面对取得相应优势的苏联时，美国才开始重新审视自己的军事发展重点，逐渐认识到航天技术对于军事领域的重要性，并开始奋起直追，最终后来居上取得太空霸主的地位。当前，各种领域的竞争日益激烈，要提高领导者决策的质量和水平，就要提到我们熟悉的"5W"与"5R"法。所谓"5W"，就是何事（What）、何因（Why）、何人（Who）、何时（When）与何处（Where）。所谓"5R"，就是风险（Risk）、对手（Rival）、关系（Relation）、报酬（Reward）和结果（Result）。只有回答好"5W"所提出的问题，对"5R"进行谨慎预测，才能减少决策失误，全面提高决策的质量和水平。

无论"5W"还是"5R"，两者都充分表明决策这一思维活动，如果空间大一些，决策过程就会有更多的选择，从而能够突破诸多"霍布森效应"的限制。长期以来，一些领导者有一种自我满足，总以为自己的思维已经超前，无须提升和创新，这实际上是掉入"霍布森陷阱"而"坐井观天"的表现。时代在发展，社会在进步，新情况、新问题不断涌现，高新科技日新月异，各种信息复杂多变，在新的形势任务面前，要求领导者应拥有更广的视野，更宽的思路，进入一种高境界的思维创新，才能避免掉进"霍布森陷阱"，以便在更高的层次、更大的空间、更多的方案中选择、判断、决策。

禁 果 效 应

古希腊神话故事中，有位叫潘多拉的姑娘从万神之神宙斯那里得到一个神秘的小盒子，宙斯严令禁止她打开，这就激发了姑娘的猎奇和冒险心理，一种急于探求盒子秘密的欲望，使她终于将盒子打开，结果灾难、瘟疫、祸害飞了出来，充满人间，此后人类就饱受灾难、瘟疫和祸害的折磨。

《圣经·旧约·创世记》的第二节和第三节，讲的是夏娃被神秘的智慧树上的禁果所吸引，去偷吃禁果，而被贬到人间。后来人们通常用偷吃禁果来比喻少男少女初经人事。从《圣经》故事中引申出来的"禁果"，其实含义就是指因被禁止而更想得到的东西。

潘多拉和夏娃的心理正应了俄罗斯谚语"禁果格外甜"。为此，这种由于单方面的禁止和掩饰而造成的逆反心理现象，在心理学上被称为"禁果效应"。

在莎士比亚的经典名著《罗密欧与朱丽叶》中罗密欧和朱丽叶相爱，但是由于两人的家族有世仇，他们的爱情遭到了家族的极力阻碍。但压迫并没有使他们分手，反而使他们爱得更深，直到殉情。这样的现象我们叫它"罗密欧与朱丽叶效应"，即当出现干扰恋爱双方的外在力量时，恋爱双方的情感反而会加强，恋爱关系也因此更加牢固。

所以，"禁果效应"也叫作"亚当与夏娃效应"或"罗密欧与朱丽叶效应"，即越是禁止的东西，人们越要得到手。越希望掩盖某个信息不让别人知道，就越勾起别人的好奇心和探求欲，反而促使别人试图利用一切渠道来获得被掩盖的信息。在日常生活中，往往会遇到这样的情况，你越想把一件事情或信息隐瞒住不让人知道，越会引来他人更大的兴趣和关注，人们对你隐瞒的东西充满好奇和窥探的欲望，甚至千方百计通过别的渠道试图获得这些信息。而且这些信息一旦突破你的掌握，进入了传播领域，会因为它所具有的"神秘"色彩被许多人争相获取，并产生一传十、十传百的效果，从而与你隐瞒该信息的愿望背道而驰。

"禁果效应"启示领导者，应依据人的好奇心理和逆反心理调整政策策略，以免带来适得其反的结果。

启示一，封锁信息容易导致流言蜂起。传统媒体时代，每当出现公共危机或群体性事件时，政府习惯于封锁消息，想以这样的方式阻止危机扩大。这种观念是基于一种"全能政府"的传统体制。时代不同了，当今世界，文化赖以发展的物质基础、社会环境、传播条件发生了深刻变化，人们的信息需求普遍提高，即便传统媒体不去报道，也会有自媒体来爆料。传统的"捂盖子"方式不但无法解决问题，反而会激起人们的探求欲望，同时，传统（或官方）媒体的沉默会导致大量流言的出现。为此，封锁消息绝对不是解决问题的好办法；只有信息自由流通，才能避免"禁果效应"带来的麻烦。

启示二，运用"禁果效应"开展营销活动。每个人似乎都有这种奇怪的心理：越是得不到的东西，就越想得到；越是若隐若现的东西就越想看清楚。这就是"禁果效应"的基本表现。如果领导者能巧妙利用这种心理，就可以达到不错的传播效果。例如，马铃薯在法国的推广就是巧妙利用了这种心理。巴蒙蒂埃是法国著名的农学家，当年他在德国做俘虏时，曾吃过马铃薯，被释后他带着马铃薯回到法国，但是在很长一段时间里他无法说服人们栽种马铃薯，导致马铃薯在法国很长一段时间得不到推广。为什么会这样呢？因为牧师把马铃薯称为"魔鬼的苹果"，医生认为马铃薯有害于身体健康，其他农学家认为马铃薯会使土壤肥力枯竭。于是巴蒙蒂埃决定采取一个计策。1787 年，巴蒙蒂埃把自己的想法告诉了法国国王，让国王批准他在一块以贫瘠著称的土地上种植马铃薯，同时巴蒙蒂埃要求国王派遣全副武装的士兵在田野里，白天守卫，但到晚上一定要撤兵。人们发现这是一块奇怪的地方，心想：那块土地上到底种了什么东西，为何派重兵把守呢？这种强烈的好奇心使大家有所行动：人们开始在晚上偷偷地把马铃薯挖去种到自己的菜园里。不几年，马铃薯便在法国大面积种植了。"禁果效应"还体现在广告营销策略之中，这种表现方式与政治无关，制造"禁果"的目的不是真的禁止，而是为了达到进一步扩大宣传的目的。这种故意包装出来的"禁果"，能够引发受众的好奇心和探求欲望，从而达到扩大营销和知名度的目的。例如电影《白鹿原》在放映前就采用了这种营销方式。《白鹿原》的原著小说由于具有较多情欲内容，又多少涉及敏感话题，电影改编本来就具备了引人好奇的因素；另外，电影在开拍时以及拍摄过程中非常低调，主演阵容一直处于保密状态，这就形成了一种信息不对称。到电影上映前期，"删减"、"禁映"等字眼充斥各种媒体，乃至于临近上映时又突然延期两天。这样一系列"犹抱琵琶半遮面"的情况，使得这部电影成为一颗吊足人们胃口的"禁果"，首映日票房就达到1000万元。除了导演的口碑，这种宣传策略也是不可忽视的。上述事例给我们企业领导者以很大启发，那就是运用"禁果效应"可以达到良好的传播推广效果。在现代商业领域，很多企业经营者都会努力到各大媒体露面，打广告、做宣传，为的就是提高产品的知名度，而有些企业经营者却反其道而行之，有意隐藏自己的信息给人留下神秘的印象，从而吸引人的关注。

　　总之，信息的自由流通是不可逆转的趋势。通过行政命令阻止人们接触某方面的信息，在社会思想多元化、信息流通多渠道的今天，已经难有胜算，往往还会导致适得其反的结果。单靠禁止、查禁和封锁消息只能使矛盾激化，产生对立情绪。为此，现代领导者应审时度势，因势利导，变简单粗暴的堵塞打压，为深入细致的思想疏导，以公开透明工作理念，疏导处理负面消息。

棘 轮 效 应

商朝时，纣王登位之初，天下人都认为在这位精明的国君的治理下，商朝的江山一定会坚如磐石。有一天，纣王命人用象牙做了一双筷子，十分高兴地使用这双象牙筷子就餐。他的叔父箕子见了，劝他收藏起来，而纣王却满不在乎，满朝文武大臣也不以为然，认为这本来是一件很平常的小事。箕子为此忧心忡忡。有位大臣莫名其妙地问他原因，箕子回答说："纣王用象牙做筷子，必定再不会用土制的瓦罐盛汤装饭，肯定要改用犀牛角做成的杯子和美玉制成的饭碗；有了象牙筷、犀牛角杯和美玉碗，难道还会用它来吃粗茶淡饭和豆子煮的汤吗？大王的餐桌从此顿顿都要摆上美酒佳肴了；吃的是美酒佳肴，穿的自然要绫罗绸缎，住的就要求富丽堂皇，还要大兴土木筑起亭台楼阁取乐了。对这样的后果我觉得不寒而栗。"仅仅5年时间，箕子的预言就应验了，商纣王肆意骄奢，断送了商朝绵延500年的江山。

在上面的故事中，箕子对纣王使用象牙筷子的评价，运用了现代经济学一种消费效应——棘轮效应。即指人的消费习惯形成之后有不可逆性，即易于向上调整，而难于向下调整。尤其是在短期内消费是不可逆的，其习惯效应较大。这种习惯效应，使消费取决于相对收入，即相对于自己过去的高峰收入。消费者易于随收入的提高增加消费，但不易于随收入降低而减少消费，以致产生有正截距的短期消费函数。

"棘轮效应"是经济学家杜森贝利提出的。经济学家凯恩斯主张消费是可逆的，即绝对收入水平变动必然立即引起消费水平的变化。杜森贝利则认为这实际上是不可能的，因为消费决策不可能是一种理想的计划，它还取决于消费习惯。这种消费习惯受许多因素影响，如生理和社会需要、个人经历等。特别是个人在收入最高期所达到的消费标准对消费习惯的形成有很重要的作用。

"棘轮效应"的副作用启示领导者，应警惕两个方面：

启示一，从个人角度看，人的本性决定了不能放任"棘轮效应"。在物质不再匮乏、生活必需品不再靠计划供应的今天，在保健品、营养品、吃饭穿衣以及文娱活动极其丰富的家庭生活环境里，再提"由奢入俭"是不是有些不合时宜。诚然，"棘轮效应"是出于人的一种本性，人生而有欲，"饥而欲食，寒而欲暖"，这是人与生俱来的欲望。人有了欲望就会千方百计地寻求满足。但对于欲望既不能一味禁止，也不能任意放纵，对于过度的、贪得无厌的奢求，必须加以节制。如果对自己的欲望不加限制，过度地放纵奢侈，不培养俭朴的生活习惯，必然会出现"君子多欲，则贪慕富贵，枉道速祸；小人多欲，则多求妄用，败家丧身。是以居官必贿，居乡必盗"的情况，最终导致奢侈腐败，给党和人民造成不应有的损失，同时，也对子孙后代造成不良影响。在对待子女家产问题上，宋代政治家和文学家司马光有一句著名的话："由俭入奢易，由奢入俭难。"这句话出自他写给儿子司马康的一封家书《训俭示康》。在这一家书中，除了"由俭入奢易，由奢入俭难"的著名论断，他还说："俭，德之共也；侈，恶之大也"，司马光秉承清白家风，不喜奢侈浪费，倡导俭朴为美，他写此家书的目的在于告诫儿子不可沾染纨绔之气，要保持俭朴清廉的家风。

西方一些成功企业家虽家境富裕，但依然对子女要求极严，从不给孩子很多的零花钱，甚至寒暑假还让孩子去打工。这些成功企业家并不是苛求子女能为自己多赚多少钱，而是希望子女懂得每一分钱都来之不易，懂得俭朴和自立。这一点在比尔·盖茨的身上体现得尤为明显。微软公司的创始人比尔·盖茨是世界首富，个人资产总额达数百亿美元。但是他在巴黎接受当地媒体采访时说，要把自己的巨额财产返还给社会，用于慈善事业，而只给三个子女留下区区几百万美元。比尔·盖茨认为拥有过多不劳而获的财富，对于子女来说并不是好事，他觉得子女的人生和潜力应与出身的富贵和贫寒无关。比尔·盖茨称，他和妻子耳濡目染在健康、教育、研究等领域还存在着很多不平等现象。因此，决定将自己的财产用于解除这样的不平等上。他还希望其他有钱人也能够将自己的财产回馈社会，用于解决社会上存在的不平等。这些都应该引起我们领导者的反思。

启示二，从社会的角度看，资源的稀缺性决定了不能放任"棘轮效应"。有一位作家曾经把那些过度使用资源的人类个体比作癌细胞——"我们常以为癌细胞是不健康的细胞，其实不然，癌细胞是最健康、最有活力的，别的细胞虽然会分裂，但分裂会有止境。

而癌细胞的分裂永远不会停止。不断的分裂需要养分，但是人的养分有限，癌细胞的不断分裂最后将其他正常细胞的养分吸取得一干二净。……"因为太健康，所以我们吃得多，因为有钱，所以我们消耗掉大量能源。可是，地球的资源是有限的，如果人类无节制地寅吃卯粮，必然加速人类的灭亡。据统计，全球 80% 的资源被 20% 的人类消耗掉。那些如正常细胞一样进行次数有限的成长者即使周围养分充足，仍会着眼整个大环境，做到自我约束；而另一些人却像缺乏正常细胞具有的抑制机制，不顾周遭环境，无止境地扩张和成长。他们不断扩张自己的地盘，挥霍着人类社会大部分的资源营养，并且不满于社会对他们的限制。领导者都不同程度地掌握着各种资源的决策、支配和使用权，如何科学决策，合理配置公共资源，服务社会、惠及民生，防止以权谋私，就必须防止权力任性，真正把权力关进制度的笼子，用严格的制度、铁一般的纪律管钱、管物、管人。

金鱼缸效应

企业界常采用"开诚布公管理法"，其哲学基础与"金鱼缸法则"一样，就是"开诚布公"。史塔克是业界施行"开诚布公管理法"的先驱之一，他因道德表现杰出，堪为众人表率，而获得"企业信用奖"。史塔克接掌"春田重整公司"（SRC）时，SRC刚从母公司"国际丰收公司"脱离出来，整个公司的经营状况可说是摇摇欲坠。史塔克认为，唯一能使公司长久维持正常经营的方法，就是以真相为基础。他决定让公司里的每一位员工都了解公司整体的经营状况。他亲自教员工看懂、了解公司的财务报表，而且定期公布公司的账册与各项财务资料，让全公司上上下下都知道公司的状况及未来的目标，从而激发了全体员工的主人翁责任感。做到了企业重担大家挑，每人心中有目标，企业的现状明确、责任明确、目标明确，便于使大家同舟共济、齐心合力，生产效益有了明显回升。

"金鱼缸效应"是指公开透明的民主管理模式。金鱼缸是玻璃做的，透明度很高，不论从哪个角度观察，里面的情况都一清二楚。"金鱼缸效应"，也称"金鱼缸法则"、"鱼缸法则"等。

"金鱼缸效应"是由日本"最佳"电器株式会社社长北田光男先生始创的。北田光男先生强调，把增强透明度的重点放在各级经营管理者的经济收入上，要求企业各级领导者的经济收入和费用报销要如实地向企业利益相关者公开，接受企业利益相关者的监督，并根据员工们的意见，对经营管理进行改进。

"金鱼缸效应"被列入行政学的理论范畴，是源自美国著名政治家、行政学家威尔逊的行政学名作《行政学研究》。这一理论突出强调透明与监督的管理思想，对领导者改进行政管理工作有着广泛的启示。

启示一，树立透明的管理理念。阳光是最好的防腐剂。公开和透明当然会有风险，民主管理模式也不是没有缺点，但与"专制"、"权威"模式相比，却是一种成本最低的治理模式。在"非透明"的体制下，组织的"代言人"可以更好地实现权力寻租，因而也就越发拒绝"透明"，久而久之，"掩盖"和"暗箱操纵"也就成了一种规则和习惯。群众既是管理的客体，又是管理的主体。既有着遵守管理规则的义务，又享有管理的权利。行政管理应树立透明、监督的基本理念，使广大人民群众都享有对行政管理工作有关的各项事务发表意见和提出建议的权利。

透明的理念应渗透到管理体系的方方面面。群众既有权参与单位管理的各级组织，如基层党团组织、行政组织、民间团体、工会等，也有权参与涉及群众利益的各项工作，如评奖评优、社会实践、就业、扶贫等。所有行政管理的细节，包括民主选举、民主决策、民主监督，管理中的计划、组织、实施、反馈等过程，都要坚持公开透明，避免暗箱操作，让群众广泛参与。

监督的理念应具体体现在管理的执行上，做到令行禁止。"金鱼缸"虽然透明，却是有形的，就好像管理制度一样，透明且必须具有约束性，执行起来必须更加严格有序，做到有章可循，有法必依，违法必究。

启示二，实行民主化管理方式。长期以来，许多单位行政管理机构设置基本上是参照政府的行政管理模式，造成了单位在管理中过分突出行政意志，对群众参与民主管理认识有偏差，总是担心让群众充分享有知情权和监督权，会影响单位的集中统一和安全稳定。另外，对民主管理的有效性认识也不够，许多单位的群众管理工作仍然处在以领导者为中心的家长制模式下，公开性不够，透明度不高，群众参与程度不足，对管理工作的认同度低。目前，民主已从政治领域被广泛引用到管理领域，民主管理已逐渐成为社会管理改革、社会治理创新的一种趋势。民主管理是我国社会主义民主政治建设的重要内容，也是我国民主法治建设的内在必然要求。在民主管理的众多内容中，单位的民主管理具有不可替代的作用。当然，随着公民综合素质的提高，公民的民主意识和民主精神增强，心理特性较为成熟，民主参与意识和民主参与能力都比较强，这就为民主管理提供了可能，而且目前平等型、双向交流式的、科学的干群观，也肯定了群众的主体地位，为各单位领导者管理走向民主化创造了宽松的环境。

从行政角度看，民主管理是相对于绝对服从、绝对权威而言的，即领导者在"民主、公平、公开、公正"的原则下，科学地将管理思想进行传播，协调各个组织、各种行为达到管理目标的一种管理方法。也就是说，民主管理是指多数人参与的管理。单位民主化管理不是要否定管理者的权力和权威，而是要增强群众的参与程度，让群众在管理的决策、实施的过程中拥有一定自主权。它是增强群众对单位管理决策的认同感，减少决策执行阻力，充分调动群众参与单位管理的积极性和主动性，使之实现自我管理和自我发展，培养大家民主意识，促进民主管理的有效载体；也是符合群众的心理需求，体现"以人为本"的管理理念，启发群众主体意识，弘扬群众主体精神，发挥群众主体能力的最佳手段。

启示三，完善民主化管理的长效机制。1. 周密的选举机制。选举是民主化管理的前提和手段，社会各级干部都必须经民主选举产生，根据群众人数、单位数量和管理层次的不同可采用直接或间接选举的形式。直接选举可由全体群众参加，适应基层村、居委会干部的选拔；间接选举则采取群众代表大会的方式，适应于街道、乡、镇以上各级领导干部的选拔。民主选举的步骤要合理，程序要规范，设计要周密。

2. 科学的组织结构。单位管理一般分两个途径，一是党团组织，第二条是行政、工会等组织。第一条途径的民主化管理形式，已经有了很好的探索，初步建立了公开、透明的监督制度和民主决策程序。但第二个途径参与民主管理还不够经常、规范，需要进一步探索加强。

3. 有效的决策机制。决策必须遵循少数服从多数的原则，并允许少数保留意见，决策程序要体现民主性。决策过程应是群众意见表达与参与的过程。决策包括自上而下与自下而上的集中过程，倾听各方面的意见，多同群众商量，集中正确的意见才能做出科学的决策。

4.严格的监督机制。大量的实践证明，权力失去监督必然任性，权力任性必然导致腐败。因此，领导者在管理过程中的行为应受广泛监督。民主监督不但是口头上加以责备，而是在行动上加以纠正。当选举出来的干部不能履行职能或滥用权力时，应可以通过代表会议或其他正常途径给予罢免。另外，舆论监督也是一种有效的监督形式，应充分发挥听证会、述职报告会、党内民主生活会以及电视新闻、官博、报刊、网络微博、微信等大众媒介的监督作用，将领导者的从政行为置于玻璃缸中的金鱼似的公开透明的监督之下。

竞争优势效应

战国时期，秦昭襄王对范雎说："天下的贤才武士，以合纵为目标，相聚于赵国，商议攻击秦国，我们该如何应对？"范雎说："大王不必忧愁，让我来破解他们的合纵关系。秦国与天下的贤才武士并没有什么仇恨呀！他们相聚要来攻打秦国，只是为了自己的富贵。一群狗在一处，卧的卧、立的立、走的走、停的停，不会互相争斗，如果投一块骨头过去，每只狗就会起来抢夺，并且互相撕咬，这是什么原因呢？因为那块骨头，彼此都起了争夺之意。"秦王于是派范雎带了五千斤黄金，在武安大摆宴会，散给合纵之士的黄金不到三千斤，他们就相互争斗起来，也不再策划攻击秦国了。

有这样一则寓言故事，一只河蚌正张开外壳晒太阳，不料飞来了一只鹬鸟，伸嘴去啄它的肉，河蚌急忙合起两张壳，紧紧地钳住鹬鸟的嘴巴。鹬鸟说："今天不下雨，明天不下雨，就会有死蚌肉。"河蚌说："今天不放你，明天不放你，就会有死鹬鸟。"两个谁也不肯松口，这时一个渔翁看见了这种情景，便走过来，不费吹灰之力就把它们两个捉走了。显然，这只是一个寓言，但是因为鹬蚌相争而被渔翁得利的事情，代不乏人，它形象地说明了，人们的竞争意识有多么强烈，拼着自己与对手同归于尽，也不想向对方让步。

心理学上有一个经典实验：让参与实验的学生，两两结合，但是不能商量，各自在纸上写下自己想得到的钱数。如果两个人的钱数之和刚好等于100或者小于100，那么两个人就可以得到自己写在纸上的钱数，如果两个人的钱数之和大于100。比如说是120元，那么他们两个人就分别付给心理学家60元。结果几乎没有哪一组的学生写下的钱数之和小于100，他们都得付钱。

另外还有这样一个寓言故事：上帝向一个人允诺说："我可以满足你三个愿望。但有一个条件——你在得到你想要的东西的时候，你的邻居将得到你所要东西的两倍。"于是这个人开始提出自己的愿望，第一个愿望和第二个愿望都是一大笔财产，第三个愿望却是："请你把我打个半死吧！"这句话背后的心理活动是，如果把我打个半死的话，那么邻居岂不是要被完全打死。那么他从我身上得到便宜，岂不是要付出生命的代价。

还有一个令人啼笑皆非的故事：一对夫妻离异，根据法官的判决，丈夫应该把财产的一半分给妻子，为了不让妻子平白无故地得到一大笔财产，丈夫将自己价值百万的车子和房子贱价出售，妻子固然没有得到财产，但丈夫也损失了一大笔。

综上所述，即使在双方有共同利益的时候，人们也往往会优先选择竞争，而不是选择对双方都有利的合作。这种现象，被心理学家称为"竞争优势效应"。

著名心理学家荣格有这样一个公式:"我+我们=完整的我。"绝对的我是不存在的,只有融入我们的"我"。一个人要想实现自我价值,就必须与周围的人友好相处,精诚合作,实现优势互补,在竞争中互相发展,这实际上就是WTO所推崇的"双赢","双赢"才是真正的赢。林肯在做美国总统时,对政敌的态度引起了一位官员的不满。他批评林肯不应该试图跟那些人做朋友,而是应该消灭他们。"当他们变成我的朋友时,"林肯十分温和地说,"难道我不是在消灭敌人吗?"其实林肯就是在化敌为友。

"竞争优势效应"启示领导者,正确认识人性弱点,加强团结协作,谁能在互利双赢的条件下,让更多的人、让更多的利益追求者团结在他的周围,谁就是优胜者。也就是说,对利益的整合要有一个系统的、智慧的判断。

启示一,加强相互间沟通协商。竞争的核心是利益的博弈。在新的历史条件下,竞争、博弈应更多地体现磋商。进入21世纪的信息社会。利益的追求方式发生了革命性的变化,"你死我活"、"你存我亡"的竞争已不复存在,竞争不再是一种简单的战胜对手或者比对手占有更大的市场份额、比对手站在一个更为有利的发展位置上的竞争,而是看谁站得更高些、看得更远些,谁的视野更宽些的竞争。也就是说,利益成为一种未来的好处,而不是现在的好处。信息社会,要想获得利益,必须把眼前利益、局部利益放在次要位置,把时间精力腾出来,瞄准未来价值的增长点,去做目前看起来好像没有直接价值的工作。今天利益很大程度上取决于信息的占有。你有你的信息,我有我的信息,我们彼此交换信息就能取得互利共赢。利益是以实力为基础的，然而真正意义上，利益磋商不在乎谁的实力最大，而在于谁能够整合资源。

启示二，弄清对方的利益点。每个人都想追求自己利益的最大化。但由于社会的复杂性，由于每个人的基础平台不一样，所以对于利益的态度、对利益追求的表现是不一样的，有时表现会十分隐晦。越是需求大，对利益的表现往往就越隐晦。发现对方真正的利益点，正确地进行评价，正确地进行权衡以及正确地行动，这是利益磋商代价最小、利益最大的前提。毛泽东同志在《关于目前党的政策中的几个重要问题》中指出："领导的阶级和政党，要实现自己对于被领导的阶级、阶层、政党和人民团体的领导，必须具备两个条件：（甲）率领被领导者（同盟者）向着共同敌人作坚决的斗争，并取得胜利；（乙）对被领导者给以物质福利，至少不损害其利益，同时对被领导者给以政治教育。没有这两个条件或两个条件缺一，就不能实现领导。"（《毛泽东选集》第四卷，人民出版社1991年版，第1273页。）

启示三，守住自身的利益底线，给对方所希望的。判断利益，找互利双赢点，必须基于自身的生存和发展。当你不能给别人带来价值的时候，利益的磋商和共享双赢也就无从谈起。就像对待重大原则性利益问题，该说"不"的时候要善于说"不"，当然，最好找到一种形式，把"不"说得不伤面子，把负面作用减少到最小，为未来留下更大的磋商空间。从传统的利益分配方式来说，得到多少利益要根据贡献的多少来进行分配，这是一种基础的常态。但是我们如果能够进一步发现对方需要的是什么，给他所希望的，让他也给我们所希望的，可能远比那些平均分配利益的方式要好得多。

刻 板 效 应

　　苏联社会心理学家包达列夫曾做过这样一个实验：他向两组大学生分别出示了同一个人的照片，照片的特征是眼睛深凹，下巴外翘。然后向第一组学生说，照片上的人是个十恶不赦的罪犯；向第二组学生说照片上的人是著名的学者。然后让两组被试者用文字描绘照片上人的相貌。第一组的评价是：深陷的双眼证明其内心的凶狠和狡诈，突出的下巴证明顽固不化的性格和沿犯罪的道路走到底的决心等；第二组的评价是：深陷的双眼表明其思想的深邃，突出的下巴表明探索真理的顽强精神和在知识的道路上克服困难的意志力等。

　　人们一般认为工人豪爽，农民朴实，军人雷厉风行，知识分子文质彬彬，商人为人精明，教授必定博学多才，运动员必定身强体健。认为年轻人上进心强、敢说敢干；老年人墨守成规，缺乏进取心。认为男人总是独立性强，竞争心切，自信和有抱负；而女性则是依赖性强，起居洁净，讲究打扮，细心软弱等。认为英国人保守，美国人热情，德国人精密；中国北方人大方豪爽、为人仗义，南方人精明灵巧、善于经商等。人们在认识某人时，往往先将他们的一些特征归属于某类，又把属于这类成员所具有的典型特征归属到他身上，再以此为依据去认识他。

人们头脑中存在的关于对某人或某一类人固定的、类化的形象和看法被称为"刻板效应"，亦称"定型效应"，即人们在见到他人时，常常会根据人的外在行为特性，结合自己头脑中的定型进行归类，以此作为判断和评价人或事的依据的心理现象。人们往往把人机械地归类，把某个具体的人或事看作是某类人或事的典型代表，把对某类人的评价视为对某个人的评价。人头脑中存在的定型是人们以往经验的反映。"刻板效应"虽然可以在一定范围内进行判断，不用探索信息，迅速综合概括，节省时间和精力，但是往往可能忽略个体差异性，形成一定偏见，不仅对接触过的人会产生刻板印象，还会根据一些不是十分真实的间接资料对未接触过的人产生刻板印象。从而影响正确的判断，若不及时纠正，可扭曲为歧视。

"刻板效应"启示领导者，要摘掉"有色眼镜"识人用人。

启示一，充分认识"刻板效应"的负面影响。"刻板效应"有以下特征：1. 对个体、群体过于简单化地类比；2. 在同一社会、同一群体中"刻板效应"有惊人的一致性；3. 存在偏见，甚至是错误。由于人的思维总是从个别到一般，再从一般到个别，如果在没有充分掌握某一类人全面感性材料的基础上就做出概括，往往会形成不符合这一类人的实际特征的印象。而依据这种印象去评价与判断人时，又不考虑个人的具体生活经验，自然就会产生"刻板效应"了。有这样一则故事：有一天，一位老太太来拜访巴尔扎克先生，"您是一位大作家，我想请您帮我看看这篇作文，并告诉我，这个孩子的作文水平究竟如何？今后的前途怎样？"巴尔扎克十分仔细地看完作文，然后说："恕我直言，这孩子今后出息不大。仅从作文本上的字迹来看，这孩子就显得很迟钝。""是吗？"老太太大吃一惊，"您当上了声名远扬的大作家，怎么连自己的笔记本都认不出来了？这是您小学时用过的许多本子中的一本呀！"读完这则故事，我们可以看到即使是声名远扬的大作家巴尔扎克也很难不受"刻板效应"的影响，仅仅凭借本子上的字迹就主观武断地认为孩子很"迟钝"、"出息不大"。这就不得不让我们关注"刻板效应"的负面影响了。

启示二，用客观的眼光看待下属。所谓客观就是在主观意识之外，不依赖于主观意识而存在的客观规律的认识、看法和观点，是按照事物本来面目去考察、去认识，不掺加个人的意志和偏见。这就要求领导者一方面要尽可能多地深入基层，深入群众，了解掌握下属第一手资料和真实情况，避免依据道听途说、偏听偏信给下属下定论；另一方面，领导者要坚持在工作实践中考察下属。实践是检验真理的标准，也是识人用人的标准，必须在工作实践中看表现、看实绩，避免用固定不变的老眼光或以自己的亲疏好恶评判下属。

启示三，用全面的眼光看待下属。评判下属表现不仅要客观，而且要全面，不能凭一时一事下结论，既要看下属的过去，也要看现在的表现；既要看嘴上功夫、形式表现，又要看工作实绩；既看才也看德，注意从德、能、勤、绩、廉等多方面、全方位考察了解，防止以偏概全。一句话，不能只见树木，不见森林。在日常教育、管理工作中，领导者将工作成绩优异、表现好的下属看作完美无缺，脸上往往流露出喜爱的神色，并器重和青睐他们，而将工作成绩不够突出、表现一般的下属看作一无是处，往往表现出歧视和厌烦情绪。实践证明，这样会使后进下属丧失进取信心，失去克服困难的勇气，甚至产生颓废情绪。

启示四，用辩证发展的眼光看待下属。"金无足赤，人无完人"，"十个指头有长有短"，每个人身上都有特长和不足。领导者既要看到下属的缺点和不足，也要了解他们的优点和长处；既要看表面现象，也要透过现象看本质。不能求全责备，抓住下属的缺点和失误不放。任何事物都不是一成不变的，更何况是具有思维灵性、充满生机活力的每一个具体的人呢？实际上，每个群体中的人都是发展中的人，作为发展中的人，也就意味着有各种的可能性，特别是青年人，各方面还不够成熟，处于成长发展中，出现这样那样的缺点错误在所难免。古今中外很多事实给我们许多启示：爱迪生被称为发明大王，但他小时候考试却常常不及格，被老师骂作"不折不扣的糊涂虫"；英国数学家巴伯基和文学家马阿特是同班同学，都是分数不高的学生。有一次老师当众奚落两人说："这两个没出息的家伙。"可后来，恰恰是他们俩取得了令人震惊的成就。所以，领导者要用辩证的发展的眼光看待人的过去、现在和未来，不要把一时一事表现不好的下属看作不可救药。

空间临近效应

  1950 年，美国三位知名心理学家针对麻省理工学院 17 栋住宅楼的已婚学生进行了访问，这是些二层住宅楼，每层有 5 个单元住房，学生住到哪一个单元是纯偶然的。在调查中，心理学家对每个住户都问同一个问题："在邻居中，和你经常打交道的、最亲近的邻居是谁？"结果显示，居住距离最近的人，交往次数越多，关系越密切。为此，两个人能否成为朋友，与两人住处的远近有很大关系。这被称为"临近效应"。

  中国有句古话叫作"远亲不如近邻"，就是说邻近的人关系往往更加密切。即越是离得近的人，越容易相互产生好感。首先，临近性能产生亲近感，住得越近碰面的机会也就相对频繁，重复接触就会引发、增强相互间的好感。其次，地理位置上的临近性，让人们有了共同的话题和风俗习惯。

  由此引发拓展出"空间临近效应"：即区域内各种经济活动之间或区域之间的空间位置关系对其相互联系所产生的影响。

  我们不难发现，各种经济活动或区域的经济影响力与空间距离成反比关系，即空间距离越小影响越大，空间距离越大影响越小。

这就是地理学空间衰减原理，即各种经济活动或区域的影响力是随空间距离的增大而呈现减小的趋势。根据这一原理，我们不难看出，在区域空间结构的形成和发展中，各种经济活动或地区之间的距离不同，相互之间发生关系的机会和程度也存在差异。然而，这种差异影响经济活动的空间分布与组合，以及区域空间结构的形成和发展。

当前，随着经济全球化的发展，我国区域经济一体化协同发展方兴未艾，继珠江三角洲、长江三角洲之后，京津冀协同发展已成格局，"空间临近效应"凸显，初步形成了目标同向、措施一体、优势互补、互利共赢的协同发展新格局。

"空间临近效应"启示领导者在新常态下，要深刻认识和正确把握历史发展机遇，着力推进区域经济一体化协同发展。

启示一，运用"空间临近效应"谋求区域经济繁荣。领导者必须关注"空间临近效应"对区域空间结构的形成与发展的影响。一是促进区域经济活动的就地扩张。在满足发展的条件下，各种经济活动一般都会采取由近到远逐步推进的方式来扩大自己的影响空间，建立分支机构、寻求合作伙伴，因此，就必须立足本地，并以此为基础，逐步向周边辐射，扩大经营范围。二是影响各种经济活动的竞争。由于在一定时期内，投入到经济发展中的资源和要素是有限的，同时，市场的需求也是有限的，那么，位于同一地区或者相互靠近的各种经济活动要利用资源、要素开发市场时，就势必发生激烈的竞争，从而促进区域经济繁荣。如果经济活动彼此在空间上相距较远，那么，它们之间的竞争就能减少。三是带来各种经济活动之间在发展上的相互促进。各种经济活动在空间上相互靠近，除了会加剧竞争，它们之间也将因此而有更多机会建立起相互依存的发展关系，彼此开展分工合作，这样它们既能因分工合作提高经济效益，又能在分工与合作中，较容易地寻找新的发展机会。反之，如果各种经济活动相距较远，那么，它们之间开展分工与合作，进而在发展上获得相互促进的机会相应减少。这就要求领导者在发展决策上要力克好高骛远、贪大求洋的不实作风，坚持从小到大、由近到远、由低到高的循序渐进的发展思路。

启示二，运用"空间临近效应"，促进欠发达地区加快发展。 我国是一个区域差别较大的国度，以往强调的是通过政策扶持或者改善其内部发展条件来加快某个欠发达地区的发展，从而实现地区差距的缩小。但在新常态下，区域一体化程度提高，发展环境更加开放，欠发达地区很容易由其竞争劣势地位而被路径锁定，踏入"贫困陷阱"，而发达地区由于早期的竞争优势，对资源要素的"虹吸效应"有可能被进一步强化。因此，迫切需要推动区域之间一体化协同发展，加强发达地区与欠发达地区之间的联动，促进重要资源的深度整合与合理配置，辐射带动更大范围的区域发展。

启示三，运用"空间临近效应"，提高资源要素的配置效率。 区域协同发展的重要目标之一，就是要实现资源要素在空间的高效配置。过去更多的是以区域之间的竞争为动力，促进要素向更高效率的地区聚集，对区域经济的发展有一定的作用，但过度竞争、无序竞争所引发的生态环境恶化、产能过剩、土地无序开发等负面效应也日益突出，资源要素在空间配置效率没有得到改进。因此，必须推动区域经济一体化协同发展，通过在临近区域之间建立一种新型的分工合作关系，使各区域资源优势互补，实现高效、可持续发展。

启示四，运用"空间临近效应"，推动临近地区高质量跨越。新常态下，构成区域优势的资源要素已发生改变，无论是发达地区的转型发展还是欠发达地区的"追赶式"发展，都要更多依赖知识型要素和不同类型的区域创新来实现其更高层次的发展目标。但由于知识和技术的获取以及传导机制都出现了重大变化，创新活动的复杂性和不确定性已超出以往任何时期。区域创新的难度在增加而空间在缩小。区域创新能力的提升不仅要求拥有更高质量的创新要素，还要能够与外部技术创新网络、不同地区的市场网络和生产者网络等实现有效的对接与融合，以获取更多有利于区域创新的信息。这就需要通过空间邻近区域之间建立紧密的合作关系，通过更加专业化的分工协作，整合区域之间的优势资源要素，形成创新合力，从而推动区域经济高质量、跨越式发展。

懒蚂蚁效应

　　日本北海道大学进化生物研究小组对 3 个分别由 30 只蚂蚁组成的黑蚂蚁群的活动进行了观察。结果发现，大部分蚂蚁都很勤快地寻找、搬运食物，少数蚂蚁却整日无所事事，东张西望，人们把这些蚂蚁叫作"懒蚂蚁"。

　　有趣的是，当生物学家在这些"懒蚂蚁"身上做上标记，并且断绝蚁群的食物来源时，那些平时很勤快的蚂蚁表现得一筹莫展，乱作一团。而"懒蚂蚁"们则"挺身而出"，带领众蚂蚁向它们早已侦察到的新食物源转移。原来"懒蚂蚁"们把大部分时间都花在了"侦察"和"研究"上了，它们能观察到组织的薄弱之处，同时保持对新的食物的探索状态，从而保证群体不断得到新的食物来源。

这就是所谓的"懒蚂蚁效应"——懒于杂务，才能勤于攻略。

从上述实验中我们发现，当断绝食物来源的情况出现时，平时勤快的蚂蚁慌乱无序、不知所措，而"懒蚂蚁"们却能够清醒而果断地带领众蚂蚁向其早已侦察到的食物源转移。这即是"懒蚂蚁"的价值所在。他们平时的所作所为常常被视为不热心工作，其深入思考和积累又不能立竿见影地发挥作用，不易被觉察和评估，但当个人和组织面临关键的转型和抉择时，"懒蚂蚁"却时常显得更为冷静沉着，并能提出有建设性的意见和建议，执着坚忍地面对困难、挑战，创造出不凡的业绩，体现其关键而重要的价值。

在我国大多数企事业单位的领导者中，受到传统文化和思维习惯影响，对员工的认识着重强调共性而忽视个性，因此，"懒蚂蚁"型人才是组织中可能被忽视甚至被排斥的一个群体。他们极具潜质，其价值是知识性的、隐性的，是细微和积蓄的，也是有别于传统型员工，有别于常规型工作方式和价值体现的。他们能将精力集中于工作中"看不到"却是十分重要的潜藏方面，如产业发展、政府决策、市场环境、文化背景等软性却事关大局的事项之中，看似闲散，却思维独特，见解精致，并展示出巨大的潜能和生命力。

"懒蚂蚁效应"启示领导者，要注重对"懒蚂蚁"型人才的管理和使用。

启示一，应有开明的"人本主义"管理心态。在人力资源管理中，领导者更需要秉持的是一种开明的管理心态，即"因人而异"的"人本主义"管理理念。良好的管理建立在对员工及其动机、担忧、恐惧、希冀、渴望、爱好和厌恶等人格基础上。对于"懒蚂蚁"型人才，他们只是组织中的少数，但又代表了一种迥异于常规的极为特殊的类型。作为领导者，对待此类员工更需要放宽视野，虚怀若谷，开阔包容，善于发现，全心接纳，并细心了解其人格特点，建立良好的沟通平台，健全完善沟通机制，全力培养，适时挖掘潜能，激发巨大的创造力，使其全心参与到组织工作中来，敢于和善于说出自己的所思所想，并构建有效的机制，更好地实现其个人价值和组织效益。

启示二，应采取"扬长避短"的管理方法。在一个分工协作的组织内部，勤者与"懒者"都是不可或缺的。大量勤者的存在，是一个组织赖以生存的必要条件；而一个组织的可持续发展，还需要有懒于具体事务却勤于思考创新的决策、计划、组织、协调和指挥者。组织内没有了这群"懒蚂蚁"，传统型的勤劳者就极易无所适从，头绪紊乱，工作事倍功半。"美国现代管理学之父"彼得·德鲁克说，有效的管理者能使人发挥其长处。充分发挥人的长处，才是组织存在的唯一目的。任何人都必定有很多缺点和短处，而有的缺点和短处几乎是不可能改变的，但可以设法使其不发生作用。领导者的任务，就是要充分运用每一个人的长处，以共同完成任务。因此，在人才的运用和配置中，首先需要分清类型和特点，而后加以合理运用，将每个人置于恰当的岗位，盘活并优化人力资源。对于懒于杂务却勤于思考的"懒蚂蚁"，要尊重其人格特点，积极沟通并善于引导。在工作的安排上，要扬长避短，尽量将其置于事务性工作较少，而需要较多思考和知识积累的计划、策划、组织岗位上，或安排其参与一些系统性强、预见性强、创新性强、前瞻性强的工作项目，充分调动其主动性和积极性；促其正确定位，避免杂务缠身，集中精力思大事、谋全局、想未来，不断认识和提高自我，最大限度地拓展和发挥个人潜能，为组织贡献更大的智慧和力量。

启示三，应形成"相互依托，相得益彰"的管理模式。勤与懒是相辅相成的，作为一个组织来说，在用人时，既要选择脚踏实地、扎实肯干、任劳任怨的"勤蚂蚁"，也要任用运筹帷幄，对大

局、大事、大方向有清醒头脑的"懒蚂蚁"。并且尽量遵循帕累托
80/20效率法则（"勤蚂蚁"型员工与"懒蚂蚁"型人才的比例控制
在80/20），保持"懒蚂蚁"型人才合理数量，信任其创造力和特殊
贡献。针对其知识型劳动价值特点，制定不同于一般员工的考核标
准，使"懒蚂蚁"充分发挥能力和价值，与传统型的"勤蚂蚁"一
起相互支持、相互依托、相得益彰、和谐共处，并携手确保组织的
长远稳定发展。

在实际工作中，"懒蚂蚁"型人才由于不屑于实际工作而在组
织中不受重视，或缺乏引导，看不清个人发展方向和个人价值，而
有可能逐渐流于真正的虚无和懒惰，这对于个人和组织来说都是不
小的损失。因此，领导者一定要清楚地认识这一特殊群体的特点、
价值和作用，通过各种有效方式让其迅速地成长并在组织中真正体
现独特价值。

冷热水效应

夏厂长经过慎重考虑，决定给刚刚聘请的技术员小宫12万元的年薪，这个薪金数虽然不高，夏厂长认为小宫会接受，唯一担心的是怕这个问题处理不好，影响他的积极性、创造性。老成持重的夏厂长想出了一个妙法，他对小宫说："基于咱们厂的实际，只能付给你8万元的年薪。"稍一停顿，夏厂长接着说："不过12万元也可以考虑，你认为如何？"小宫一听"8万元"，就有点儿不乐意，"秤砣"随之缩小了，当听到"12万元"时，心里就有点儿高兴了。他爽快地说："我听厂长您的。"夏厂长说："12万元相对于厂里的其他人员来说，已经很高了。实话和你说，我这个做厂长的对此也犹豫不决，不过，只要我们齐心协力，顽强拼搏，就是砸锅卖铁，我也要把12万元钱发到你的手上。"小宫心里热乎乎的。

约翰·洛克在其1690年出版的《人类理解论》里面就曾说道："一盆温水保持温度不变，另有一盆冷水，一盆热水。把一只手放进冷水，把另一只手放进热水，然后，把两只手同时放进温水，则两只手的感觉是不同的，一只手感觉冷，另外一只手感觉热，这就是冷热水效应。"

这种现象的出现，是因为人人心里都有一杆秤，只不过是秤砣并不一致，也不固定。随着心理的变化，秤砣也在变化。当秤砣变小时，它所称出的物体重量就大；当秤砣变大时，它所称出的物体重量就小。人们对事物的感知，就是受这秤砣的影响。

"冷热水效应"启示领导者，在实际工作和人际交往中，要善于运用比较的方法，提高领导艺术。

启示一，运用"冷热水效应"获得较好的评价。领导者也难免有事业上滑坡的时候，难免有因管理严格而伤害他人的时候，难免有需要对他人进行批评指责的时候，此时，假若处理不当，就会降低自己在他人心目中的形象。如果巧妙运用"冷热水效应"，就不但不会降低自己的形象，反而会获得好的评价。当事业滑坡的时候，不妨预先把最糟糕的事态委婉地告诉上级或同事，以求上级和他人的同情与理解；当不小心伤害他人的时候，道歉不妨超过应有的限度，这样不但可以显示出你的诚意，而且会收到化干戈为玉帛的效果；当要说令人不快的话语时，不妨事先声明，这样就会减少他人的反感。这些运用"冷热水效应"的举动，实质上就是先通过一二处"伏笔"，使对方心中的"秤砣"变小，如此一来，它"称出的物体重量"也就大了。例如，某汽车销售公司经理老李，每月都能卖出30辆以上汽车，深得上司的赏识。由于种种原因，老李预计到这个月只能卖出10辆车。深懂人性奥妙的老李对董事长说："由于银根紧缩，市场萧条，我估计这个月顶多卖出5辆车。"董事长点了点头，对他的看法表示赞成。没想到一个月过后，老李竟然卖了12辆汽车，公司董事长对他大大夸奖一番。假若老李说本月可以卖 15 辆或者事先对此不说，结果只卖了 12 辆，公司董事长会怎么认为呢？他会觉得老李不够努力，不但不会夸奖，反而可能指责。在这个事例中，老李把最糟糕情况——顶多卖 5 辆车，报告给董事长，使得董事长心中的"秤砣"变小，因此当月绩出来以后，对老李的评价不但不会降低，反而提高了。

蔡女士很少演讲，一次迫不得已，她必须对一群学者、评论家进行演说。她的开场白是："我是一个普普通通的家庭妇女，自然不会说出精彩绝伦的话语，因此恳请各位专家对我的发言不要笑话……"经她这么一说，听众心中的"秤砣"变小了，许多开始对她怀疑的人，也在专心听讲了。她简单朴实的演说完成后，台下的学者、评论家们感到好极了，他们认为她的演说达到了极高的水平。对于蔡女士的成功演讲，他们报以热烈的掌声。

当一个人不能直接端给他人一盆"热水"时，不妨先端给他人一盆"冷水"，再端给他人一盆"温水"，这样的话，这盆"温水"同样会获得他人的一个良好评价和真挚的感谢。

启示二，运用"冷热水效应"促使对方同意。鲁迅先生说：如果有人提议在房子墙壁上开个窗口，势必会遭到众人的反对，窗口肯定开不成。可是如果提议把房顶扒掉，众人则会相应退让，同意开个窗口。这就是所谓的"拆屋效应"。鲁迅先生的精辟论述，谈的就是运用冷热水效应去促使对方同意。当提议"把房顶扒掉"时，对方心中的"秤砣"就变小了，对于"墙壁上开个窗口"这个劝说目标，就会顺利答应了。与"拆屋效应"相同，"冷热水效应"可以用来说服他人接受你的条件和要求，如果你想让对方接受"一盆温水"，为了不使他拒绝，不妨先让他试试"冷水"的滋味，再将"温水"端上，如此他就会欣然接受了。

某化妆品销售公司的闫经理，因工作上的需要，打算让家居市区的推销员小王去近郊区的分公司工作。在找小王谈话时，闫经理说："公司研究，决定你去担任新的重要工作。有两个地方，你任选一个。一个是在远郊区的分公司，一个是在近郊区的分公司。"小王虽然不愿离开已经十分熟悉的市区，但也只好在远郊区和近郊区当中选择一个稍好点的——近郊区。而小王的选择，恰恰与公司的安排不谋而合。而且，闫经理并没有多费唇舌，小王也认为选择了一项比较理想的工作岗位，双方满意，问题解决。在这个事例中，"远郊区"的出现，缩小了小王心中的"秤砣"，从而使小王顺利地接受去近郊区工作的安排。闫经理的这种做法，虽然给人一种玩弄权术的感觉，但如果是从大局考虑，并且对小王本人负责，这种做法也是应该提倡的。

老陈、老时是一家大型化工厂的谈判高手，这对黄金搭档一出马，几乎没有谈不成的业务，他们深得公司员工的尊重和信赖。原来，他两人十分擅长运用"冷热水效应"去说服对方。一般的，老陈总是提出苛刻的要求，令对方惊慌失措，灰心丧气，一筹莫展，也就是在心理上把对方压倒了。当对方感到"山重水复疑无路"时，老时就出场了，他提出了一个折中的方案，当然这个方案也就是他们谈判的目标方案。面对这个"柳暗花明又一村"，对方愉快地签订了合同。在这种阵势面前，就是该方案中有一些不利于对方的条件，对方也会认为折中方案非常好，从而接受。这的确是一种奇妙的谈判技巧，预设的苛刻条件大大缩小了对方心中的"秤砣"，使得对方毫不犹豫地同意那个折中的方案。这种谈判技巧，在经商洽谈中可以发挥巨大作用。人们在判断事物时，无意中要进行相互比较，有时为了让某人接受某事（"温水"），不妨用另外一种更困难的事（"冷水"）作反衬，出于趋利避害，两难当中取其易的本能，他会痛快地接受想让他接受的事（"温水"）。

启示三，运用"冷热水效应"调整对方心态。一位哲人看见一位生活贫困的朋友整天愁肠百转，一脸苦相，就想出了一个办法让他快乐起来。他对这位朋友说："你愿意不愿意离开你的妻子？愿意不愿意丢弃你的孩子？愿意不愿意拆掉你的破房？"朋友一一作答："不。"哲人说："对啊！你应该庆幸你有一位默契的伴侣，庆幸有一个可爱的后代，庆幸有一间温暖的旧屋，你应该为此高兴啊！"于是，这位朋友的愁苦脱离了眉梢，忧郁离开了额头。在这个寓言式故事里，哲人运用"冷热水效应"，缩小了朋友心中的"秤砣"，从而使他对自己的拮据生活感到快乐。一个人快乐不快乐，通常不是由客观的优劣决定的，而是由自己的心态情绪等决定的。运用"冷热水效应"，可以使一个人从困难、挫折、不幸中挖掘出新的快乐来。

一次，一架民航客机即将着陆时，机上乘客忽然被通知，由于机场拥挤，无法降落，预计到达时间要推迟 1 个小时。顿时，机舱里一片抱怨之声，乘客们在这难熬的时间中等待着。几分钟后，乘务员宣布，再过 30 分钟，飞机就会安全降落，乘客们如释重负地松了口气。又过了 5 分钟，广播里说，现在飞机就要降落了。虽然晚了十几分钟，乘客们却喜出望外，纷纷拍手相庆。在这个事例中，机组人员无意之中运用了"冷热水效应"，首先使乘客心中的"秤砣"变小，当飞机降落后，对晚点这个事实，乘客们不但不厌烦，反而异常兴奋了。

流 言 效 应

《战国策·秦策二》记载："费人有与曾子同名族者而杀人。人告曾子母曰：'曾参杀人。'曾子之母曰：'吾子不杀人。'织自若。须臾，人又曰：'曾参杀人。'其母尚自若。顷之，一人又告之曰：'曾参杀人。'其母惧，投杼逾墙而走。"曾参是古代有名的贤人，他十分注重品德修养，每天都要三番五次地反省自己。其母对他十分了解，相信自己的儿子不会干出杀人之事，但经不起众口一词，再三告之以"曾参杀人"，便再也坐不住，放下织布的梭子翻墙逃走了。后以"曾参杀人"一词喻流言之可畏。社会上的流言蜚语常常以讹传讹，有些人出于某种目的，蓄意编造谣言，一经传播，便会成为一种精神上的"病毒"，一传十，十传百，若有人从中推波助澜，则会影响更多的人。西方有句名言叫作"谎言重复一千遍就会成为真理"，这是一切骗子惯用的手法。有些邪教组织就是这样把荒唐绝伦的观念灌输给信徒，让他们顶礼膜拜，为之献身送命的。

精神医学上还有一种更为荒唐的妄想传递现象，称为"感应性精神病"。在一个关系密切的群体中，一个有影响的成员患精神病产生妄想，可把妄想观念传递给周围的正常人，使大家对他歪曲事实的观念信以为真，还跟着他一块儿"发疯"，这样的病例在精神科十分常见。有一个家庭主妇，怀疑邻居在她家的饭菜里下毒，此后其丈夫及子女共八口人都先后出现了"中毒"症状，并咬定是邻居下毒而诉诸法律。经查，这位主妇患的是"偏执性精神病"，她的"被毒妄想"感染了全家人。所谓妄想，是有悖于常理、不合逻辑的想法，按照常理，家人应能识别，但被与自己关系亲密的人所"传染"，这就是"精神感应"的巨大作用。

在社会心理学中，人们把流言对个人心理与行为造成的消极影响现象，称之为"流言效应"。

流言在正常的环境中产生，一般不会产生太严重的后果，但是如果在非正常的环境里产生，则易产生混乱。如果出现在水灾、地震等自然灾害与战争、经济危机和政治动乱的环境里，由于正常的信息渠道中断，流言易使人们的情绪骚动不安，甚至会演变成动乱。在一个国家进行改革的关键时期，流言也容易使人们产生难以名状的忧虑感和恐惧感，甚至会成为社会动乱的导火线。

"流言效应"可能造成他人的不幸、痛苦，甚至危及生命；也可能造成群体关系紧张、情绪对抗，有时甚至会危及社会安定团结，影响改革与发展。

"流言效应"启示领导者，流言无时不有、无处不在、危害严重，切不可放任自流。

启示一，掌握"流言效应"产生的主要因素。 "流言效应"的产生，一般认为受以下几个因素影响：一是与人们有重要关系的事物上易产生"流言效应"。根据奥尔波特的研究，在下列三种情况下最容易产生流言及其效应。1. 在缺乏可靠信息时。人们在弄不清事实真相时，容易去传播流言，以显示自己比别人高明、能干。2. 在不安与忧虑时。人们心里普遍不踏实时，最易杯弓蛇影，在"非典"期间，流言传播最快、最盛，以致米醋、板蓝根成倍涨价。3. 在社会处于危机状态时。由于人们的恐惧感与紧张感，对一些危及生命安全的事，极易成为流言加以传播，如地震、灾荒、疾病流行等。二是与社会重要人物有关的事件上易出现"流言效应"。社会上的一些高官名流、影视歌星、大腕模特等极易被绯闻缠身，流言也会被传播开来，使得他们备受困扰。这里所讲的名流、名人、明星等是相对而言的，只要在一定区域内，这种有中心地位的人都可能被流言所影响。这主要是人们为了茶余饭后的消遣，以便消磨时光；也有的是这些名流们自己为了迅速扩大知名度而有意编造的谣言，而后变成流言；也有的是"东家长西家短"，从而变成流言，传播开来，伤及无辜。三是认知上的偏差容易导致"流言效应"。流言与谣言有本质的不同。谣言是恶意捏造、散布的假消息。而流言尽管也是假消息，但只是一种以讹传讹在无意间传播开来的假消息，它不是故意的，没有直接攻击目标，只是在不负责任的传播过程中伤害了无辜。流言的传播受到了传播者对流言内容是否感兴趣、记忆是否好、语言表达能力是否强、个性是否夸张等特点的影响。如果对流言感兴趣，有好奇心，对感兴趣的流言内容又夸大其词，那么，流言必然传播快、传播得离奇，直到最后面目全非。

　　启示二，不要成为流言的传播者。领导者是一个单位、部门、领域的核心人物，也是各种敏感信息资源的享有者和传播渠道，如果领导者不提高自己的政治意识、大局意识和保密观念，不注意人品官德修养，人云亦云，口无遮拦，不注重时机场合，想说什么就说什么，想怎么说就怎么说，就会成为流言的传播源，而且传播的范围之广、速度之快、影响之大、危害之深是一般传播者所望尘莫及的。因此，领导者必须强化自身修养，管住自己的嘴，不该讲的不讲，不听、不信、不传政治谣言和"小道消息"，不在微信、微博等大众媒介上制发或转发负面信息和消极言论，做到谨言慎行。

启示三，避免成为流言中的人物。领导者是人不是神，也有七情六欲。受爱好、兴趣、性格等各种因素的影响，难免在利益调整分配问题上有远近亲疏；另外，领导工作中无论好坏，往往是流言蜚语的众矢之的。因此，作为领导者一定要严于律己，谨守规范，公开、公正、公平地处理好各种利益关系，特别是与异性下属的接触，更要注重分寸，把握好度，不越雷池一步；同时，要严以修身、严以用权、严以律己，始终高标准、严要求，做到"一身正气，两袖清风"，以自身的良好形象和模范行为影响和带动下属。如已被流言所困，最好抱着"清者自清"的态度，走自己应走的路，不被流言所左右，否则，一味解释只会助长流言传播者的猎奇乐趣，"流言效应"的消极作用就会更大。

启示四，从严管教流言传播者。流言蜚语离间党心民心，破坏单位团结，影响和谐环境，干扰决策目标的实现，对单位的稳定发展有消极影响，领导者不能等闲视之，任其蔓延。要始终保持单位风清气正。对流言制造者、传播者要发现一个查处一个，轻者批评教育，重者依照党纪政纪和法律法规严肃处理，绝不姑息养奸。

马 太 效 应

《圣经·新约·马太福音》中有这样一则寓言故事：古罗马一个国王要出国远行，临行前，将三个仆人叫到面前，按照各人的才干分给他们塔兰特（古罗马的货币）。第一个给了5个塔兰特，第二个给了2个塔兰特，第三个给了1个塔兰特，并吩咐他们："你们去做生意，等我回来时，再来见我。"说完国王就出发了。过了许久，国王远行回来时，三个仆人一起来见国王，第一个仆人说："主啊，你交给我的5个塔兰特，我又赚了5个塔兰特。"国王对他的成绩予以肯定，并奖励他10座城邑。第二个仆人报告说："主啊，你给我的2个塔兰特，我又赚了2个塔兰特。"国王对他的成绩也给予了肯定，奖励了他4座城邑。第三个仆人报告说："主啊，你给我的1个塔兰特，我怕丢失，一直埋在后院的地里，请看，你的塔兰特一个不少都在这里。"国王非常生气，斥责他说："你这个又恶又懒的仆人。"于是将第三个仆人的1个塔兰特夺回来，赏给第一个仆人，并且说："凡多的，还要给他多余；凡少的，就连他所有的也要夺回来。"

20 世纪 60 年代，美国著名社会学家罗伯特·莫顿首次将这种好的愈好，坏的愈坏，多的愈多，少的愈少，贫者愈贫，富者愈富的现象，归纳为"马太效应"。

罗伯特·莫顿用"马太效应"来描述这种社会心理现象："相对于那些不知名的研究者，声名显赫的科学家通常得到更多的声望，即使他们的成就是相似的。同样地，在同一个项目上，声誉通常给予那些已经出名的研究者，例如，一个奖项几年总是授予最资深的研究者，即使所有工作都是一个研究生完成的。"

"马太效应"启示领导者，任何个体、群体或地区，一旦在某一个方面（如金钱、名誉、地位等）获得成功或进步，就会产生一种积累优势，就会有更多的机会取得更大的成功和进步。

启示一，始终保持奋发有为的精神状态。"马太效应"反映在经济学界即为贫者愈贫、富者愈富、赢者通吃的现象，反映在社会心理学上即所谓强者愈强、弱者愈弱，一个人获得了成功，什么好事都会找到他的头上。大丈夫立世，不应怨天尤人，人最大的敌人是自己，态度积极主动执着，就会赢得物质和精神财富。获得财富后，更加强化了你的积极主动性，如此良性循环，才能把"马太效应"的正效应发挥到极致。要想在自己分管的地域、系统和工作范围保持优势，就必须争第一，拿名次，迅速做大做强，当你成为某个领域领头羊的时候，即使投资回报率相同，你也能更轻易地获得比弱小的同行更大的收益。当暂时没有实力迅速在某个领域做大做强时，怎么办？一是在力量较小的情况下，要想用较少的投入进入强者之林，关键要有一个好的战略策划，思路决定出路，只要走对路，再加上"卧薪尝胆"、"加油"、"充电"，经过不懈努力，照样可以后来者居上。二是在目标领域有强大对手的情况下，就要另辟蹊径，找准对手的弱项和自己的优势，确定自己的核心竞争力，用最短的时间，集中最大的力量，在目标领域迅速做大做强，然后继续保持这一优势，如果没有实力在某个领域迅速领先，那么，就寻找新的发展领域。三是学习借鉴经验。其实模仿也是一种捷径，模仿者少了一个市场开拓和经验积累的过程，一步就站到了巨人的肩膀上，但是要想超越，就必须在模仿和学习的基础上进行改革创新，这种拿来主义其实是拿来前者的思想和理念。

　　启示二，始终坚持"促先帮后，固强补弱"的整体发展思路。"马太效应"反映在分配收入上是"凡是少的就连他已拥有的也要拿过来；凡是多的，还要给他，叫他多多益善"。这种损不足而奉有余的事例在当代社会越来越多。在单位管理与建设中，"马太效应"明显存在，有些单位领导"蹲点"、帮扶工作，往往不愿对后进单位和个人"雪中送炭"，只喜欢对先进单位和个人"锦上添花"，对后进单位和个人越看越挑剔，对先进单位和个人越看越欣赏。此类问题长期得不到解决，势必造成恶性循环，形成单位和人员自傲与自卑的对立、先进与后进的分化，妨碍单位和个人的整体发展、全面进步。克服这种倾向，要求领导者一是必须端正工作指导思想，树立正确的政绩观。有些领导者之所以愿为先进单位和先进人物"锦上添花"，不愿为后进单位和个人"雪中送炭"，主要原因就是前者见效快，容易出名挂号，领导者工作有政绩，脸上有光彩；而后者见效慢，费力大，短时间内难以出政绩。由于少数领导者急功近利，追求政绩工程、搞短期效应，从而导致了强者更强、弱者更弱的两极分化局面。因此领导者必须坚持求真务实的作风，树立科学发展观，既要"促先固强"，又要"帮后补弱"，只有这样才能不断发现和弥补单位建设中的"短板"和弱项，确保单位各项建设整体推进、全面发展。二是主动承担起为基层提供平等发展权利的责任和义务。有的领导者对先进单位往往倾力相助，在评先评优时还要对其进行一番"粉饰"，隐藏缺点、掩盖漏洞；有的领导者把后进单位当成惩罚干部的"流放地"，导致这些单位人员自暴自弃、一蹶不振。甚至有的领导者给先进单位"吃小灶"，特殊厚爱，在人、财、物上优先保障，这种不平等待遇对基层单位造成了很大伤害。如果不注意"马太效应"的负面影响，必会造成"单向冒尖"，甚至"一边出经验，一边出事故"的现象。因而在单位建设管理中，既要关注先进单位，更要爱护后进单位，只有让后进单位赶上来，才能提升单位建设的整体水平。三是必须摒弃领导意见就是评价标准的官僚主义作风，按照各项法规制度和规范程序评先授奖。个体的基础不同，优缺点也是多种多样的，如果只是按照一个标准来评断，难免不全面、不准确、不公正。首先，我们必须尊重个体的特殊性，创新考评机制，坚持分层次竞争，变一把尺子量为多把尺子量，既看基础，又看进步，调动全员竞争的积极性。对那些历史荣誉少、工作基础差的"弱势群体"，要"矮子里面拔将军"，让不同性质、不同基础的单位都能在评比中看到希望。其次，在管理和建设上，要追求大面积丰收，使每个单位、每个人的努力都能得到肯定，让优秀的、中间的、后进的都各得其所，进而为他们创造更加广阔的发展空间。

启示三，始终保持争先创优的意识和劲头。"一步领先，步步领先"，这是马太效应的又一解释。现实生活是残酷的，并不遵从公平原则。作为个领导者要想成就一番事业，不能仅仅停留在对外界的抱怨上，而应该直面"赢家通吃"的现实，增强自身的竞争力。有些差别刚开始时，看起来微不足道，但最后可能导致天壤之别。当别人徘徊时，我们已经起跑；当别人起跑时，我们就冲刺。社会现实告诉我们，一步领先，步步领先；一步落后，步步落后。好的开始是成功的一半，这句话我们都耳熟能详，但事实上绝大多数的人都没有一个好的开始。以工作为例，影响我们工作的因素很多，工作决定着我们的收入水平、社会地位和自我理想实现的程度等。然而对于如此重要的问题，我们却经常准备不足，无论是从长远规划，还是日常工作，很多人都采取敷衍了事、听天由命的态度，这又何谈好的开始呢？如果对大部分成功者进行一番调查就会发现，好的开始来自于事前充分的准备和立即采取行动的精神。成功学大师卡耐基说过："好的开始，来自于事前充分的准备，充分的准备来自于有着详细的规划，详细的规划来自于前瞻性的思考。"这就要求我们做每一件事情都要比别人早一步，都要比别人更迅速地掌握未来的动态、未来的信息、未来的走向。这是领导者拥有的理念，是领导者思考的方式，也是领导者成功的秘诀——不管你做任何事情，千万要让自己有个好的开始。其实，从本质上讲，强调前瞻眼光、超前意识，就是强调高起点思考问题，就是强调在思考问题时，要善于跳出时间的局限、地域的局限、思维方式的局限，从一个更为广阔的角度去思考问题，如果真能这样去做，我们必定能时时处处抢占先机，永远处于战略高地；如果跟在别人屁股后面亦步亦趋，难免陷入被吃掉或被淘汰的命运。因此，走人少的路，不走寻常路，才是脱颖而出的捷径。对于领导者个人来说是如此，对一个地方、单位、部门、企业来说更是如此。"马太效应"就是一种优势的累积，当你已经取得一定的成功之后，那就更容易取得更大的成功，强者总会更强，弱者反而更弱。"物竞天择，适者生存"，强者随着积累优势，将有更多的机会取得更大的成功和进步。

启示四，学会集中优势兵力"重点突破"的战略战术。对于初创企业或者中小规模企业，在激烈的市场竞争中，面对强者、大者，再加上"马太效应"的作用，生存和发展处于不利的形势下，应当尽快找到自己的细分市场，把自己打造成细分市场的第一。细分市场的划分有很多方法，可以按行业、按产品、按服务对象划分，还可以从几个维度组合来分，企业领导者要设计有利于自己的划分方法，并在一个点上做大做强做专，再向外逐步延伸。"马太效应"告诉我们，要想在某一领域保持优势，就必须在此领域迅速做大，当你成为某个领域的领头羊时，即便投资回报率相同，你也能更轻易地获得比弱小的同行更大的收益，而若没有实力迅速在某个领域做大，就要不停地寻找新的发展领域，才能获得较好的回报。将你的时间、精力、才能、金钱，投入希望获胜的，确定自己在这一领域的优势地位，你的每一场胜利都使双方的实力对比发生变化，这样不断"积小胜为大胜"，直至取得全局性优势时，"最后决战"也就胜券在握了。因为"马太效应"已经站在你这一边。海尔集团的"东方亮了，再亮西方"就是对这一点的有力佐证，也正是因为这一点海尔才会7年只做冰箱一个产品，终于取得巨大的成功。

"马太效应"是一把双刃剑，这也是符合辩证法的。现在的问题不是对这一现象的消极一面一味地横加指责，也不是一味地强调其积极的方面，而是想办法通过制度性设计来进行合理的资源配置，建立完善的激励机制，起到鼓励先进、鞭策后进的作用。

名 人 效 应

　　战国时期，有个赵国人要卖掉一匹骏马，在集市上站了三天，却无人问津。他请求伯乐到集市上绕马看一看，离开时再回头瞧一瞧。伯乐照着卖马人的请求做了，这下马不但很快卖掉，而且价格还提高了十倍。

　　南唐皇帝李煜宠爱的名妃喜欢用绫子裹足，脚小可人，深得李后主欣赏。"上有所好，下必甚焉"。至此由皇室至达官贵人，及至平民百姓的女人们竞相效仿，以至于此后世代兴盛缠脚风，一直延续到民国时期。

　　电视连续剧《渴望》热播时，剧中女主角慧芳穿的格子服曾流行一时。热播《霍元甲》时，女孩子们都以留"秀芝头"为荣。时装界公认，英国已故王妃戴安娜毋庸置疑地引领着世界时装的潮流，连她那个典型的发式，也被命名为戴安娜式。

　　有一则国外笑话：一出版商有一批滞销书久久不能脱手，他忽然想出了非常妙的主意：给总统送去一本书，并三番五次去征求意见。忙于政务的总统不愿与他多纠缠，便回了一句："这本书不错。"出版商便大做广告，"现有总统喜爱的书出售。"于是这些书被一抢而空。不久，这个出版商又有书卖不出去，又送了一本给总统。总统上了一回当，想奚落他，就说："这本书糟透了。"出版商闻之，脑子一转，又做广告，"现有总统讨厌的书出售。"又有不少人出于好奇争相购买，书又售尽。第三次，出版商将书送给总统，总统接受了前两次教训，便不作任何答复。出版商却大做广告，"现有令总统难以下结论的书，欲购从速。"居然又被一抢而空。总统哭笑不得，商人大发其财。

美国心理学家曾做过一个有趣的实验：在给大学心理系学生讲课时，向学生介绍说请到了举世闻名的化学家来给大家做实验。这位化学家说他发现了一种新的化学物质，这种物质具有强烈的气味，但对人体无害。在这里只是想测一下大家的嗅觉，请大家闻一下。接着打开瓶盖，他要求闻到气味的同学举手，结果大部分同学举了手，其实这只瓶子里装的是蒸馏水，"化学家"是从外校请来的德语教师。

人们比较熟悉的"东施效颦"的典故，也是西施的"名人效应"引起的。由此可见，"名人效应"，是名人的出现所达成的引人注意、强化事物、扩大影响的效应，或人们模仿名人的心理现象的统称。

当今社会，"名人效应"已经在学习、工作、生活的方方面面产生了深远影响。比如名人代言广告能够刺激消费，名人出席慈善活动能够带动社会对弱势群体的关怀等。简单地说，"名人效应"相当于一种品牌效应。在现实生活中，利用"名人"和"名人效应"念发财经的大有人在，而且愈演愈烈。随着名人姓名被抢注为商标事件的屡屡见报，不仅名人创作的艺术品被人收藏，名人用过的物品也十分抢手，就连名人发型、服饰、言行举止都成了流行和时尚。

"名人效应"也就是因为名人本身的影响力，而在其出现的时候达到事态扩大、影响加强的效果。"名人效应"是普遍存在的，领导者要正确地把握和运用，发挥其减损增效的作用。

启示一，运用"名人效应"开展广告营销。几乎大部分广告都在利用"名人效应"，由于受众对名人的喜欢、信任，甚至模仿，从而转嫁到对产品的喜欢、信任，甚至模仿，这是典型的利用"名人效应"的方法。早在20世纪初，美国智威汤逊公司在力士香皂的广告中就开始使用影星照片打名人广告，成为该公司重要的广告表现策略。我国自李默然参与拍摄"三九胃泰"广告以来，20多年间各类名人广告数不胜数、无处不在。所以，有人说中国的广告业已经进入"形象代言人时代"，这也是"眼球经济"的一个表征。名人广告有着积极而特殊的效应，在当今中国激烈的商战中，起用名人做广告，体现个性，属于明智之举。至少老百姓会认为这里面还有名人的信誉做担保。但名人代言也需要应有的自律和他律，需要立法，即名人也应对自己制作广告的真实客观性、科学性负道德、法律责任，否则运用失当，充当假冒伪劣产品的代言人，就会对假冒伪劣商品的销售起着推波助澜的作用，其负面效应不可低估。对此"名人效应"，领导者应有清醒的认识和把握。

启示二，运用"名人效应"树立良好形象。人们对有名望的人一般都十分尊敬。由于领导者自身的地位、权力和威望，在一定范围内也有着"名人效应"。树立和运用好自身模范行为和良好形象可以起到推动工作、引领发展、影响和带动群众的作用。否则，领导者不重视自身形象的修炼和塑造，追名逐利，以权谋私，或利用领导者的特殊身份进行形象代言、产品营销，热衷于签名、题词、商业剪彩等活动，也会损害领导者的形象，对人民群众产生不良影响。

启示三，运用"名人效应"引导价值取向。名人是人们心目中的偶像，对于广大群众有着引导的作用。特别是年轻人，由于阅历不足，世界观、人生观、价值观尚未成熟，很容易对名人盲目崇拜和追捧，从而轻易地接受名人暗示。名人之所以成为名人，多是因为他们在某一方面、某一领域有其过人之处。而名人之所以能够成功，也是付出了相当的心血和努力。因此，领导者要根据年轻人对名人的崇拜心理，加强教育引导，让大家明白名人成功背后的努力，明确哪些名人该是自己崇拜的偶像和学习的榜样，并大力弘扬古今中外英雄模范人物事迹，以科学家、发明家、各行各业的翘楚和身边先进人物为榜样，从而树立起正确的人生观和价值取向。

摩西奶奶效应

东汉时，王充在《论衡》中有这样一段论述：孔子病笃，弟子商瞿卜了一卦，告诉老师在当日中午行将辞世。孔子听后，坦然地问："等到中午，剩下这段时间做什么呢？给我拿书来。"对此，王充满怀深情的赞叹："圣人之好学，且死不休！"

无独有偶，墨西哥老翁蒙图伊在86岁时获得了政治学学士学位，此前，他已拥有工程学和经济学两个学士学位。他计划继续自己的学业，并告诉众人："我一切向前看。"

安娜·玛丽·罗伯逊·摩西1860年9月6日生于纽约州格林威治村的一个农场家庭，是一个贫穷农民的女儿。长大后她在别人的农场打工，毕生在农场度过。直到76岁因关节炎不得不放弃刺绣，开始绘画。她的女儿将她的画带到镇上的杂货铺里销售。陈列在杂货店橱窗中的作品引起了艺术收藏家路易斯·丁·卡尔多的兴趣。他买下了画，还希望要更多，并将其作品带到纽约的画廊展出。摩西的画引起了画商奥托·卡洛拉的注意，卡洛拉将摩西介绍到艺术界。摩西在她80岁时即1940年在纽约举办个展，引起轰动。此后她的作品成为艺术市场中的热卖品。上百万张的问候卡纷至沓来。出版畅销书，电台与电视台的采访使她在美国家喻户晓。她的质朴、诚实的品行，她丰富多彩的晚年生活，无疑是解除冷战时期人们焦虑症的一帖清新剂。

1961 年 12 月 13 日，画家摩西奶奶在纽约的胡西克瀑布逝世，终年 101 岁。她留下了 11 个孙辈，31 个曾孙辈和无数赞叹她的人们。虽然她从未接受过正规的艺术训练，但对美的热爱使她爆发出惊人的创作力，在 20 多年的绘画生涯中，她共创作了 1600 幅作品。经典作品有《感恩节前捉火鸡》、《过河去看奶奶》、《人生永远没有太晚的开始》等。

在华盛顿国立女性艺术博物馆，曾举行过一场名为"摩西奶奶在 20 世纪"的画展。该展览除展出摩西奶奶的作品外，还陈列了一些来自其他国家有关摩西奶奶的私人收藏品。其中最引人注目的是一张明信片，它是摩西奶奶 1960 年寄出的，收件人是一位名叫春水上行的日本人。这张明信片是第一次公之于众，上面有摩西奶奶画的一座谷仓和她亲笔写的一段话："做你喜欢做的事，上帝会高兴地帮你打开成功之门，哪怕你现在已经 80 岁了。"

摩西奶奶为什么要写这段话呢？原来这位叫春水上行的人很想从事写作，他从小就喜欢文学。可是大学毕业后，一直在一家医院里工作，这让他感到很别扭。马上就 30 岁了，他不知该不该放弃那份令人生厌却收入稳定的职业，以便从事自己喜欢的行当。于是他给耳闻已久的摩西奶奶写了一封信，希望得到她的指点。对于春水上行的信，摩西奶奶很感兴趣，因为过去的大多数来信，都是恭维她或向她索要绘画作品的，这封信却是谦虚地向她请教人生问题。虽然当时她已 100 岁了，还是立即做了回复。

那么，到底是什么原因让人们异常关注那张明信片呢？原来，收藏那张明信片的春水上行，正是在日本乃至全世界都大名鼎鼎的作家渡边淳一。也许正是这个原因，每当讲解员向参观的人讲解这张明信片时，总要附带地说上这么几句话：你心里想做什么，就大胆地去做吧！不要管自己的年龄有多大和现在的生活状况如何，因为，你想做什么和你能否取得成功，与这些没有什么关系。

20 世纪 80 年代，美国新行为主义学者经过对众多退休村的调查后发现，不少人到了垂暮之年，才发现自己身上还具备尚未被开发的潜能，并开始发奋努力，将晚年推向一生光辉的顶点，让夕阳放射出耀眼的光芒。

社会心理学家将这种大器晚成、老有所为的现象称为"摩西奶奶效应"。

每个人都可能在某个方面具有自己的才能生长点，蒲松龄屡试不第，写作《聊斋志异》却身手不凡；柯南道尔行医无所作为，创作《福尔摩斯》却让世界上最高级的侦探叹为观止；陈景润不善言辞，却摘取了数学皇冠上的明珠……不论是摩西奶奶，还是蒙图伊……在这些大器晚成的杰出人物的成长历程中，我们都可以看到他们在自己兴趣的高峰上艰苦攀登的足迹。从"摩西奶奶效应"中，领导者不难得到如下启示：

启示一，充分挖掘自身潜力，最大限度地调动主观能动性。摩西奶奶说过这样的话："任何人都可以作画，任何年龄的人都可以作画。"一个人的潜在能力是巨大的，如果不去挖掘，将会自行泯灭。心理学家格拉宁通过研究得出如下结论："如果每个人都知道自己能干什么，那么生活会变得多么美好！因为每个人的能力要比他自己感觉到的大得多。"许多研究成果告诉我们，普通人一生仅开发自身基因潜在能力的百分之零点几。因此，领导者要充分发掘自身潜力，勤于学习、善于思考、勇于实践，凝心聚力抓工作、干事业，只有想干事才能会干事、干成事。只要千方百计，必有千条妙计，只要思想不滑坡，办法总比困难多；要敢想、敢闯、敢干，敢为天下先，勇于开拓进取，善于改革创新，把自己的潜力和优势发掘到极致。作为领导者还要善于挖掘本地区、本单位、本部门的地域优势、资源优势、人才优势，团结一切可以团结的力量，最大限度地调动广大群众的积极性、主动性和首创精神。

启示二，学无止境，必须活到老、学到老、改造到老。一个人的成才与事业成功并不完全取决于文凭与学历，关键在于持续不断地学习与锲而不舍的奋斗。摩西奶奶一生没有经过专业的学习和培训，凭着她对生活的热爱和不懈的努力，成就了她绘画事业的辉煌！正如她所讲："有人总说已经晚了。实际上，'现在'就是最恰当的时候。对一个真正有追求的人来说，生命的每个时期都是年轻的、及时的。"香港一位著名实业家原本只有小学文化水平，历经坎坷与磨难，靠着持续不断地学习和向上向善，终于成为亚洲首富，名列美国《财富》排行榜。齐白石没机会上学，从牧牛砍柴到学做木匠，再到痴迷绘画艺术，凭着对艺术的不懈追求和刻苦学习，从不让一日闲过，终成一代绘画大师，名扬海内外。著名数学家华罗庚有句名言："聪明在于学习，天才在于积累。"人的一生充满机遇和变化，不可能几十年如一日的恒定不变。在科技发展日新月异、知识"折旧"不断加快和国内外综合实力竞争日趋激烈的今天，只有不断学习，成就学习化人生，才不会落伍，才不会被时代淘汰。特别是领导者，肩负着"为官一任，造福一方"的历史重任，学不学绝不是个人的小事，要时刻想到"肩上有千斤重担，身后有千军万马"，唯有学习、学习、再学习，才能与时俱进，不断提高，使自己人生和单位建设永远立于众人仰慕的高地。

启示三，兴趣是最好的老师，注重培养高尚的情趣爱好。正如摩西奶奶所说的那样："你最愿意做的那件事，才是你真正的天赋所在。""做你喜欢做的事，上帝会高兴地帮你打开成功之门，哪怕你现在已经 80 岁了。"我们许多领导者大都多才多艺，年轻在职时，工作应酬颇多，无暇顾及自己的兴趣爱好，从领导岗位上退下来，又觉得自己老了，学什么、干什么都为时已晚，于是整日无所事事，心情抑郁。其实，成功不在于起步时间的早晚，也不在乎年龄的大小，只要我们为成功付出了相当的努力，成功就会来到我们身边。摩西奶奶说得好："人到底该在什么时候做什么事，并没有谁明确规定。如果我们想做，就从现在开始。"有不少人兴趣广泛，梦想一夜成名、成家，也有的因此付出一定的时间和精力，但往往浅尝辄止或半途而废。要知道，真正的成功来自于持之以恒的努力，任何急功近利和投机取巧的人，终究一事无成。真正的成功者，都是那些能够承受漫长岁月磨炼，一步步达到人生目标的人。西门吹雪学剑，每天练习拔剑一万次，他用最慢的方法成为绝世高手。达·芬奇学画，鸡蛋这种简单物体他画了 3 年，他用最慢的方法成为画坛泰斗。老子悟出了大器晚成之真谛：最具价值的事物、最伟大的业绩都是在缓慢中晚成，成功的要点，就是克服寂寞与急躁，一点一点地把梦想掌握在自己的手中。退休后的领导者，许多身心健康、思维清晰，并且具有丰富的阅历和工作经验，这是年轻人所不具备的优势、是人生的宝贵财富，所以要做到老有所学、老有所为，为社会发展、人类进步，作出我们应有的贡献。最美不过夕阳红，革命者永远是年轻。

木 桶 效 应

　　在德国史诗小说《尼伯龙根的宝藏》中记载：有一位屠龙英雄齐格飞，他英勇无比，力大过人，经过激烈搏斗，他杀死了尼伯龙根岛的恶龙，用龙血沐浴全身后，成了刀枪不入的金刚之身，可是因为当时他的后背粘了一片菩提叶，没有沐浴到龙血，就成了他身上唯一的致命之处。后来，敌人想尽一切办法，终于从他的妻子葛琳诗那里得到了这一秘密，在交战中用长矛刺入齐格飞的致命之处，终于夺取了英雄的性命。

　　在希腊神话中，也有一位著名英雄名叫阿喀琉斯。阿喀琉斯是希腊神话中的头号英雄，他的母亲是海神的女儿忒提斯。传说他出生后，母亲白天用神酒搽他的身体，夜里在神火中煅烧，并且提着他的脚跟把他浸泡在冥界的斯得克斯河中，使他获得了刀枪不入之身。但是因为在河水中浸泡时他的脚跟被母亲握着，没有被冥河水浸过，所以留下全身唯一可能致命的弱点。阿喀琉斯长大后，在特洛伊战争中所向无敌，屡建功勋。后来特洛伊王子帕里斯知道了阿喀琉斯这个弱点，就从远处向他发射暗箭。帕里斯是位神射手，很多希腊英雄如克勒俄多洛斯等都死于他的箭下，因此这一箭正好射中阿喀琉斯的脚后跟，这位大英雄瞬间毙命。

上述两位英雄的死，都是缘于自身的唯一一点不足。但正是这一点点的不足却成为导致悲剧的关键因素。感慨之余，我们联想到生活中一个著名的"木桶效应"。其核心内容为：一只木桶盛水多少，并不取决于桶壁上最长的那块木板，而是取决于桶壁上最短的那块木板。也可称为"短板效应"、"木桶理论"或"木桶定律"。

"木桶效应"原理是由美国管理学家彼得提出的。说的是由多块木板构成的木桶，其价值在于其盛水量的多少，但决定木桶盛水量多少的关键因素不是其最长的板块，而是其最短的板块。

由许多块木板组成的"木桶"不仅可象征一个企业、一个部门、一个班组，也可象征一个人，而"木桶"的最大容量则象征着整体的实力和竞争力。

启示一，补齐最短木板。决定一只木桶的容量的既不是最长的，也不是平均长度，而是最短的那块木板长度，因此，最短那块木板的高低决定盛水的多少，只有将它提高，木桶才能多盛水。也就是说，要想提高木桶的整体效能，首要的不是继续增加那些较长的木板的长度，而是要先下功夫补齐最短的那块木板的长度，消除这块短板形成的"制约因素"，实现整体功能的最大限度发挥。如果把企业的管理水平比作三长两短的一只木桶，而把企业的生产率或者经营业绩比作桶里装的水，那影响这家企业的生产率或绩效水平高低的决定性因素就是最短的那块板。企业的板就是各种资源，如研发、生产、市场、营销、管理、品质等。为了做到木桶"容量"的最大化，就要合理配置企业内部各种资源，及时补上最短的那块"木板"。如果具体到人力资源管理来说，又可以将木桶容量视为人力资源管理的绩效，木桶的板则分别代表人力资源规划、工作分析与职位设计、人员的招募甄选和雇用、发展培训、绩效管理、薪酬管理、企业文化等各方面内容。所以，木桶有大小之分，"木桶原理"也有整体和局部之分，我们所要做的事情就是找到自己的桶，然后把那块最短的板加高。因此，企业要想做大、做强，必须从产品设计、价格政策、渠道建设、品牌培植、技术开发、财务监控、队伍培育、文化理念、战略定位等各方面一一做到位才行。任何一个环节太薄弱都有可能导致企业在竞争中处于不利位置，最终导致失败的恶果。

这就是说，任何一个单位、一级组织都可能面临一个共同问题，即构成组织的各个部分往往是优劣不齐的，而劣势部分往往决定整个组织的水平。问题是"最短的部分"是组织中一个有用的部分，不能把它当成烂苹果扔掉，否则会一点水也装不了！一个组织功能的发挥不在于几个头头或明星员工，而在于所有人的齐头并进。劣势决定优势，劣势决定生死，这是市场竞争的残酷法则。它告诉领导者，在管理过程中，要下功夫抓单位的薄弱环节。毫无疑问，在企业中最受欢迎、最受关注的是明星员工，即少数能力超群的员工。管理者往往器重明星员工，而忽视对一般员工的培养和使用。这样做很容易打击团队的士气，从而使"明星员工"的才能与团队合作两者间失去平衡。想要避免这个问题，管理者就需要多关注普通员工，特别是对那些"短板员工"要多一些鼓励、多一些赏识，让短木板变长。如果把木桶比作人生，那么"短板"实际上就是我们身上的一些弱点。比如，很多人不注意个人习惯，导致在生活和工作中出现失误。缺点和毛病就是人的"短板"，因为它们的存在，制约了一个人才能的发挥。有时候，一些不良的习惯甚至有可能葬送一个人的事业。作为领导者应有忧患意识，不能被缺点牵着鼻子走，要主动查找自身的"短板"，并尽快把它补起来。

启示二，提升整体高度。一个组织要想成为一个结实耐用的木桶，首先要想方设法提高所有板子的长度。只有让所有的板子都维持"足够高"的高度，才能充分发挥团队作用。在这个充满竞争的时代，越来越多的领导者意识到，只要组织里有一个员工的能力弱、素质低，就足以影响整个组织达成预期的目标。而要想提高每一个员工的竞争力，并将他们的力量有效地凝聚起来，最好的办法就是对员工进行教育和培训。培训是一项有意义而又实实在在的工作，许多著名企业都很重视对员工的培训。根据权威的 IDC 公司预计，在美国，到 2005 年企业花在职工培训的费用总额达到 114 亿美元，而被誉为美国"最佳管理者"的通用电气公司总裁麦克·尼尔宣称，通用电气每年的员工培训费用就达 5 亿美元，并且还在成倍增长。惠普公司内部有一项关于管理规范的教育项目，仅仅是这一个培训项目，研究经费每年就高达数百万美元。他们不仅研究教育内容，而且还研究哪一种教育方式更易于被人们所接受。通过教育、培训，完善全体员工的整体知识结构，提升"木桶板块"的整体长度。从而增强企业的总体效能和核心竞争力。对员工的培训实质上就是通过培训来增大这一个个"木桶"的容量，增强企业的总体实力。而要想提升企业的整体绩效，除了对所有员工进行培训外，更要注重对"短木板"——非明星员工的培养和提高，做到既促先又帮后，达到整体提高的目的。

启示三，优化内部结构。 从"木桶原理"中，我们可以发现，木桶的最终储水量，不仅取决于最短的那块木板，还取决于木桶的使用状态和木板间的衔接与配合。为此，作为单位领导者，一要取长项。在特定的使用状态下，通过优化内部结构，可在一定程度上增加木桶的储水量，如有意识地把有短板的木桶向长板方向倾斜，木桶的储水量就会比正立时多得多，或为了暂时提升储水量，也可将长出的木板截下补到短板处，从而提高木桶储水量。所以，作为单位的领导者既要取长补短，又要固强补弱。二要补缝隙。长期储水量还取决于木板间配合的紧密性。盛水的木桶应无缝衔接，没有空隙，每块木板都有特定的顺序，不能出错。如果每块木板间的配合不好，出现缝隙，就会导致"跑冒滴漏"。一个团队如果没有良好的"补台"意识，不能做好互相的衔接配合，最终"储水量"也不能提高。三要紧铁箍。木桶之所以能盛水，是因为有铁箍将有序排列的木板箍紧。如果没有了铁箍的约束，木板也只能是散落的个体，发挥不了整体的效能。同样，领导者只有用严格的法规制度来约束集体成员，才能形成整体合力，增强凝聚力和战斗力，才能让团队成为一个坚固的"木桶"，充满正能量。四要强"拎手"。装满水的木桶能否发挥效能，还取决于是否具有结实耐用的"拎手"。这"拎手"好比集体的带路人。集体好不好，关键在领导。领导者的能力强弱，直接影响单位的全面建设和长远发展。因此，必须首先选好配强单位领导层，特别是一、二把手，起到把关定向和模范带头作用。五要固根底。水桶能否盛满水、盛住水，最终取决于是否有一个结实的桶底。基层的安全稳定对于一个集体来说，就像是一只木桶的底，没有牢固完好的桶底，出现漏洞，就会功亏一篑。因此，必须做好抓基层、打基础的工作，注重从源头抓起，从安全教育、安全训练、安全制度、安全环境、安全设施、安全责任等方面把单位建设的基础夯实打牢，确保长治久安。

鲶 鱼 效 应

　　挪威人喜欢吃沙丁鱼，尤其是活鱼，市场上活鱼的价格要比死鱼高许多。所以渔民总是千方百计地让沙丁鱼活着回到渔港。可是虽然经过种种努力，绝大部分沙丁鱼还是在中途因窒息而死亡。但却有一条渔船总能让大部分沙丁鱼活着回到渔港，该船长严格保守着秘密。直到船长去世，谜底才揭开。原来是船长在装沙丁鱼的鱼槽里放进了一条以鱼为主要食物的鲶鱼。鲶鱼进入鱼槽后，由于环境陌生，便四处游动。沙丁鱼见了鲶鱼十分紧张，为了躲过被吃的厄运，就必须在鱼槽内左冲右突，四处躲避，加速游动。这样沙丁鱼缺氧的问题就迎刃而解了，沙丁鱼也就不会死了。

　　"鲶鱼效应"，在管理学界用来比喻在单位或企业中，通过引进外来优秀人才，增加内部人才竞争，从而促进内部血液良性循环，其实质是一种负激励，是激活团队动力之奥秘。

　　沙丁鱼出现"由死到生"现象的原因，我们不妨做出推测与解析如下：沙丁鱼生性喜欢安静，追求平稳，从弱肉强食、危机四伏的海洋，来到没有争斗、安逸平静的船舱鱼槽里，由于没有了捕食者和凶狠的敌人，也就丧失了应有的警觉与动力，所以沙丁鱼在船舱的鱼槽里过不了多久就窒息死亡了。然而，鲶鱼的到来，使沙丁鱼求生的本能被充分调动起来，沙丁鱼在与鲶鱼的抗争的同时，也增强了自身的生命机能和氧气的流动，所以大多数沙丁鱼也就存活了下来。

"鲶鱼效应"无疑向我们揭示了"生命只有在优胜劣汰的竞争环境中，才能实现延续与发展"的自然生命法则。人跑得最快的时候，一定是有人追你的时候。这是因为我们每个人都具有无限的潜能。但又本能地贪图安逸和享受，所以只有当人们面临优胜劣汰的生存竞争时刻，才能充分激发和释放自己的能量。

"鲶鱼效应"启示领导者，一个人如此，一个单位、一个群体更是如此。如果前进中失去了竞争对手，没有了竞争和压力，就等于没有了挑战，也就丧失了前进的方向与动力，就会成为一群奄奄一息的"沙丁鱼"。

启示一，"生于忧患，死于安乐"。心理学家认为，压力带来适度的紧张，能够增强大脑的兴奋度，提高大脑生理机能，使思维更加敏捷，反应更加迅速，激发出平常不为所知的潜能和智慧，有时会带来意想不到的结果。适当的竞争就如催化剂，可以最大限度地激发潜能。当压力存在时，为了更好地生存发展下去，人们必然会比其他人更用功，跑得就越快；平静安逸的生活会让人们产生惰性，不思进取，最终导致失败、灭亡。"鲶鱼效应"适用于社会生活的各个领域，尤其在单位或企业内部人员管理中。无论是传统性团队还是自我管理型团队，时间久了，内部相对稳定的人员构成容易让部分成员产生倦怠感，缺乏活力，形成惰性。此时，如果领导者能适时找些外来的"鲇鱼"制造一些紧张的竞争氛围，就会促使原有的成员产生紧迫感而努力工作，以证明自己的能力。可见，适当的时候引入一条"鲇鱼"，在很大程度上能刺激团队战斗力的重新爆发，给整个团队带来创新并实现多赢局面。竞争就是打破一种僵化的状态，输入新的机制，而"鲇鱼效应"就是要改变"沙丁鱼群"的呆滞状态，使其能活跃起来，从而达到保存生命的目的。从这一点上说，"鲇鱼效应"就是一种竞争效应。人类的历史也可以说是一部竞争的历史，人类的产生、生存、发展，无一不是在竞争中实现的。达尔文的进化论说："物竞天择，适者生存。"人类正是在同自然界的竞争中发展壮大的。在这种竞争中，人类形成了生理、心理上的特质，从而更有力地征服自然。在人类与自然界竞争的同时，人类内部不同民族间也有着激烈的竞争，正是因为这样的竞争，人类在今天才会出现如此繁荣的景象。人类发展到高度文明的今天，竞争更起着重大的作用。当前，在激烈的政治、军事、经济的竞争中，一个国家只有成为强者，才能真正屹立于世界民族之林，一个单位或企业也只有成为强者，才能抢占制高点，赢得发展先机。

启示二，墨守成规必然导致僵化。对一个单位或企业而言，经过艰苦创业、持续竞争后，基本都形成了一套具有自身特点的管理方法。为数不少的单位或企业习惯了这种管理模式，试图依靠一种惯性思维，或者可以称为"习惯性意识"来构筑一种稳定和谐的内部环境。往往忽视了环境因素变更对传统规则的潜在性修改。对一个单位或企业而言，守旧、简单、粗放的管理理念是相当危险的，它会使思想和体制僵化，意味着创造性和开拓性的缺失，活力和竞争力已无形消退，其最终结果就像渔船上的沙丁鱼一样窒息而死，悄悄地退出历史舞台。当前形势下，各行各业面临着诸多的变数和挑战，要想生存，要想保持竞争力和生命力，首先要打破传统的管理模式，重思索，重拓展，重创新，要敏锐地意识到环境因素的变更带来的多方面影响，清晰地预见到"将如何"，并知道"该如何"，要像那位船长一样，果断地转变思维，采取措施，用一条小小的鲶鱼改变整个鱼槽的内部环境，彻底打破固有的"稳定"局面，增强创新活力，从而实现自身生存能力的全面提升。

启示三，漠视危机必然失去先机。人只有时刻具有危机意识，才能激发活力，不断创新；安而忘危，就会放松警惕，松懈斗志。因此，无论何时何地，要有如临深渊、如履薄冰的生存意识，奋发进取，勇往直前，否则就会被时代淘汰。危机更蕴含着机遇，一个单位或企业的生命力在于发展，而发展的根本出发点和最终落脚点在于强化内部管理。当面临着诸多方面的压力和挑战，如何做到在挑战中屹立不倒，其一就是要具备适度的危机意识。深层次思索即将面临的状况和解决方式，以避免危机来临时缺乏应对措施，从而促进单位或企业可持续发展。换句话说，危机意识从某种意义上说，扮演着负动力和助推器的角色。海明威在谈到自己的创作灵感和动力时这样说："我的方法是写作时只用一条腿站立。"这是作家胁迫灵感的做法，也充分体现危机氛围下所能激发的巨大爆发力。因此，适度的危机意识可以有效调动单位或企业的生命力和创造力，带来生机、发展的局面。

启示四，要善用"鲶鱼型"人才。"鲶鱼效应"是领导者激发下属活力的有效措施之一。它表现在两个方面，一个组织需要不断补充新鲜血液，把那些富有朝气、思维敏捷的年轻优秀人才引入团队直至管理层，给那些固步自封、因循守旧的懒惰下属带来竞争压力，唤起"沙丁鱼"们的生存意识和竞争求胜之心。"能受天磨真铁汉，不遭人嫉是庸才"。"鲶鱼型"人才大都在某些方面有特殊才能，他们工作积极主动、雷厉风行，富有活力和主见，善于将压力传导给他人，对工作创新能起到推动作用。但"鲶鱼型"人才也有明显的缺点，他们爱表现、爱较真，喜欢"挑刺"，甚至逆上级领导的"龙鳞"，因此，在领导提名、民意测验和民主推荐等方面的结果可能不尽如人意，这给他们的选拔重用带来了难题。对这样的人才，领导者要摒弃传统世俗陈见，尊其特点、容其个性、宽其缺点、用其所长、避其所短、容其所过，要力排众议、打破常规，加大竞争选拔干部力度，破格提拔重用他们。同时，要加强引导，争取将他们的缺点所产生的副作用降到最低，使他们更好地发挥带头领军作用。

启示五，要营造"鲶鱼型"环境。在一些单位中，存在着"一团和气"的工作局面，开展活动没有特色，办事效率低下，工作缺乏活力与创新。这种情况下，只有营造"鲶鱼型"环境，才能激活死气沉沉的"沙丁鱼"，增强单位的创新活力。因此，要广泛开展争先创优和"练兵"、"比武"活动，针对单位性质、特点，举办多种形式的竞赛评比活动。要大力营造与"鲶鱼"对话、交流、争论的民主氛围，唤醒"沙丁鱼"的生存意识和竞争意识。只要对工作发展有利，任何一种声音，无论正确与否，都要容忍它的存在，创造出一个"百花齐放、百家争鸣"的局面，这样才能有发明、有创造，才会有永不枯竭的发展动力。在我们身边，许多人端着"铁饭碗",安于现状,缺乏压力和动力,这时就要在队伍里放入"鲶鱼",使已经变得懒惰的群体活跃起来,最终形成一个你追我赶、争先恐后的生动局面。

鸟 笼 效 应

    1907年，美国著名心理学家威廉·詹姆斯从哈佛大学退休了，同时退休的还有他的好友物理学家卡尔森。一天，两人打赌。詹姆斯说："我一定会让你不久就养上一只鸟的。"卡尔森不以然地说："我不信！因为我从来就没有想过要养一只鸟。"没过几天，恰逢卡尔森生日，詹姆斯送上了礼物——一只精致的鸟笼。卡尔森笑纳了："我只当它是一件漂亮的工艺品"。从此以后，只要客人来访，看见书桌旁那只空荡荡的鸟笼，他们几乎都会无一例外地问："教授，你养的鸟什么时候死了？"卡尔森只好一次次地向客人解释："我从来就没有养过鸟。"然而，这个回答每每换来的却是客人困惑而怀疑的目光。无奈之下，卡尔森教授只好买了一只鸟。

    无独有偶，还有一个类似的中国故事：一个女孩子的男朋友送了她一束花，她很高兴，特意让妈妈从家里带来一只水晶花瓶。结果为了不让这个花瓶空着，她的男朋友必须隔几天就得送花给她。

综上两例，所谓"鸟笼效应"，即人们会在偶然获得一件原本不需要的物品，因这件物品又会自觉不自觉地添加更多自己不需要的东西，造成不必要的累赘和浪费。"鸟笼效应"也称"空花瓶效应"。

"鸟笼效应"是一个典型的心理现象，其原因是这样的：即使这个主人长期对着空鸟笼并不别扭，每次来访的客人都会很惊讶地问他这个空鸟笼是怎么回事，或者把怪异的目光投向空鸟笼，每次如此。终于他不愿意忍受每次都要进行解释的麻烦，丢掉鸟笼或者买只鸟回来相配。心理学家说，这是因为买一只鸟比解释为什么有一只空鸟笼要简单得多。即使没有人来问，或者不需要加以解释，"鸟笼效应"也会造成人的一种心理上的压力，使其主动去买来一只鸟与笼子相配套。实际上，在我们身边，包括我们自己，很多时候不都是先在自己心理挂上一只空鸟笼或是摆上一只空花瓶，然后再不由自主地朝其中填满一些东西吗？这是人们绝大多数时候采取的惯性思维，即人们习惯性地因循以前的思路思考问题，仿佛物体运动的惯性。

"鸟笼效应"启示领导者，惯性思维有时能够帮助我们快速认识周围世界，但也会使我们因循守旧、固步自封。为此，在合理利用惯性思维的同时，要突破惯性思维的禁锢，这样才能有所发明、有所创造、有所前进，而且我们应该少用"鸟笼逻辑"去推断别人，更不要使自己陷入"鸟笼逻辑"中，成为一个墨守成规、顽固不化的人。

启示一，深刻理解人性。虽然鸟笼与养鸟之间有一定关系，但是两者并不具备必然的联系。而故事中，看到鸟笼，众多客人都会问卡尔森教授养鸟的事情，客人的这种惯性思维方式，反映的是人性的弱点。人性是客观存在的，任何一个人，如果要想与别人很好地沟通，对人性的理解都是一门必修课。对于一个领导者来说，更是如此。进入21世纪以来，管理越来越扁平化，依靠组织职位和权力这种传统领导方式，已经逐渐不能适应现代发展的要求了。今天的领导者，要想做好对下属的工作，要拥有一定的软实力。除了一定的管理能力、专业能力和个人魅力之外，一个基本条件就是要对下属的个性和特点有充分的理解。企业销售领域有一句流行语："销售的是人而不是产品"，这句话确实有一定的道理。与客户建立彼此信任的人际关系之后，客户购买产品的可能性会大大增加；否则，如果客户都没有认可我们，那他购买产品的可能性就会大打折扣。越是高层的领导者，对人性的领悟越深刻，他个人魅力也就越高。许多领导者之所以成功，一个相当重要的原因，就在于他们是成熟的智者，对人性的领悟达到了一定的境界；反之，如果对人情世故的理解不够，那他很难去领导好一个单位或企业。

启示二，重审组织结构。上述故事中，本来卡尔森教授不必要去养鸟，然而，就是因为鸟笼的存在，最终他养了鸟。这让我们想起国内的一些企业，它们的个别部门是成本中心，而且对企业的销售额和利润贡献不大，成为闲置或多余的机构，甚至成为阻碍企业发展的累赘。如何解决这些问题呢？对那些尚未改制的国有企业而言，必须重新审视计划经济时代遗留的组织结构，做到政企分开，并严格以客户和市场为导向，来配置组织结构；对民营企业而言，在不同发展时期，企业的战略、方针、政策都会发生变化，可能有些部门已经不再适合公司发展的需要，有些事关重大的职能，也并没有在现有组织结构上体现出来，于是，组织结构要做相应的变革，许多部门和岗位也要随之调整或撤并。否则，机构重叠、人浮于事，必然造成工作效率和经济效益下降。

启示三，以岗定人为主，以人定岗为辅。在明确了组织结构后，还有一项重要的工作就是定岗定编。在这个问题上，有些企业比较盲目、仓促、随意，并未经过深思熟虑，结果往往是"决策拍脑袋、表态拍胸脯、事后拍屁股"。《孙子兵法》有云："多算胜，少算不胜，而况于无算乎！"对于岗位设置这一重大问题，应该从战略全局的高度科学、系统、统筹进行规划。以事定人、以岗定人，是企业定岗定编的基本原则。企业应在岗位配置和人数设置方面做好年度计划，并未雨绸缪，做好企业未来用人的中长期规划。既要保证有充足的人力资源去完成相关职能工作，又要避免人浮于事，无端增加企业的成本。以人定岗，是特殊情况下的权变之策。比如某些国有企业或政府事业单位，要为多余人才或部分弱势群体安排工作，于是就会单独设置一些部门或职位。

总之，"鸟笼效应"可以说明很多问题，对一个单位或企业而言，它说明战略发展规划应该和能力、资源相匹配，很多时候应该"顺势而为"，有什么样的能力、什么样的资源，就决定什么样的发展规模，防止贪大求洋，造成无谓的浪费。

旁观者效应

1964年3月27日出版的《纽约时报》在头版报道："在半个小时内，皇后区38位遵纪守法、人格高尚的居民，眼睁睁地看着一个杀手尾随并用刀子捅死一个女人，先后共袭击3次，都在克纽公园内……整个袭击过程中，没有一个人打电话报警，被袭击的女人死后，才有个目击者报警。"

那是1964年3月13日的凌晨，天气寒冷潮湿，吉娣·格罗维斯在一条静谧的林荫道上走向了人生的终点。跟往常一样，她先把自己的红色菲亚特汽车停在长岛火车站停车场，然后走向20英尺外的公寓。她就住在奥斯汀大街的克纽公园，小区绿树成荫，环境优美，交通也很便利，这里的业主也大都是富裕的中产阶级。

在酒吧工作的格罗维斯经常忙到深夜才回家，现在已是凌晨3点15分，她突然注意到有个黑影在迅速靠近，于是她开始跑，但是背后的那个男人跑得更快。在奥斯汀大街和莱弗茨大道的街角有个警察岗亭，她原本可以掉转方向前往求救。不过太迟了，刚跑到停车场尽头的路灯下，手握凶器的男人一把就抓住了她，向她后背猛刺了几刀，格罗维斯呼救着、惨叫着倒在地上，凶手逃离现场。然而 5 分钟后，格罗维斯挣扎着站起来，继续往公寓楼走，走了不远她就倒在了门厅前的地板上，这时，返回来的温斯顿·莫斯雷循着血迹找到了半昏迷的她。随后，他实施了强奸，还从她钱包里取走了 49 美元，最后又捅了她几刀，开车扬长而去。整个作案过程持续了 35 分钟，先后捅了 17 刀，直至格罗维斯停止呼吸。期间分别有 38 个邻居听到了呼救或眼睁睁看着吉娣·格罗维斯被害，却没有一个人救助或者打电话报警。之后，美国大小媒体同声谴责纽约人的异化和冷漠。

然而，生活在这个城市的两位年轻心理学家约翰·巴利和比博·拉塔内对报道中一概而论的说法颇为不满。他们都觉得对于旁人的无动于衷，还有更合理的解释。他们启动了一个广泛的旁观者针对紧急情形的反应调查实验：让 72 名不知真相的志愿者以一对一或四对一两种方式，与一个假扮的癫痫病患者保持距离，使用对讲机通话。在交谈过程中，当那个假病人大声呼救时，在一对一通话的那组有 85% 的人冲出工作间去报告有人发病，而四个人同时听到假病人呼救的那组，只有 31% 的人采取了救护行动。

这样，对克纽公园发生的凶杀而无人救护事件，有了令人信服的心理学解释，两位心理学家把它叫作"旁观者介入紧急事态的社会抑制"，简单地说就是"旁观者效应"。即在紧急情况下，由于有他人在场而没有对受害者提供帮助的情况。指在紧急事件中，由于有他人在场，而产生的对救助行为的抑制作用，旁观者越多，抑制程度越高。两位心理学家认为，正是因为一种紧急情形有其他的目击者在场，才使得每一位旁观者都无动于衷，"旁观者效应""可能更多的是在于旁观者对其他观察者的反应，而不可能事先存在于一个人'病态'的性格缺陷中"。

从某种意义上讲，频频出现的"血荒"，就是"旁观者效应"的困局。很多人并不是没有爱心、冷漠无情，他们在单个遇到需要献血救人时会毫不犹豫挺身而出，但面对常规献血，公民意识和社会责任就被稀释，产生一种"我不去献，也有别人去献血"的集体无意识。

"旁观者效应"给领导者的启示是现实而深刻的。

启示一，要深入剖析社会心理和体制根源。为什么旁观者在他人在场时不易提供救助？一是社会抑制作用（社会比较理论）。社会上每一个人对所发生的事情都有着一定的看法并采取相应的行动。但每当有其他人在场时，个体在行动前就比无人在场时更加小心地评估自己的行动，把自己准备做出的行为和他人进行比较，以防出现尴尬难堪的局面。比较结果是当他人都不采取行动时，就会产生对个体利他行为的社会抑制作用。二是社会影响结果（从众心理）。在一定的社会情景下，每个人都有一种模仿他人行为而行事的倾向，这种倾向在紧急情况下更加突出。也就是说，当在场的其他人无行动时，个人往往会遵从大家一致的表现，采取一种"不介入"的态度，这是由于周围环境或团体的压力产生的一种符合团体压力而改变自己态度与行为的从众社会心理现象。三是多数忽略。他人的在场和出现影响了个体对整体情境的认知、判断和解释，尤其是在紧急情况下对自己陌生的情况进行判断。人们既缺乏对行为措施的心理准备，也缺乏对行为的信息资料。因此，每个人都试图观察在场每个人的行为资料以澄清事情的真相和自己的模糊认识。从他人行为动作中，查找自己行为的线索和依据。四是责任扩散。在紧急情况下，当有他人在场时，个体不去救助受难者的（社会）代价会减少。见死不救产生的罪恶感、羞耻感和责任感会扩散到其他人身上，个体责任会相对减少。我们说，为了对处于困境中的他人提供帮助，个体必须感觉到自己有责任采取行动。但是，当有许多人在场时，就造成了责任扩散，即个体不清楚到底谁该采取行动。帮助人的责任被扩散到每个旁观者身上，这样每一个人都减少了帮助的责任，容易造成等待别人去帮助或相互推诿的情况。再一个解释是对社会举止失措的害怕。在紧急事态中，为了做出反应，就必须把自己正在做的事情停下来，去从事某种不寻常的、没有预料到的、超出常规的行动。在单个人时，他可以毫不犹豫地采取行动，但由于其他人的在场，他会比较冷静，观察一下其他人的反应，以免举止失措而受到嘲笑。

启示二，要继续深化领导体制改革。笔者由"旁观者效应"想到"十羊九牧"的故事。隋文帝取代北周政权后，恢复汉制，把国土重新划分成很小的郡县进行管辖，造成官员成倍地增加。忠臣杨尚希对此忧心忡忡，看到每年开销急剧增加就上书隋文帝。《隋书·杨尚希传》："当今郡县，倍多于古，或地无百里，数县并置；或户不满千，二郡分领；具僚以众，资费日多；吏卒又倍，租调岁减；精干良才，百分无一……所谓民少官多，十羊九牧。"隋文帝采纳了建议，取得了良好的效果。

一则统计资料显示：一个官吏，汉代管理 7945 人，唐代管理

3927 人，元代管理 2613 人，清代管理 911 人。我们今天一个干部管理不到 30 人，也就是说今天我国每 30 人中就有一名干部。这些数字的可靠性有待考证，但官冗之患，日见其甚了。

管理学大师彼得·德鲁克举过一个例子。他说在小学低年级的算术入门书中有这样一道应用题："两个人挖一条水沟要用 2 天时间，如果 4 个人合作，要用多少天完成？"小学生答案是"一天"。而德鲁克说，在实际管理过程中，可能要"一天完成"，可能要"4 天完成"，也可能"永远完不成"。这正好验证了管理学上著名的苛希纳定律：如果实际管理人员比最佳人数多 2 倍，工作时间就要多 2 倍，工作成本就要多 4 倍，如果实际管理人员比最佳人数多 3 倍，工作时间就要多 3 倍，工作成本就要多 6 倍。苛希纳定律说明了一个道理："人多心闲，闲必生事；民少官多，最易腐败。"由于实际管理人员数目多，诸多弊端由此产生，形成恶性循环。

"旁观者效应"告诉领导者，要想铲除"旁观者效应"和"十羊九牧"的现象，必须精兵简政，科学定编，寻找最佳的人员规模与组织规模，这样才能构建精干高效、成本合理的组织或团队。当前不少党政机关和企事业单位存在着一种不因事设人而因人设事的倾向，机构臃肿、层次重叠，职能交叉、人浮于事，造成袖手旁观、相互扯皮、效率低下。其主要表现在：机构设置庞杂、分工过细、人员过多、严重超出实际需要。这种状况，使企事业单位难以摆脱多头管理、交叉管理、审批环节多、手续复杂的困境，制约了企事业单位活力和市场竞争力。俗话说："鸡多不下蛋，人多瞎捣乱"，"三个和尚没水吃"。因此，必须给组织编制"消肿"、"瘦身"，明确管理人员的最佳人数。只有缩减不必要的机构层次和公务管理人员，才能减少工作时间和工作成本，提升效率和效益。

启示三，要进一步明确责任分工。 如果说巴利与拉塔内的实验侧重从定性的角度上揭示了人多不负责的现象，那么接下来我们介绍的法国人林格曼"拉绳实验"的结论则侧重从定量的角度上阐明人多不出力的现象：把被试分成一人、二人、三人和八人四个组，要求各组尽全力拉绳，同时用灵敏的测力器分别测量其拉力。结果，二人组的拉力只是单独拉绳时二人拉力总和的 95%；三人组的拉力只是单独拉绳时三人拉力总和的 85%；而八人组的拉力则降到单独拉绳时八人拉力总和的 49%。实践证明，在一起干活的人越多，偷懒的现象越严重。众所周知，人有与生俱来的惰性，单枪匹马地独立干活，干得好坏由自己负责，一般人都会竭尽全力。然而当集体在一起干活时，由于责任分解到大家身上，每个人的责任相对减少了，于是自然而然地会出现偷懒现象了。当责任分解到越多人身上，每个人的责任相对就越少，偷懒的现象就越严重。这是集体工作时存在的一种普遍现象，被称之为"社会浪费"。这一现象告诉领导者：人与人的合作不是人力的简单相加，而是要复杂和微妙得多。在人与人的合作中，假设每个人的能力都是 1，那么 10 个人的合作结果有时比 10 大得多，而有时比 10 小得多，甚至有时比 1 还要小。因为人不是静止的物，而更像方向不同的能量，相互推动时自然会事半功倍，相互抵触时则事倍功半，甚至能量内耗、一事无成。

所以，无论"旁观者效应"还是"拉绳实验"，都说明了一个普遍存在的"责任分散"现象。对某一件事来说，如果是单个个体被要求单独完成任务，责任感就会很强，会做出积极的反应；但如果要求一个群体共同完成任务，群体中的每个个体的责任感就会减弱，面对困难或遇到责任往往会退缩。因为前者独立承担责任，后者期望别人多承担责任。因此，"责任分散"的实质是人多不负责，造成责任不落实，而且法还不易责众。这说明，在主客观条件基本相同的情况下，为完成某一项任务，被落实责任的人数越少，责任就越容易落实，责任人付出的力量就越大，形成的合力也就越大；反之，被落实责任的人数越多，责任就越不容易真正落实，责任人付出的力量就越小，形成的合力也就越小。简单地说，在主客观条件基本相同的情况下，人越多越不负责任，责任人数量与无责任程度及形成的合力成反比。

真理往往是简单而朴素的。简单和朴素的真理又常常被忽视。我们必须正视"人多不负责"的现象，建立和完善各种科学而严格的责任制。当然，这并不否认"人多力量大"的存在，不是主张一切工作都只能由一个人负责，也不是主张一切工作的责任人越少越好，而是从实际出发，科学配置人数，并明确各自的职责分工，实行严格的问责、追责制。

泡 菜 效 应

　　西汉刘向的《列女传·母仪传》中记载了"孟母三迁"的故事：孟子小时候，父亲就去世了，母亲守节没有改嫁。他们家就住在墓地旁边，孟子经常和邻居的小孩一起学着大人跪拜、哭嚎的样子，玩起办理丧事的游戏。有一次，孟子的妈妈看到了，就皱起眉头：不行！我不能让我的孩子住在这里了！孟子的妈妈就带着孟子搬到集市旁边去住。到了那里，孟子又和邻居的小孩学起商人做生意的样子，一会儿鞠躬欢迎顾客，一会儿招待客人，一会儿与客人讨价还价，表演得像极了。孟子的妈妈知道了，又皱皱眉头：这个地方也不适合我的孩子居住！于是他们又搬家。这一次，他们搬到了学校附近，孟子跟学生们一起学习礼仪和知识，开始变得守规矩、懂礼貌、喜欢读书。这时候，孟子的妈妈很满意地点着头说，这才是我儿子应该住的地方啊！

　　一位生物学家在一家农场看见鸡群里有只老鹰，于是，他好奇地问主人："为什么'鸟中之王'会与鸡在一起呢？"主人说："因为我一直喂它鸡饲料，它从小就在鸡舍里长大，所以它一直不想飞，而且它根本就不认为自己是一只老鹰。"生物学家说："不过，它到底是一只老鹰，只要教，它应该就会飞的。"经过一番商量，两人准备将老鹰放飞。第一天失败了，第二天还是失败了，第三天，生物学家将老鹰带到了山顶上，鼓励它："你是一只老鹰，属于蓝天和大地，张开翅膀飞翔吧！"奇迹终于出现了——老鹰慢慢张开翅膀，冲向天际。

在日常生活中我们发现：同样的蔬菜在不同的水中浸泡一段时间后，分别在同样的条件下煮这些蔬菜，它们的味道是不一样的。这就是著名的"泡菜效应"。

"泡菜效应"说明，在不同的环境里，由于长期的耳濡目染，人的性格、气质、素质和思维方式等方面都会有明显的差别，这就是古人所说的"近朱者赤，近墨者黑"。

"泡菜效应"启示领导者，环境对人的成长具有非常重要的作用。

启示一，要慎重交友。 美国第 67 任国务卿希拉里早年在卫尔斯利女子学院读书。刚刚进入卫尔斯利女子学院的她感到了挫败感，自己到高中毕业都是周围人中的好学生，在学校备受瞩目，但现在却沦落为无人理睬的普通学生。不过，希拉里并没有被挫败感所击倒，她想用哈佛学子的学习方法来武装自己，使自己成为卫尔斯利的第一名。但是，哈佛学生一直以排外而闻名，其秘密学习俱乐部从来不接受外来的学生。于是，为了进入哈佛大学的秘密学习俱乐部，希拉里决定成为这个俱乐部成员的女朋友。过了一段时间，希拉里就成了哈佛大学三年级学生杰夫·希尔兹的女朋友，接着她又结识了男朋友的朋友。没过多久，她就成了男友所在的"哈佛书呆子俱乐部"的非正式成员。在与哈佛学生相处过程中，希拉里学会了新的学习方法和辩论方法。正是这一段不寻常的学习经历造就了希拉里最后的成功。希拉里为自己创造良好环境的方法，就是认识比自己更优秀的人。在"泡菜效应"的影响下，她获得了成功。当大多数女生都与和自己水平相近的朋友们在一起对明星、男生、美食或者时尚津津乐道、消磨时光的时候，希拉里却在和哈佛高才生们就政治、理念、时事等各类深刻的问题展开激烈的讨论和辩论。

当我们常接近品行好的人时，心中就会不自觉地生出见贤思齐的想法；当我们常接近品行坏的人时，就会容易受污染而变坏。我们生活的环境就像一个大染缸，很容易将形形色色的人同化在其中。如果我们处于修心重德的环境中，就会受到身边人的言行教化，自觉地约束自己，使自己身心不断成长；相反，假如我们处在道德颓废的环境中就会受到身边消极观念的影响，随波逐流。因此，要想有效地提升自我，就应净化自己的朋友圈，选择好自己的良师益友，这样我们的心灵才能得到升华。新的历史条件下，我们面临的形势和环境比任何时候都更加复杂，领导者由于身处的地位和手中的权力，成为一些不法分子和敌对势力拉拢腐蚀的重点目标，他们会想方设法淡化我们理想、弱化我们党性、颓废我们意志，因此，作为领导者，应切实强化政治敏锐性和鉴别力，净化自己的工作圈、生活圈和交际圈，远离低级趣味，自觉过好权力关、金钱关和美色关，增强抗干扰、抗侵蚀和拒腐防变的能力，始终保持蓬勃朝气、昂扬锐气、浩然正气和应有的政治本色。

启示二，要营造环境。恩格斯说："人创造环境，同样，环境也创造人。"环境对人的成长具有不可抗拒的影响作用，有人更是提出了"人是环境之子"的观点。《晏子春秋》里曾说："橘生淮南则为橘，生于淮北则为枳，叶徒相似，其实味不同。所以然者何？水土异也。"其实，人也一样，容易受到周边环境的影响。我们与什么人相处，就会养成什么样的习惯、品性，而这些行为特点，将会影响我们的一生。因此，我们应该给自己创造一个良好的环境，努力从周围的环境汲取营养，提升自我，惠及他人。哈佛大学的校训是："与柏拉图为友，与亚里士多德为友，更要与真理为友。"几百年来，哈佛大学以自己卓越的成绩向世人证明了"环境造人"。那里先后诞生了 8 位美国总统、40 位诺贝尔奖得主和 30 位普利策奖得主，被誉为"美国政府的思维库"。有人会问："为什么哈佛大学总是能取得佳绩呢？"哈佛大学第 23 任校长柯南特给出了答案："大学者，大师云集之地也，如果学校的教授是世界上最著名的，那么这所大学就是世界上最著名的大学。"哈佛大学为其学子创造的教学环境的确是世界一流的，所以，它诞生了一流的人才。"泡菜效应"似乎在哈佛大学得到了淋漓尽致的展现。

为此，领导者要重视单位环境和传统文化建设，重视通过良好的环境对全体成员耳濡目染，潜移默化的教育和熏陶。单位的硬件环境指一草一木、一砖一瓦、一楼一台和办公用品等；软件环境主要是指正确的舆论风气、文化传承、和谐的人际关系、民主管理方法、独特的精神风貌等。单位的良好环境，具有"润物细无声"的育人效果。为此，领导者要努力让硬环境整洁优美有序，让软环境充分体现人文精神，蕴含丰富的教育因素，从而给大家诗情画意、温馨怡人的感受和积极向上的氛围，充分发挥正能量对单位成员启迪智慧、塑造灵魂、激发斗志的作用。

启示三，要培育作风。领导者要转变领导作风，改进工作方法，以自身廉洁清正的良好形象和奋发有为的精神风貌影响和带动单位风气的形成。要坚决抵制各种歪风邪气和腐朽思想文化的侵蚀和影响，积极构建单位风清气正的政治生态；要努力塑造适合本单位性质和特点的价值观，加强对下属进行思想政治教育和优良传统教育，树立起艰苦奋斗、无私奉献、科学求实、开拓进取的良好风气和精神支柱；要在全系统形成尊重知识、尊重人才、尊重劳动、尊重创造的良好氛围，建立和完善有利于人才脱颖而出的公开、公平、竞争、择优的人才选拔任用机制，努力营造量才使用、用其所长，人尽其才、才尽其用的人才成长环境，真正让大家感受到创业有机会、干事有舞台、发展有空间；要真心实意地关心每位成员的进步，设身处地地帮助他们排忧解难，使大家在单位能够获得实现价值的愉悦感，贡献事业的成就感，获得尊重的荣誉感，组织关爱的自豪感。从而，在单位上下形成一种比学赶帮、争先创优、干事创业、发愤图强的良好风气。

皮格马利翁效应

　　古希腊有这样一则神话故事：塞浦路斯的国王皮格马利翁是一位有名的雕塑家。他精心地用象牙雕塑了一位美丽可爱的少女。他深深爱上了这个"少女"，并给她取名叫盖拉蒂。他还给盖拉蒂穿上美丽的长袍，亲吻它，每天用深情热爱的眼光欣赏它，拥抱它。他真诚地期待自己的爱能被"少女"接受。但它依然是一尊雕像。皮格马利翁感到很绝望，他不愿意再受这种单相思的煎熬，于是，他就带着丰盛的祭品来到阿佛洛狄忒的神殿向她求助，他祈求女神能赐给他一位如盖拉蒂一样优雅、美丽的妻子。他的真诚感动了阿佛洛狄忒女神，女神决定帮助他。

　　皮格马利翁回到家后，径直走到雕像旁，凝视着它。这时，雕像发生了变化，它的脸颊慢慢地呈现出血色，它的眼睛开始释放光芒，它的嘴唇缓缓张开，露出甜蜜的微笑。盖拉蒂向皮格马利翁走来，她用充满爱意的眼光看着他，浑身散发出温柔的气息。不久，盖拉蒂开始说话了。皮格马利翁惊呆了，一句话也说不出来。皮格马利翁的雕像成了他的妻子。

　　1960 年，哈佛大学的罗森塔尔博士曾在一所学校做过一个著名的实验：新学期，艾比·罗森塔尔与罗曼·雅格布森两位心理学家来到一所小学，他们从一至六年级中各选了三个班，在学生中进行了一次煞有介事的"发展测验"。然后，他们以赞美的口吻将有优异发展潜力的学生名单通知有关老师。一年后，他们又来到这所学校进行复试，结果名单上的学生成绩有了显著的进步，而且性格更加开朗，求知欲更强，敢于发表意见，与老师的关系也特别融洽。

实际上，这是心理学家进行的一次期望心理实验，他们提供的名单纯粹是随便抽取的。他们通过"权威性的谎言"暗示老师，坚定教师对名单上学生的信心，虽然教师始终把这些名单藏在内心深处，但掩饰不住的热情仍然通过眼神、笑容、音调浸润着这些孩子的心田，实际上他们扮演了皮格马利翁的角色。学生潜移默化地受到影响，因此变得更加自信，奋发向上的激流在他们的血管中荡漾，于是他们在行动上就不知不觉地更加努力学习，结果就有了飞速的进步。

综上两例，人们把由期望而产生实际效果的现象叫作"皮格马利翁效应"、"毕马龙效应"、"期待效应"或"罗森塔尔效应"。

"皮格马利翁效应"由美国著名心理学家罗森塔尔和雅格布森在小学教学上予以验证提出，指人们基于对某种情境的知觉而形成的期望和预言，会使该情景产生适应这一期望或预言的效应。

"皮格马利翁效应"启示领导者，信任和期望具有神奇的作用。

启示一，自尊心和自信心是人的精神支柱。"皮格马里翁效应"其实体现的就是暗示的力量，暗示作用往往会使别人不自觉地按照一定的方式行动，或者不加批判地接受一定的意见或信念。顽童当州长的故事是"皮格马利翁效应"的一个典型。

罗杰·罗尔斯出生在美国纽约的一个叫作大沙头的贫民窟。这里环境肮脏，充满暴力，是偷渡者和流浪汉的聚集地，在这儿出生的孩子耳濡目染，他们从小逃学、打架、偷窃甚至吸毒，长大后很少有人获得较体面的职业。1961年，皮尔·保罗被聘为诺必塔小学的董事长兼校长。当时正值美国嬉皮士文化流行的时代，他走进诺必塔小学的时候，发现这里的穷孩子比"迷茫的一代"还要无所事事。他们不与老师合作，旷课、斗殴，甚至砸烂教室的黑板，令人头疼。皮尔·保罗想了好多办法来引导他们，可是都没有奏效，后来发现这些孩子都很迷信，于是他在上课的时候就多了一项内容——给学生看手相，用这个办法来鼓励学生。一次当调皮的罗尔斯从教室的窗台上跳下，伸着小手走向讲台时，罗尔斯出乎意料地听到校长对他说："我一看你修长的小拇指就知道，你将来是纽约州的州长。"校长的话对他震动特别大。从此，罗尔斯记下了这句话。"纽约州州长"就像一面旗帜，带给他信念，指引他成长。他衣服上不再沾满泥土，说话时不再夹杂污言秽语，开始挺直腰杆走路。40多年间，他没有一天不按州长的身份要求自己，终于在51岁那年，他真的成了纽约州州长，而且是纽约州历史上第一位黑人州长。

由此可见，人的情感和观念，会受到别人下意识的影响。当人们怀着对某件事情非常强烈的期望的时候，我们所期望的事物就会出现。在现代企业里，"皮格马利翁效应"不仅传达了领导者对员工的信任度和期望值，还适用于团队精神的培养。在强者生存的竞争性团队里，许多员工虽然已习惯于单兵突进，我们仍能够发现"皮格马利翁效应"是有效的灵丹妙药。通用电气的前任 CEO 杰克·韦尔奇就是"皮格马利翁效应"的实践者。他认为，团队管理的最佳途径并不是通过"肩膀上的杠杠"来实现的，而是致力于确保每个人都知道最要紧的东西是构想，并激励他们去完成构想。韦尔奇在自传中用很多词汇描述过那个理想的团队状态，如无边界理论、"四 E"素质（精力、激发活力、锐气、执行力）等。以此来暗示团队成员"如果你想，你就可以"。在这方面，韦尔奇还是一个递送手写便条表示感谢的高手。这虽然花不了多少时间，却几乎总能立竿见影。因此，韦尔奇说：给人以自信是到目前为止我所能做的最重要的事情。

有"经营之神"美誉的松下幸之助也是一个善于用"皮格马利翁效应"的高手。他首创了电话管理术，经常给下属，包括新招的员工打电话。每次他也没有特别的事，只是问一下员工的近况如何。当下属回答还算顺利时，松下又会说：很好，希望你好好加油。这样使接到电话的下属每每感到总裁对自己的信任和看重，精神为之一振。许多人在"皮格马利翁效应"下，勤奋工作，逐步成为独当一面的人才，毕竟人的大部分潜能是沉睡的。

"皮格马利翁效应"启示领导者，切忌视别人的自尊心和自信心为儿戏，因为要想让一个人重建自信心不知比破坏一个人的自信心要难上多少倍。最残酷的伤害莫过于对自尊心、自信心的伤害。不论下属现在多么差，都要多加鼓励，最大限度地给予其尊重与信任，使其支撑起人生信念的风帆。

启示二，肯定与赞美，是人的进步动力。心理学家威廉·詹姆斯说过，人性最深切的渴望就是获得他人的赞赏。对一个人传递积极的期望，他就会进步得更快，而在充满信任和赞赏的环境中，人们容易受到启发和鼓励，往往向更好的方向努力，随着心态的改变，行动也越来越积极，最终做出更好的成绩。"美国钢铁大王"安德鲁·卡内基选拔的第一位总裁查尔斯·史考博说：我认为，我那能够使员工鼓舞起来的能力，是我所拥有的最大资产。而使一个人发挥最大能力的方法，是赞美和鼓励。再也没有比上司批评更能抹杀一个人的自信心……我赞成鼓励别人工作，因此，我急于称赞，而讨厌挑错。如果我喜欢什么的话，我是诚于嘉许，宽于称道。我在世界各地见到许多大人物，还没有发现任何人——不论他多么伟大，地位多么崇高——不是在被赞许的情况下，比在被批评的情况下工作成绩更佳、更卖力气的。史考博的信条同卡内基如出一辙。正是因为两人都善于激励和赞赏自己的员工，才稳固地建立起了他们的钢铁王国。在《孩子，我并不完美，我只是真实的我》这本书里，著名心理学家杰斯·雷尔评论说："对于人类的灵魂而言，赞美就如同阳光一样，没有它，我们便无法健康成长，不过，我们大部分人，只是敏于躲避他人的冷言冷语，却吝于将赞许的阳光给予他人。"特别是对于青少年来说，由于年龄小，心理幼稚，他们最强烈的需求和最本质的渴望就是得到别人的称赞。在不被重视和激励甚至充满负面评价的环境中，人往往会受到负面信息左右，对自己做出较低的评价，就会使人自暴自弃、放弃努力。人类本性中最深刻的渴求就是赞美。每个人只要能被热情期待和肯定，就能得到希望的效果。领导者应该而且必须赏识你的下属，把赏识当成管理工作中的一种需要。赞美下属会使他们心情愉快，工作更加积极，用更好的工作成果来回报你，何乐不为呢？很多时候，领导者与被领导者的关系，就像父母和孩子的关系——每个父母都希望自己的孩子越来越出色，但孩子的成长过程中离不开父母的肯定与赞美。同样，如果下属的正确行为得不到上级领导的及时肯定，那么，他在向正确的方向迈出更大的步子之前，会有所顾忌，唯唯诺诺。难怪《一分钟管理》的作者肯·布兰查德推荐管理者使用"一分钟赞美"。他说："抓住人们做对了事情的一刹那，你经常这么做，他们会觉得自己称职，工作有效益，以后他们很可能不断重复这些来博得赞美。"可见，身为领导者，要想打磨出优秀的下属，不可缺少肯定与赞美。明智的领导者真诚欣赏下属的每一次进步，在赞美过程中，强化下属的长处，弱化下属的短处，在潜移默化中让下属感知正确的做法。赞美和鼓励是引发一个人体内潜能的最佳方法。戴尔·卡耐基说过："当我们要想改变别人的时候，为什么不用赞美代替责备呢？纵然下属只有一点点进步，我们也应该赞美他，只有这样才能激励别人，不断改进自己。"尽管大多数领导者都知道赞美可以产生积极的力量和强大的信心，但只有少有领导者知道对下属行为持续赞美的重要性。如果领导者将下属平时的勤恳以及他们取得的成绩视为理所当然，而很少对他们表示赞美时，他们会从心底里记恨你。身为职场中人，需要得到领导肯定，这种肯定在他们内心深处会成为驱动他们更加积极向上的力量之源。

"皮格马利翁效应"启示领导者，要想让别人取得进步、走向成功，就不能只盯着别人的错误。一个成功的领导者，往往非常注重对犯错误的下属进行开导，他们会慎用批评、质问的语气，不会死死地将自己的目光锁定在下属的错误上。就是连一向以节俭闻名于世的洛克菲勒都告诉世人，他的成功秘诀不完全依靠自己的"吝啬"，更重要的是他从来不会在下属犯错误之后，只是盯着他们的错误加以指责。他的一位生意合伙人爱德华·贝佛由于一时大意，在南美经营一桩生意时出了差错，使公司一夜之间损失在南美投资的40%。几乎所有的人都认为贝佛一定要遭到洛克菲勒的责骂。但在事后，洛克菲勒只是拍着他的肩膀说："全靠你处置有方，保全了我们全部投资的60%，棒极了，我们没有办法做到每次都这么幸运。"这位因失败而受到赞扬的助手后来为公司屡创佳绩，成了公司的中坚人物。即使对下属的缺点或不足的批评，领导者也应该尽量在保护自尊心和自信心的前提下进行。我们都知道理发师在给别人刮胡子的时候，事先会在脸上涂肥皂水，这样在刮的过程中，才不会让人觉得疼痛。这是"肥皂水效应"，针对下属的缺点，领导者不妨把赞美当作"肥皂水"，这样会更有利于"剃下"下属的缺点和不足。

破窗效应

　　美国斯坦福大学心理学家菲利普·辛巴杜于 1969 年进行了一项实验。他找来两辆一模一样的汽车，把其中的一辆停在加州帕洛阿尔托的中产阶级社区，另一辆停在相对杂乱的纽约布朗科斯区。停在布朗科斯区的那辆，他把车牌摘掉，把顶棚打开，结果当天就被偷走了。而停在帕洛阿尔托的那一辆，一星期也无人理睬。后来，辛巴杜用锤子把那辆车的玻璃敲了一个大洞。结果，仅仅过了几个小时，车就不见了。

　　生活中，也经常有这样的例子：桌上的财物、敞开的大门，可能使本无贪念的人心生贪婪；对于违反公司章程或廉政规定的行为，有关组织没有进行严肃处理，没有引起员工的重视，从而使类似行为再次甚至多次发生；对于工作不讲求成本效益的行为，有关领导不以为然，使下属员工的浪费行为得不到纠正，反而日趋严重；一面墙上如果出现一些涂鸦没有及时清理掉，很快墙上就布满了乱七八糟的东西。而在一个很干净的地方，人们会很不好意思乱扔垃圾，但是，一旦地上有垃圾出现，人们就会毫不犹豫地随地乱扔垃圾，丝毫不觉得羞愧；一间房子如果窗户破了，没人及时修补，隔不久，其他窗户也会莫名其妙地被人打破。

所谓"破窗效应"，就是关于环境对人们心理造成暗示或诱导性影响的一种认识，指的是如果有人打破了一幢建筑物的窗户玻璃，而这扇窗户又得不到及时的维修，别人就可能受到某些暗示性的纵容，甚至变本加厉，去打烂更多的窗户。

据此，政治学家詹姆士·威尔逊和犯罪学家乔治·凯琳认为环境中的不良现象如果被放任存在，会诱使人们仿效，甚至变本加厉。以一幢少许破窗的建筑为例，如果破坏的窗户不被及时修理好，别人就可能打坏更多的窗户，久而久之，这些破窗户就会造成一种无序的感觉，结果在这种公众麻木不仁的氛围中，犯罪就会滋生、蔓延，使社会秩序遭到破坏。尽管"破窗效应"主要是从社会犯罪心理和行为上进行思考，但其道理对于社会各行各业的情况也同样成立。某种不良环境因素一旦出现，就会在心理上对人们产生相当程度的暗示性和诱导性，若不采取措施及时修复，第一扇被打碎玻璃的窗户，就难免会导致更多的问题出现，甚至引发严重危机。事实上，现实社会中的人群良莠不齐，往往存在一定的从众心理，有着若干人云亦云、不分善恶、盲目效仿的习气，所谓"三人成虎"、"谎言重复一千遍就是真理"，在一定意义上也表现出了与"破窗效应"相似的思想。

"破窗效应"启示领导者，要见微知著、防微杜渐，及时做好"亡羊补牢"的工作。

启示一，要警惕"破窗心理"影响。从"破窗效应"中，可以得出这样一个道理：任何一种不良现象的存在，都在传递着一种信息，这种信息会导致不良现象的无限扩散，同时必须高度警觉那些看起来是偶然的、个别的、轻微的过错，如果对这种行为不闻不问，熟视无睹，反应迟钝或纠正不力，就会纵容更多的人，去打烂更多的"窗户玻璃"，以致达到不可收拾的地步。"破窗"的出现，会助长人们四种心理的形成。一是"颓丧"心理。因为坏了的东西没人修、公家的东西没人管、环境遭破坏、制度无人遵守、有法不依、执法不严、腐败分子逍遥法外，所以对社会的信任度就会随之降低，对己、对人、对社会、对未来缺乏信心，怀有这种"颓丧"心理的人，即使有做人的法律底线、道德底线、良心底线，即使主观上绝不去做坏人，但是消极的言行自觉不自觉地道出一个人的情绪和境界来，对人和社会环境产生不利的影响。二是"弃旧心理"。怀有这种心理的人，往往是这样一种思维模式："既然已破废，既然没人管，那就随它去吧。"如果窗户仅仅是因为破损并且具有一定的修复价值就轻易弃掉，则是一种浪费；如果一项规定、制度、法律仅仅是因为执行的不力或遭到破坏就轻言放弃，就会给管理造成无序，给社会造成混乱。三是"从众心理"。良莠不分、盲目随从、消极规避风险与责任，甚至明知是错误的，却要"别人能够做，我就可以做；别人能拿，我也可以拿，不拿白不拿"，而不考虑行为的后果。四是"投机心理"。这是一种不想努力就要达到目的的歪曲心理，当看到有机可乘并且能够得到利益的时候，就会侥幸去试一试。"投机心理"有时是"从众心理"的阶段性、机会性的表现，看见别人这样做过了，静观其变，若无不良后果，认为时机成熟，便开始行动。这种非光明正大之人，往往是偷鸡不成蚀把米，甚至付出惨痛的代价。

当然，"破窗效应"也不是没有破解的方法，威尔逊和凯琳在提出这个理论的时候，是有前提的，一是出现"破窗"，二是"没有及时修复"。也就是说，只有在"破窗"没有得到及时修复的时候，"破窗效应"才会应验。

启示二，要打造"好窗"。"好窗"，就是质量高的、结实耐用的窗户。对于个人来说，就是要求领导者从我做起，从现在做起，从日常小事做起，修身立德，严于律己，"勿以善小而不为，勿以恶小而为之"，不断增强拒腐防变的能力，练就"金刚不坏之身"；对组织和团体来说，就是要营造良好的生活环境、文化氛围和工作秩序，完善制度体系和奖惩机制，弘扬新风正气；对于社会来说，就是要进一步建立和完善覆盖各行各业的法律法规，营造有法必依、执法必严、违法必究的法律环境，使"破窗"的违法行为不想为、不敢为、不能为，形成和谐稳定有序的政治局面。因此，"好窗"要精心打造，"好窗"贵在坚固。安全稳定工作是永恒的课题，既不能一劳永逸，又不能忙于"头痛医头，脚痛医脚"，必须注重打基础、固根本、管长远的制度建设，不断完善安全稳定的长效机制。"破窗效应"提示我们：任何制度都是脆弱的，没有完美和一成不变的制度，人的潜意识是无序的，当制度遭到破坏的时候，人们会倾向于违背制度，这就要求领导者要依据党纪国法和各项政策规定，结合不同时期的具体实际，建立完善或修改补充各项规章制度，解决好"无章可循"的问题；形成人人靠制度管、事事按制度办的局面，切实筑好"篱笆墙"，堵塞"老鼠洞"，使违法乱纪行为无机可乘、无空可钻。

启示三，要精心"护窗"。总结近年来"破窗效应"发生的原因，多与规章制度不落实有关。当前，各个方面都制定了一系列法律法规和规章制度，但很多制度只是讲在口上、写在纸上、贴在墙上，并未真正未落到实处，没有在实践中得到很好的遵守和执行。特别是受中国传统思想的影响，许多领导者对自身或本单位发生的违纪问题，以"家丑不可外扬"为名，遮丑护短。比如有的违法违纪行为没有按有关规定给予及时、有效的查处，没有对违法违纪当事人及潜在的违法者形成震慑，这样势必引起其他人效仿，也就是说，有章不循比无章可循危害更甚。因此，当前重点是抓好政策法规和各项规章制度的贯彻落实，解决好"有章不循"的问题。制度规章一旦出台，就要严格执行。领导者要敢于坚持原则，在政策法规面前要一视同仁，不打折扣、不开先例，对于无视党纪国法，破坏制度规矩的人和事，不管涉及哪一级、什么人，都要视其情节轻重给予处理，绝不姑息迁就，以实际行动维护法规制度的严肃性，确保党的路线方针政策的贯彻执行和经济社会的安全稳定。

启示四，要及时"补窗"。一项建设、一个制度如果出现纰漏，又不及时修补，将会带来更多的"破窗"者，从而导致整个建设垮塌和制度形同虚设，社会如此，一个单位也是如此，作为领导者，查漏补缺是应具备的能力之一，一个微小事件经过不断演变放大，在未来也许会造成巨大影响，甚至成为动乱决定因素。"破窗效应"启示领导者：如果不良现象和破坏因素出现，且没有得到及时有效惩处和制止，就会对人们的心理产生相当程度的暗示性和诱导性，若不采取措施及时修复第一扇被打破的"窗户"，就难免出现更多的问题，使更多的"窗户"被打破，甚至引起管理上的严重危机。在实际工作中，很多违法违纪行为具有反复性、动态性、连续性和顽固性的特点，如果我们不能及时修复被打破的第一扇"窗户"，不能及时有效地查处第一个打破"窗户"的人，这些违法违纪行为就可能产生反面示范作用，使相对人产生执法人员软弱、法不责众的错误认识，进而导致大规模、连锁性的违法违纪行为。对于大规模、连锁性的违法违纪行为，领导者又会觉得无法管理，难以管理，对此采取放任自流的态度，进而使执法执纪的权威性和政府公信力流失。等到问题特别严重，各方面反映强烈，领导者不得不对已成燎原之势的违法违纪行为集中整治时，一方面由于执法执纪难度增大，加剧了执法部门、人员与违法违纪当事人的对抗，会大大激化双方的矛盾；另一方面，执法成本也将增加，造成人力、物力、财力和资源的浪费。少数领导者错误地认为，党员干部队伍庞大、人数众多，一两个偶然的、轻微的违法违纪行为，无关紧要，不会影响大局。而事实恰恰相反，在群众眼中，每一个党员干部都代表着党和政府的整体形象。如果群众看到处事不公、徇私枉法，那么他们就会认为党员干部队伍都是这样，如果看到个别领导者利用职务之便贪污受贿，那么他们就会认为领导干部都会这样腐败，甚至整个官场都是腐败的，这其实就是"$100-1=0$"的道理。因此，在社会转型期，发展攻坚期，矛盾凸显期，领导者必须高度警觉那些看起来是偶然的、个别的、轻微的过错，必须积极主动地采取对策，及时矫正和查处已发生的问题，努力预防"破窗效应"的发生。

瀑 布 效 应

  《史记》记载了这样一个故事：平原君赵胜的邻居是个瘸子。一天，平原君的小妾在临街的楼上见到瘸子一瘸一拐地在井台上打水，大声地笑问："大哥，你能打得起水吗？要我帮帮忙吗？"瘸子顿感自己受到了极大的侮辱。这位"身残志坚"的仁兄心生不忿，于是找到赵胜反映这一情况，怒不可遏地要求赵胜杀了这个小妾。赵胜犹豫，此兄劝道："大家都认为平原君尊重士子而鄙贱女色，所以，士子们都不远万里来投奔您。我不过是有些残疾，却无端遭到你的小妾的讽刺、讥笑。所谓士可杀不可辱，请你为我做主。否则旁人会以为您爱色而贱士，从而离开您。"平原君这才醒悟，终于毅然杀了这个说话没有分寸的小妾，并登门道歉。

  正所谓"说者无心，听者有意"。一个人随便说出的话在另一个人心中掀起了"惊涛骇浪"。这种现象在心理学上被称为"瀑布效应"，即信息发出者的心理比较平静，但传出的信息被接收后却引起了接收者不平静的心理，从而导致其态度行为的极大变化，这种心理现象，正如大自然中的瀑布一样，上游平静，而到了某一峡谷即会一泻千里，浪花飞溅。

现实生活中，常常有这样的现象，你明明只是无心地说了一句话，却"有意"地伤害了别人，大有"一石激起千层浪"的意味。轻则引起对方反感，重则给自己引来灾祸。很多人也都有过被别人的"无心之言"刺伤的经历，如果你心胸开阔，很可能在愤恨不快之后原谅对方，但却不容易再喜欢他。而如果你心胸狭窄，则很可能为他一句话耿耿于怀一辈子。因此，在人际交往中，就需要谨言慎行，注意自己说话的分寸。因为每个人的承受能力都不一样，我们要针对不同性格的人，区别说话的方式方法，掌握语言技巧，尽量做到在山重水复中柳暗花明，在进退两难时左右逢源。

"瀑布效应"启示领导者，要想在管理教育工作中成为一位受欢迎的人，就要时刻提醒自己注意说话的技巧，不要犯无心伤人的错误。

启示一，知道哪些是说话的禁忌。并不是所有的话题在任何时间、任何地点都适合拿来公开讨论。因此，领导者要想在社交场合建立良好的口碑，赢得好人缘，必须知道下面几种说话的禁忌，从而在说话中避开"暗礁"。

1. 别把自己隐私拿出来大谈特谈。虽然说在与人交往时，适当地自我暴露可以拉近与对方的距离，但你的话题一直围绕着自己的隐私，就会引起对方的反感，让人觉得你是个没有分寸的人。

2. 不要询问他人的隐私，要记住"男不问收入，女不问年龄"。如果你在和对方谈话时需要问起这些，那么你需要先动一个大"手术"，因为问这些问题是无知和没分寸的表现。

3. 不要提别人的伤心事。不要和对方提起他所受的伤害，例如他离婚了或是家人去世等。若是对方主动提起，则需要表现出同情并听他诉说，但请不要为了自己的好奇心而追问不休。

4. 别总盯着别人的健康状况。有严重疾病的人，如癌症、肝炎等，通常不希望自己成为话题的焦点对象。不要做个"大嘴巴"，一看到病愈回来工作的人就大声"昭告天下"："老×，你的肝病治好了？"这是对人不尊重的表现。

5. 如果不是幽默，请终止。幽默是我们所提倡的，可不是每个人都会幽默。如果你的幽默言语通常让别人捧腹开怀，那么请继续；如果你的幽默会让别人铁青着脸离开，那么，最好打住。

6. 不要随便评价别人。如果你实在忍不住要谈论谣言，去找你最贴心的朋友，不要拉着一个陌生的人听你絮叨他不感兴趣的东西。

启示二，**掌握说话的分寸**。要使说话不失分寸，除了提高自己的文化素养和思想修养外，领导者还必须注意以下几点。

1. 维护别人的自尊心。自尊是件奇妙的东西，你正面攻击它，它反而更坚强，反倒是你若有若无的一句闲话就能将其击溃。所以，说话时，一定要在意对方的敏感点，比如对方身材矮小，就最好不要在谈话中提及身高的问题等。

2. 客观才能得人心。这里说的客观，就是尊重事实，实事求是地反映客观实际，应针对不同场合、对象，采取不同的表达方式。要善于说老实话，有些人喜欢主观臆测，信口开河，令人难以信服，领导者如果话难服众，则会一事无成。

3. 说话时要认清自己的身份。任何人在任何场合说话，都有自己的特定身份，也就是自己当时的角色地位。比如，在自己家庭里，对子女来说你是父亲或是母亲，对父母来说你又成了儿子或女儿。如用对子女的语气对老人或长辈说话就不合适了，因为这是有失尊重的；同理，如果用对下属的语气对领导和同事说话也是有失体统的。

4. 不要让自己过于情绪化。在社交场合，我们提倡待人接物方式以热情温和为佳，态度保持宠辱不惊，切勿太过兴奋或激动，以至于口不择言，伤害他人。

5. 注意语言的地域差异。不同地域存在不同的文化差异，在某些人看来很平常的说话方式却很可能会影响到对方的情绪。因此，建议在社交场合或日常管理教育工作中，最好仔细思量，了解对方禁忌后，以普通话和对方交流。

6. 善意很重要。所谓善意，也就是与人为善，说话的目的，就是要让对方了解自己的思想和感情。俗话说："好话一句三冬暖，恶语伤人六月寒。"在人际交往或领导工作中，如果把握好这些分寸，那么就掌握了礼貌说话的真谛。

启示三，尊重对方，态度谦和。会说话，说好话，也是一门艺术。掌握好语言的分寸，与人交往将会保持和谐愉快，有助于感情升温。在下面8条"最重要的字"中，有6条是由美国管理学专家雷鲍夫总结的，管理学将这8条"最重要的字"统称为"雷鲍夫法则"，还有人将此法则作为建立合作与信任的法则，或是交流沟通的法则，其核心内容概括为：尊重对方，态度谦和。

第一条，最重要的8个字是："我承认我犯过错误。"主动认错不仅是一种谦虚的表现，而且还要求执行者不断反省自身，能身体力行做到这一点，并且真正地发自内心，贯彻到底，往往会取得出人意料的良好效果。

第二条，最重要的 7 个字是："你干了一件好事。"在反省自身的同时，一定要注意回应别人的反应，学会关注，然后鼓励别人，是密切合作的第二条秘籍。

第三条，最重要的 6 个字是："你的看法如何?"在优秀的企业中，不可能是由老板操控一切，切记与人合作时应照顾别人的感受，集思广益才是成功之道。与人合作一定要做到用人不疑、疑人不用。

第四条，最重要的 5 个字是："咱们一起干。"在优秀的公司"咱们一起干"并不是仅仅说给合伙人听的，当然作为合伙人，往往要负更大的责任，但是一家公司要成功就必定要调动公司所有员工的积极性。如果可以让所有的员工都有与老板一起干的信心与决心，那么这必然是一家好公司。

第五条，最重要的 4 个字是："不妨试试。"与伙伴合作，归根到底还是为了让双方在各方面的互补性得到发挥。"试试"就是鼓励合作者不断地进行创新。"不妨"其实是这里的关键。不妨就是不要太在意结果，有创意就一定要付诸实施，只要敢试，就一定会有收获。

第六条，最重要的 3 个字是："谢谢您。""谢谢您"似乎是最常用的礼貌用语，但是到底要如何说出这个礼貌用语其实是一件非常艺术的事情。并非把"谢谢"挂在嘴边就可以了，真正说到人心里的"谢谢"是不需要用嘴表达的。

第七条，最重要的两个字是"咱们"；第八条，最重要的一个字是"您"。其实这两条最简单，但也最重要。一是要时刻记住你是在与人合作，任何事情都不要专断——"咱们"就是要有整体的概念；二是要时刻记得尊重你的合作伙伴——"您"不是"你"，就是尊重。

每个人的一生都在不停地与人合作，在合作中前进，在合作中成长，在合作中成功。那么如何才能赢得他人的合作呢？通过美国管理学家雷鲍夫给我们的建议，我们可以概括出以下的启示：尊重将要达成合作的人；多交换意见；多赞美对方；学会认错。只有这样才能避免"瀑布效应"，赢得事业成功。

齐加尼克效应

　　法国心理学家齐加尼克曾做过一次颇有意义的实验：他将自愿受试者分为两组，让他们去完成20项工作。其间，齐加尼克对一组受试者进行干预，使他们无法继续工作而未能完成任务，而对另一组则让他们顺利完成全部工作。实验得到不同的结果。虽然所有受试者接受任务时都显现一种紧张状态，但顺利完成任务者，紧张状态随之消失；而未能完成任务者，紧张状态持续存在，他们的思绪总是被那些未能完成的工作所困扰，心理上的紧张压力难以消失。也就是说，一个人在接受一项工作时，就会产生一定的紧张心理，只有任务完成，紧张才会解除。如果任务没有完成，则紧张持续不变。

　　齐加尼克还曾做过这样的实验：他让一个叫贝士的人连续去做一些工作，其中有些工作一次完成，而另一些工作则在中途强迫停止。实验结束后，齐加尼克让贝士回忆自己所做过的工作名称，结果发现，贝士首先回忆到的并不是那些已经完成的工作名称，而是那些被中止未完成的工作名称。那些被中止未完成的工作名称，贝士不仅回忆得快，而且回忆得又多又准。

在心理学上，这种因工作压力所导致的心理上的紧张状态，或对未完成的工作记忆深刻的现象被称为"齐加尼克效应"。

有些压力是良性的，它让我们振作、奋进。但更多的来自于我们感到自己无力控制的事务的压力，则往往导致"齐加尼克效应"，使我们更加疲劳。这种长期用脑过度，精神负担过重，引起能量减低而产生的疲劳是不能从休息中得到完全补偿的，久而久之，可诱发身心疾病。

"齐加尼克效应"启示领导者，要注意自身，同时也要指导帮助下属减轻工作上的压力，疏解心理上的紧张状态。同时，它对于领导者的管理、教育工作有着一定的指导作用。如果在管理、教育中积极主动地创造条件，科学地应用"齐加尼克效应"，对于激发大家的学习兴趣，增强对管理、教育内容的理解，培养分析问题解决问题的能力，都是十分有益的。

启示一，缩短工作时间，提高工作效率。随着现代科学技术的飞速发展和知识、信息量的增加，作为白领阶层的脑力劳动者，其工作节奏日趋加快，心理负荷日益加重。特别是脑力劳动是以大脑的积极思维为主的活动，一般不受时间空间的限制，是持续而不间断的活动，所以紧张也往往是持续存在的。在实际工作中，他们大多没时间完成一项工作，再去完成另一项工作，而是几项工作重叠在一起来完成，往往形式上是下班了，实际上还在思考问题，大脑并没有休息。诸如报社的编辑人员在出刊之前的"八小时之外"的时间里，仍然会考虑组织、编排等情况；项目的科研人员，所研究的课题经常会连绵不断地呈现在眼前……类似的情况也出现在医务人员、工程师、作家身上，那些尚未解决的问题或未完成的工作，会像影子一样跟随困扰着他们。这就提醒领导者，"五加二、白加黑"的疲劳工作法，特殊时期、个别情况下、急难险重任务时可以，但不应成为常态，平时不应提倡加班加点工作，更应表扬八小时之中提高工作效率者。当你或下属攻克了某个难关，或完成了一项重要工作，要尽可能安排一定时间的休息，有条件的可安排度假或旅游，使心情豁然开朗，愉悦之情油然而生，这种完成任务后的欢愉对缓解心理紧张，促进身心健康是极度有益的。

启示二，学会放松，善于自我调节。紧张的工作节奏和各种竞争，使脑力劳动者易于产生紧迫感、压力感和焦虑感，若处理不当或不能适应，则对很多心身疾病的产生、发展起着推波助澜的作用，甚至出现"过劳死"。既然压力是客观存在的，就应该以积极的态度去对付它。将焦虑、烦恼等劣性情绪强行积郁在胸显然不妥。心情不好或不稳定时，应尽量想办法"宣泄"或转移。如找知心朋友倾诉，一吐为快；或出去走走，看电影电视等。困难时要看到光明面，失败时要多看自己的成绩，从而增强自信心。这样有助于理清思路，排除困难，走出逆境。不论是领导者自身还是指导下属都要学会自我心理调适，缓解精神上的紧张状态。"文武之道，一张一弛"。在极度紧张时，应力求降低应急的阈值，给自己"减压降温"，无论工作多么繁忙，每天都应留出一定的休息时间，抽空散散步，活动活动筋骨，尽量让精神上绷紧的弦有松弛的机会。为此，应科学安排工作、学习和生活，实事求是地制定工作计划和目标，并适当留有余地。有条件的单位可以每年轮流安排人员外出旅游、度假。对待业绩上的指标不必耿耿于怀，亦不要为自己根本无法实现的"宏伟目标"而白白地耗尽心血，弄得筋疲力尽。

另外，可以尝试"精神胜利法"。鲁迅笔下的阿Q常用"精神胜利法"自我解嘲，这种方法实质上是一种自我暗示，对我们现代人亦不无裨益。自我暗示是用本人的认知、言语、思维等心理活动来调节和改变身心状态的心理过程。运用积极乐观的自我暗示法，进行自身心理系统的调节，能化被动局面为主动局面，收到特殊的调节效果。

启示三，养成文体锻炼的习惯，培养业余爱好。领导者在部署工作、生产任务中，应每天安排一小时左右的休息、锻炼和放松时间，也让下属根据自己的情况灵活掌握锻炼时机。锻炼项目可选择跑步、快走、太极拳、广播操、球类等，对脑力劳动者来说，体育锻炼既可放松身心，又能增强体质，还能促进工作，提高生产效率。领导者还应引导下属培养一项以上的业余爱好。脑力劳动者的业余爱好可作为转移大脑"兴奋灶"的一种积极休息方式，有效地调节大脑的兴奋与抑制过程，进而消除疲劳，改善情绪，从紧张、乏味、无聊的小圈子中解脱出来，进入一种生机盎然的境界。业余爱好的内容应是广泛的，诸如琴棋书画、养鸟养鱼、花卉盆景、写作、旅游、垂钓或听听音乐、唱唱歌、跳跳舞等，领导者可指导下属根据自己的兴趣选择适当"投资"，最好形成规律，养成习惯，以缓解紧张感。

青 蛙 效 应

19世纪末，美国康奈尔大学曾进行过一次著名的"青蛙试验"：他们将一只青蛙放进煮沸水的大锅里，青蛙触电般地立即蹿了出去。后来，人们又把它放进一个装满凉水的大锅里，任其自由游动。然后用小火慢慢加热，青蛙虽然可以感觉到外界温度的变化，却没有立即往外跳，直到后来热度难忍想跳出时，却失去逃生能力而被煮熟。科学家经过分析认为，这只青蛙第一次之所以能"逃离险境"，是因为它受到了沸水的剧烈刺激，于是便使出全部的力量跳了出来，第二次由于没有明显感觉到刺激，因此，这只青蛙便失去了警惕，没有了危机意识，它觉得这一温度也是适合的，然而当它感觉到危机时，已经没有能力从水里逃出来了。

"青蛙效应"，是指把一只青蛙放进沸水里，它因感受到巨大的痛苦便会用力一蹬，跃出水面，从而获得生存的机会；当把一只青蛙放在一盆凉水里并逐渐加热时，由于青蛙已慢慢适应了水温，所以当温度升高到一定程度时，青蛙便再也没有力量跃出水面，于是，青蛙便在舒适之后被烫死了。

事物的发展是一个由量变到质变的缓慢过程，青蛙所处的冷水变温水、温水变热水的过程就是量变的过程，这一过程是渐进的，水温对青蛙的伤害是轻微的，轻微得使青蛙几乎感觉不到。然而，正是由于这个渐进的、轻微的变化，才使青蛙放松了警惕，而水温发生质的变化，即水温高于100℃时，青蛙即使想跳出去也无力回天了。

人们的"目光"是有限的，往往只看到局部，而无法纵观全局，只顾眼前，无力预测长远，对于突如其来的变化，可以从容面对，对于悄悄发生的变化，而不易察觉，那种缓慢而又细微的隐患，最终会给我们带来灭顶之灾。晚唐诗人杜荀鹤有诗道："泾溪石险人兢慎，终岁不闻倾覆人。却是平流无石处，时时闻说有沉沦。"意思是说，在"泾溪石险"之地，人们因为小心谨慎，没有发生危险；而在"平流无石"之地，却时常出现淹亡事故。

"青蛙效应"启示领导者，一个组织和社会生存的主要威胁，并非来自突如其来的事件，而是由缓慢渐进无法察觉的过程形成。

启示一，要增强忧患意识。"青蛙效应"强调的是"生于忧患，死于安乐"的道理。日常生活中，人们对突如其来的刺激或强敌，往往能毅然奋起，发挥出意想不到的潜力，而慢慢地腐蚀却往往使人防不胜防。革命战争年代，我们的一些领导者在拿枪的敌人面前英勇奋战；但在"糖衣炮弹"面前却打了败仗。一些领导者总认为吃点、喝点、拿点不是什么大问题，久而久之，在犯罪的泥潭中越陷越深，而不能自拔。另外，人天生是有惰性的，总愿意安于现状，墨守成规，不到迫不得已多半不愿意去改变现有的状况。若领导者长期沉迷于这种舒适、安逸的生活，就往往忽略了周遭环境变化，当危机到来时就像那青蛙一样只能坐以待毙。回顾过去，当我们遇上猛烈的挫折和困难时，常常能激发自己的潜能，可一旦趋向平静，便耽于安逸、享乐的生活，满足现状，不思进取，久而久之，失败便成定局。一个企业就像人一样，如果他陶醉在已有的"卓越"中，那么就会走下坡路。可口可乐，作为世界软饮料行业最卓越的公司。罗伯特·戈伊苏埃塔接任可口可乐的 CEO 时，他向高层主管们提出了这么几个问题："世界上44 亿人口每人每天消耗的液体饮料平均是多少？""64 盎司。""那么，每人每天消费的可口可乐又是多少呢？""不足 2 盎司。""那么，在人们的肚子里，我们市场份额是多少？"罗伯特·戈伊苏埃塔这一系列问题正是说明一个企业和个人都应该时刻充满危机感和不满足感。今天的成功并不意味着明天的成功。你只有不断地保持自己强烈的忧患意识，才不会在各方各面的竞争中被淘汰；只有时刻保持危机的心态，才能在真正危机到来时，临危不乱，化险为夷。

启示二，要做到居安思危。企业竞争环境的改变大多是渐进式的，如果领导者与员工对环境的变化没有丝毫察觉，最后就会像这只青蛙一样，面临巨大危险仍不自觉。因此，企业领导者应居安思危，适时宣扬危机，适度加压，才能使处危境而不知危险的人猛醒，不断加快脚步，超越自己，超越过去。被同行业称为"大哥大"的小天鹅全自动洗衣机，销量在全国连续多年保持第一，并成为国内洗衣机行业首家利润过亿元的企业。然而，这个行业的"排头兵"却在大好形势下，充满了危机感，采取令人警醒的"末日管理法"来鞭策自身不断进取，向世界高水准冲刺。集团董事长朱德坤对员工有一个很有意义的要求：要唱好两首歌，一首是《中华人民共和国国歌》，一首是《国际歌》。他强调，小天鹅集团的处境就像国歌里唱的那样"到了最危险的时候"，唱《国际歌》就是要大家明白"世上没有救世主"、"全靠自己救自己"的道理。朱德坤认为，一个没有危机感的企业，是没有希望的企业。小天鹅集团每个人的心中，始终充满了危机意识。他们认为，众多企业在市场大潮中都领过风骚，有的青春常在，但有的却昙花一现，其原因在于经营者有没有高度的责任感和强烈的危机感。因为，一种产品的销量愈是接近鼎盛期，也就愈接近衰退期。所以，不管企业取得多大成绩，一定要保持清醒头脑，要时时刻刻与国内、国外同行中的先进企业比。只要世界上有一个企业排在你的前面，你就是落后的，就必须毫不松懈地追赶对方。小天鹅集团把这种危机意识融入决策、生产、销售、服务等各个环节之中，并在班子建设、人才培养、新产品研发等方面做了许多超前性工作，使之不但连连保持全国销量第一，而且产量和销量双双增加。事实上，造成危机的许多诱因早已潜伏在一些企业日常的经营管理之中，只是由于这些企业领导者麻痹大意，缺乏危机意识，对此没有足够的重视。有时，看起来很不起眼的小事，经过"连锁反应"、"滚雪球效应"、"恶性循环"，有可能演变成摧毁企业的危机。比尔·盖茨有一句名言："微软离破产永远只有 18 个月。"企业要避免"青蛙效应"，首先要求其最高管理层具备危机意识，企业才不致在战略上迷失方向，不经意之间陷入危机之中。值得重视的是，危机管理并非只是企业最高管理层或某些职能部门，如安全部门、公关部门的事情，而应成为每个职能部门和每位员工共同面临的课题。在最高管理层具备危机意识的基础上，企业要善于将这种危机意识层层传导，使每位员工都居安思危，提高员工对危机发生的警惕性，使危机管理能够落实到实际工作中，确保警钟长鸣。

情 绪 效 应

有这样一则寓言故事：一天早晨，有位智者看到死神向一座城市走去，于是上前问道："你要去做什么？"死神回答说："我要到前方那个城市里去带走 100 个人。"那个智者说："这太可怕了！"死神说："但这就是我的工作，我必须这么做。"这个智者告别死神，并抢在他前面跑到那座城市里，提醒所遇到的每一个人：请大家小心，死神即将来带走 100 个人。第二天早上，他在城外又遇到了那个死神，带着不满的口气问道："昨天你告诉我你要从这儿带走 100 个人，可是为什么有 1000 个人死了？"死神看了看智者，平静地回答说："我从来不超量工作，而且也确实准备按昨天告诉你的那样做，只带走 100 个人。可是恐惧和焦虑带走了其他那些人。"

古代阿拉伯学者阿维森纳，曾把一胎所生的两只羊羔置于不同的环境中生活：一只小羊羔随羊群在水草地快乐地生活；而另一只羊羔在其他地方固定喂养，并在其旁边拴了一只狼，小羊总是感到自己面前那只野兽的威胁，在极度惊恐的状态下，根本吃不下东西，不久就因恐慌而死去。

后来，医学心理学家还用狗做嫉妒情绪实验：把一只饥饿的狗关在一个铁笼子里，让笼子外面另一只狗当着它的面吃肉骨头，笼内的狗在急躁、气愤和嫉妒的负面情绪状态下，产生了神经症性的病态反应。到了现代，随着医学科技的发达，美国一些心理学家以人为对象，进行了一次类似的实验，他们把生气的人血液中含有的物质注射在小老鼠身上，并观察其反应。初期这些小鼠表现呆滞，胃口尽失，整天不思饮食，数天后，小老鼠就默默地死去了。

美国生理学家爱尔马也做过实验：他收集了人们在不同情况下的"气水"，即把悲痛、悔恨、生气和心平气和时呼出的"气水"做对比实验。结果又一次证实，生气对人体危害极大。他把心平气和时呼出的"气水"放入有关化验水中沉淀后，无杂无色，清澈透明，悲痛时呼出的"气水"沉淀后呈白色，悔恨时呼出的"气水"沉淀后则为蛋白色，而生气时呼出的"气水"沉淀后为紫色。把"紫色气水"注射到大白鼠身上，很快，大白鼠就死了。由此，爱尔马分析：人生气（10分钟）会耗费大量人体精力，其程度不亚于参加一次3000米赛跑；生气时的生理反应十分剧烈，分泌物更复杂，更具毒性。

在非洲草原上，有一种不起眼的动物叫吸血蝙蝠。它身体极小，却是野马的天敌。这种蝙蝠靠吸动物的血生存，它在攻击野马时，常附在马腿上，用锋利的牙齿极敏捷地刺破野马的腿，然后用尖尖的嘴吸血。野马受到这种外来的攻击后，马上开始蹦跳、狂奔，但却无法驱逐这种蝙蝠。蝙蝠却可以从容地吸附在野马身上，落在野马头上，直到吸饱血，才满意地飞去。而野马常常在暴怒、狂奔、流血中无奈地死去。动物学家在分析这一现象时，一致认为吸血蝙蝠所吸的血量是微不足道的，远不会让野马死去，野马的死亡是它自己的愤怒和狂奔所致。对上述野马来说，蝙蝠吸血只是一种外界的挑战，是一种外因，而野马对这一外因的剧烈情绪反应导致的内因变化，才是野马死亡的真正原因。

人也是一样，在现实生活中难免会遇到不顺心的事，如不能宽容待之，一时情绪激动，甚至暴跳如雷，大发脾气，会严重危害自身健康。动辄生气的人很难健康、长寿，很多人其实是"气死的"。于是人们把因小事而大动肝火，以致因别人的过失而伤害自己的现象，也称为"野马结局"。从医学上看，一个人大发脾气或生闷气时会让人体生理上产生一系列变化和反应，致使人体各部损伤，甚至危及生命。

综上所述，"情绪效应"又称"情感效应"，是指一个人的情绪状态，不仅影响自身健康，还可以影响到对人今后的评价。尤其是在第一印象形成过程中，主体的情绪状态更具有十分重要的作用，第一次接触时主体的喜怒哀乐对于与对方关系的建立或是对于对方的评价，可以产生不可思议的差异。与此同时，交往双方可以产生"情绪传染"的心理效果。主体情绪不正常，可能引起对方的不良反应，这就会影响良好人际关系的建立。因此，领导者在对外交往和对下属进行管理教育时，一定要注意管理好自身的不良情绪，保持双方在平等和睦的气氛中交流和相处，这样才能收到良好的效果。

"情绪效应"启示领导者，应该具备很强的情绪管控能力，否则会直接影响到团队的和谐氛围、人员士气和工作效率。

启示一，学会识别自己的情绪。人们在社会生活中，与周围环境发生相互作用的时候，每时每刻都会从外界接受大量的信息，经过大脑的加工，对信息做出主观评价，并采取相应的态度，这就必然要产生相应的情绪体验和反应。这些情绪有些是正面的、积极的，包括友爱、宽容、希望、信心、同情、忠诚、愉悦7类；有些是负面的、消极的，包括恐惧、仇恨、愤怒、贪婪、嫉妒、报复、迷信7类。这14种情绪经常彼此组合，成为人生计划成功和失败的关键。识别情绪是提高情绪管理水平的先决条件，而我们要努力做到的是，面对任何问题与挑战，都不要在识别情绪之前就作出决定。另外，人的情绪也是有周期性的。一个完整的情绪周期，将依次经过高潮期、临界期、低潮期，然后再进入临界期、高潮期，循环反复。当处于情绪高潮期时，心情愉快，与人相处融洽，办事效率高；当处于情绪低潮时，情绪低落，信心不足，工作容易出现差错和事故；当处于情绪临界期时，心情烦躁，情绪不稳，容易冲动。科学研究表明，人的情绪周期与生俱来，从出生的那一天开始，一般以28天为一周期，周而复始，循环往复。每个周期的前一半时间为"高潮期"，后一半时间为"低潮期"。在高潮期与低潮期之间，称为"临界期"，一般为2—3天。情绪临界期虽然持续时间短，但对人的影响非常大，我们所做出的冲动的、伤害性的、攻击性的事件往往就发生在这个阶段。经过平时仔细体会和总结之后，我们可以掌握自己的情绪"晴雨表"，对思想中产生的各种情绪保持高度的警觉性，视其对心态的影响是好是坏而决定是接受还是调整。

　　启示二，学会调整自己的情绪。不良情绪长期压抑会导致心理和生理上的病变，所以我们要学会运用合理的调整方法，排除不良情绪的传染。一是倾诉调节法。可以向家人、朋友和领导诉说。二是痛哭调节法。从科学角度看，哭是一种有效的解除紧张、烦恼与痛苦的办法。三是运动调节法。事实证明，剧烈运动可以改变不良情绪。四是音乐调节法。音乐可以使人的精神放松，舒缓激动情绪。五是学会"尽管……但是……"碰到问题，在我们大脑里闪现的第一个念头，就是我们对这件事情的情绪反应，这一念头往往比较冲动，也最容易造成误会。我们的情绪处于失控的边缘时，一定要让自己稍微冷静一下，学会用"尽管……但是……"来开导自己，不要在自己情绪激动时作出决定，在处理事情之前，切记先调整好自己的情绪，因为只有拥有一个好的心态，才能防止我们做出情绪化的、不理智的行为。类似的方法还有很多，效果也因人而异，领导者应在生活中注意总结适合自己的方法，来驾驭和调整自己的情绪，不要因为自己的消极情绪给下属造成不良影响。

　　启示三，学会理解他人的情绪。与下属很好地沟通，是一个优秀的领导者应具备的基本素质。而沟通的前提和基础就是能够领会他人的情绪。领会情绪的方法是多样的，看一个人的表情，听一个人的语气，观察一个人的肢体语言，这些都可以从某个侧面反映出一个人的内心世界。然而，成年人往往习惯于掩饰自己的真实情绪，下属在领导者面前尤其如此。如果单凭观察的方法，就稍显简单肤浅了。所以，要想真正地体察他人的情绪，就必须有"同理心"。"同理心"指的是体会他人的立场和感受，站在他人的角度思考和处理问题。现实生活中常常说的"人同此心，心同此理"，强调的就是"同理心"。无论在日常工作中还是在生活中，凡是有"同理心"的人，都是乐于理解和帮助他人的人。这样的人普遍受到大家的欢迎，也容易获得大家的信任。这里的"信任"不是指个人能力方面的信任，而是指人格、态度或价值观方面的信任，这种信任的获得会让对方主动打开心锁。这对于领导者领会他人的情绪来说，不失为一种莫大的帮助。

启示四，学会运用"情绪指数"。人们的情绪是不断变化的，人的情绪的高低可用情绪指数来表示，其公式为：情绪指数＝实现值／期望值。当期望值小于实现值的时候，情绪指数＞1。由于内心欲望得到满足，人的情绪就呈现兴奋状态。而且情绪指数越大，人的情绪就越兴奋；相反，当情绪指数＜1，期望值大于实现值的时候，由于内心欲望没有得到满足，情绪就会呈现压抑状态，而且情绪指数越小，情绪就越低落。人们的情绪不仅受实现值的影响，而且受期望值的制约。例如，同样加一级工资，有人欢天喜地，有人怨气冲天，其原因就是各人原先的期望值不同。因此，领导者要合理运用情绪指数，激发团队成员的积极性。其具体方法有以下几种：一是确定适宜的期望值。确定工作目标时，这个目标应当是经过努力可以实现的。过高的目标不但不会激发人们的热情，反而会使得人们因为承受了过大的压力而心灰意懒。二是运用"层次期望"。所谓"层次期望"，就是把期望分成若干层次，一般分为基本期望和争取期望，这样比只有一种期望更具有灵活性和主动性。在期望的实现过程中，人们就可以不断获得成就感，由此不断激发出更高的热情和更大的潜能。

总之，对一个团队来说，领导者的情绪状态影响着团队成员的感受，并进而影响着整个团队的表现和业绩。因此，领导者必须学会情绪管理的基本技能，这是决定领导者个人以及整个团队成功与否的重要因素。

权 威 效 应

　　南朝刘勰写出《文心雕龙》后无人重视，他请当时的大文学家沈约审阅，沈约不予理睬。后来他装扮成卖书人，将作品送给沈约。沈约阅后评价极高，于是，该作品成了中国文学评论的经典名著。

　　举世闻名的航海家麦哲伦正是因为得到了西班牙国王卡洛尔·罗斯的大力支持，才完成了环球航行的壮举，从而证明了地球是圆的，改变了人们一直以来天圆地方的观念。麦哲伦是怎样说服国王赞助并支持自己的航海事业的呢？原来，麦哲伦请了著名地理学家路易·帕雷伊洛和自己一块去劝说国王。那个时候，因为哥伦布航海成功的影响，很多骗子都觉得有机可乘，于是就都想打着航海的招牌，来骗取皇室的信任，从而骗取金钱，因此国王对一般的所谓航海家都持怀疑态度。但和麦哲伦同行的帕雷伊洛却久负盛名，是人们公认的地理学界的权威，国王不但尊重他，而且非常信任他。帕雷伊洛给国王历数了麦哲伦环球航海的必要性与各种好处，让国王心悦诚服地支持了麦哲伦的航海计划。正是因为相信权威的地理学家，国王才相信了麦哲伦，正是因为权威的作用，才促成了这一举世闻名的成就。事实上，在麦哲伦的环球航行结束之后，人们发现，那时帕雷伊洛对世界地理的某些认识是不全面甚至是错的，得出的某些计算结果也与事实有偏差。不过，这一切都无关紧要，国王正是因为权威的影响——认为专家的观点不会错——从而阴差阳错地成就了麦哲伦环绕地球航行的伟大成功。

"权威效应"，又叫"权威暗示效应"，是指一个人要是地位高、有威信、受人敬重，那他所说的话及所做的事就容易引起别人重视，并让他们相信其正确性，即"人贵言重"。

"权威效应"在社会生活中是司空见惯的一个心理效应，可以说，在人类社会，只要有权威存在，就会有"权威效应"。现实生活中，利用"权威效应"的例子很多，比如做广告时请名人赞誉某种产品，在辩论说理时引用权威人物的话作为论据等，公司大都愿意请名人题名、剪彩，很多书籍也喜欢请名人题签作序……这一切，都是"权威效应"在起作用。在人际交往中，利用"权威效应"，还能够达到引导或改变对方的态度和行为的目的。但"权威效应"也有消极的一面，例如以权威人士名望来压人、唬人，是"拉大旗，做虎皮"的伎俩。一旦权威人物倒下，必然引起声誉、效益的下滑。

"权威效应"既有组织赋予的权力，也蕴含着领导者自身的人格魅力。领导权威是指领导者在被领导者心目中的威望和地位。权威不等于权力，权力是与职务相联系的，职务一旦确定，权力随之获得。所以，权力属于一种外在的力，具有刚性特征。权威则是领导者与被领导者相互发生作用的过程中自然产生的，来自于领导者个人内在的实力和人格，是一种内在力，具有柔性特征。权威的大小取决于领导者在被领导者心目中的认可度、接受度。

"权威效应"启示领导者，除了上级赋予的职务中应有的权力外，应着重提升自己的非权力影响力。

启示一，以高尚的道德情操赢得下属的尊敬。领导者可以利用"权威效应"去引导和改变下属的工作态度以及行为，这往往比命令的效果更好。所以，一个优秀的领导肯定是一个单位的权威，他应该善于利用"权威效应"进行领导。在日常管理教育中，领导者的一言一行都被下属看在眼里，你怎么做，下属就会跟着模仿，你怎么想，下属也会朝着那个方向想。因为领导在下属心里是一个正确性的标志，"领导都那样做了，那就肯定有些道理。"所以，如果一个领导做得好，那他在下属心里就是一个榜样，如果领导做得不好，那就成了下属推卸责任的好人选。因此，在日常工作生活中，要严于律己，率先垂范，这是领导者非权力影响力形成的重要因素。群众评判一个领导者，不是仅仅听你讲得如何，而是看你做得怎样。领导者首先要以身作则，言行一致，时时处处高标准、严要求，清正廉洁，为人表率。有道是："其身正，不令而行；其身不正，虽令不从。""打铁还需自身硬"，只要领导者要求别人做到的，自己首先做好。无论何时何地都要把人民的利益放在第一位，吃苦在前，享受在后，以崇高的品德赢得下属的尊敬，以高尚的情操树立起良好的形象。只有这样说话才有人听，做事才有人帮，我们的事业才能赢得广大人民群众的拥护和支持。

启示二，以良好的知识素养赢得下属的钦佩。随着时代的发展和社会的进步，领导者再不能单纯凭热情、资历、经验办事，以长官意志实施领导了。一个称职而成功的领导者，除了具备崇高的品德、优良的作风这些基本条件外，还应具备广博的学识，掌握与本职相关的知识、技能，尽量成为博学多识的行家里手。如果领导者具有较深的专业造诣，或有较突出的研究成果，下属就会产生仰慕、敬佩之情。特别是在当今社会科技高速发展的时代，人们都愿接受知识渊博、业务技能精湛的人做自己的领导，感到同这样的领导一起工作，必能学有所长，业有所成。因此，领导者必须刻苦学习，努力实践，适应时代与形势的需要，使自己成为真正的内行领导者，以赢得下属的信赖。

启示三，以真挚的情感赢得下属的支持。情感需要是人们最基本的精神需求，领导者应把下属视为亲人和朋友，而不是任意驱使的工具，给予下属的应该是信任、体谅、慰勉和帮助。为此，领导者要经常参与基层群众的活动，多与下属交流思想、沟通感情、增进友谊，这样员工才会亲近你，对你讲真话、报实情。领导者与下属之间应多一点"人之常情"，多一点"设身处地"，这样才会营造出欢乐、快慰、团结向上的良好氛围。如主动与下属打招呼，询问一些个人和家庭情况等，都能在无形中拉近上下级之间的距离，特别是当下属情绪失控时，尤其要冷静沉着，要有"忍人所不能忍，容人所不能容，处人所不能处"的气度。领导者通过经常的感情影响和激励，将会使下属迸发出巨大的工作热情，从而收到"投我以木桃，报之以琼瑶"的效果。

软 化 效 应

近几个世纪来，世界工业化进程加快，城市不断扩大，高层建筑拔地而群起，遮蔽了人们的视野和有限的阳光，大片大片的农田绿地被旧城改造吞食，代替它的是大面积的水泥地面、沥青公路和街道。中世纪幽雅的田园风光已鲜为人知。这种城市环境的变化就被称为"硬化"。硬化所造成的灰色基调，会在人们心理上产生压迫感、压抑感，甚至厌恶感，并导致人们行为的"硬化"，以及粗暴行为的增长。这种破坏性的情绪化行为作用于"硬化"了的环境的现象被称为"硬化效应"。换言之，人的行为由"软"变"硬"主要由"硬化环境"造成的，反之，它又反作用于这些"硬化环境"。这种"硬化效应"对人类的危害极大，因此，人们便想使"硬化效应"消除或得到弱化。

"软化"是相对于"硬化"而来的，"软化效应"也是随着"硬化效应"而诞生的。在行为心理学中，人们把人的行为由"硬"变"软"的原因归之于"软化因素"，这一现象被称为"软化效应"。

为什么"软化效应"能防止和克服"硬化效应"呢？其原因与

下列因素有关。一、与绿化的心理效应有关。据研究,绿色具有心理软化效应,能让人感到朝气蓬勃、安静平和、轻松舒适、安详娴雅、悠闲清新。通过绿化的软化工作,可以使"硬化效应"降到最低程度。二、与美化的心理效应有关。美,总是给人以愉悦,使人陶醉于美景美色之中,心情舒畅,就不会产生冲动、生硬、好斗的行为倾向,而是与人为善、友好、和睦,可以使人的行为得到软化、柔化。三、与净化的心理效应有关。产生"硬化效应"很重要的一个因素是污染严重,有色彩污染、噪声污染、秩序污染、环境污染等。这些污染对人的心情破坏十分严重,使原有的心境变得情绪化、生硬化。而净化工作可以使人的心情得到安宁、舒适、清新、空旷,使人的行为不再生硬、冲动、情绪化。

"软化效应"启示领导者,应着力优化环境,营造良好氛围。

启示一,努力创造条件,营造绿化、美化的环境。积极求得社会的支持与配合,尽可能扩大绿化的面积,除去不必要的混凝土面积和围墙,栽种花草树木,在一些建筑物和墙壁上,涂上浅绿的颜色,画上自然风景,使之成为绿色的"天堂",人们进入公共场所犹如走进公园,感到春意盎然,生机勃勃,心情舒畅,轻松愉快,对"软化"人的偏激、冲动、生硬等情绪行为具有重要作用。在室外应尽量种植常绿树木和花期较长的花草,室内盆景除讲究造型外,还应有季节感,一年四季都能使人在室内外体验到自然界变化的活力和生机。有条件的单位室外还应培植绿色的草坪,因为它比起水泥地面更受大家的欢迎,可以引发赏心悦目的感觉,起到"软化"行为和心灵的作用。

启示二,运用音乐来软化群体的心灵与行为。在工作之余休息或活动时，播放一些轻音乐和甜美抒情的歌曲，组织一些广播操、太极拳、健美舞，有条件的单位还可以举办或参加音乐会等，让人的神经与肌肉松弛下来，得到积极的休息。要禁用紧张、节奏过强的乐曲，因为它不仅没有软化空间氛围的作用，而且还强化了人们心理紧张和烦躁的程度。

启示三，重视做好净化环境的工作。净化环境的工作，主要是清除废物、废水、废气和减少噪声。环境净化得好不好直接影响到人的态度和行为，它是产生"软化效应"的一个重要因素。此外，人员的穿着服饰也是软化环境的重要内容。领导者穿着宜朴素、大方、整洁、得体，不宜花枝招展、奇装异服，工作人员宜穿整洁简朴、柔和舒适、充满朝气的工作服装，不宜统一身着黑、灰色调的。

做好绿化、美化、净化的工作，才能让办公场所成为一个绿的世界、美的天堂，使人员的心灵和行为得到柔化，从而增强"软化效应"。

食 盐 效 应

  有这样一个寓言故事：一头驴，平常都吃着主人拿给它的青草，时间长了也就慢慢地变得不喜欢吃了，有次无意中，主人在它的草料中洒了一把盐，草料立刻就变得有滋有味了，于是驴就问主人在里面加的是什么，主人说是盐。于是驴就宣布，从此以后，不吃草料了，要光吃盐！自然，驴在吃了一天盐后，第二天，就皱着眉头找草吃了。

  做菜时缺了其他任何佐料都勉强可以吃，而缺了盐总是难以下咽。也就是说，盐是不可或缺的。但是盐如果放得太多，更没法吃。舀一勺盐往人嘴里送，只能使人反胃呕吐。

  社会心理学家将这种既不可缺少，但是也不能过多，好东西也应适度、适时，"需要的才是最好的"现象称为"食盐效应"。

  教育、管理之于下属，犹如盐之于做菜。要讲究适可而止，否则就可能适得其反，出力不讨好，甚至还会带来负面影响。实践中，经常有领导者在批评下属之后加上这么一句："我是为了你好！"但下属并不怎么领情，原因就在于此。

  "食盐效应"启示领导者，大到党的路线方针政策，小到一个单位的管理、教育，都应该考虑是不是符合最广大人民群众的根本利益和需求。

启示一，要找准下属的欲望点。回顾总结过去我们的政治教育，往往上大课、"满堂灌"、"空对空"的多，联系单位和个人实际的少，特别是与广大人民群众所思、所忧、所需、所盼结合不够紧密。比如，理想信念教育就应该适合公民的发展需求。善于把崇高理想和远大目标，与广大群众的现实需要和阶段性小目标结合起来，从适应大家多样化发展的需要出发，设置多元化的教育计划，使基础目标和发展目标处于一个开放的弹性管理的过程中，尽量创造丰富多彩的教育资源，提供不同层次的目标需求，让不同的阶层的群众获得教育和激励。又比如，领导者帮助群众解决困难和问题，要首先弄清哪些是大家最关心、最直接、最现实、最迫切的利益问题，真正做到急群众之所急，帮群众之所需。再比如，集中学习教育就应该从过去的以"教"为中心改变为以"学"为中心。领导者的教是为下属的学而服务的，并由此引发一系列的变革。我们领导者的定位，就要从"传道授业解惑"进一步转向"促进全民学习，创造学习型社会，引导下属成功"上来。为此，领导者就要树立公仆意识和服务观念，确立与群众平等的地位，善于换位思考，在"促进"与"引导"上下功夫。只有真正做到了这一切，教育的育人功能与社会功能，才有可能得到充分的发挥和体现。

启示二，创造适合群众的管理教育模式。创造适合群众的教育管理模式，不是一味地迁就照顾、放任自流。要明确受教育者也是权责主体。传统的教育管理对受教育者只讲他们的责任，而从来不谈他们的权利。现代教育管理则是把受教育者作为责权主体来对待，这是教育民主的重要标志，以民主平等的态度对待下属，尊重其人格，尊重其个性，顺应其天性，宽容其过失，以生动活泼的管理教育形式，发挥其特长，激励其心志。有教无类就是一种爱与宽容的境界，领导者在实施管理教育过程中，应宽严结合、刚柔相济，因人、因事、因时、因境而变换管理教育的方式方法，更应以博大的胸怀和换位思考的方式走下讲台，走进群众，关爱而不溺爱，宽容而不袒护，使下属倍感存在的价值和管理教育的温馨。

启示三，**要锦上添花，更应雪中送炭**。很多时候，领导者总是单纯地以为只要帮助了群众，或给钱给物，群众就会感激自己，感激政府。实际上并不是那么简单。除了"帮倒忙"之外，帮助群众的效果还可分为两种：锦上添花或雪中送炭。那么这两种效果到底哪一种更好一些呢？很显然，是雪中送炭。为什么会这样呢？因为锦上添花只不过是我们自己去做的，对于对方来说，领导者的这种观念行为存在与否对结果并没有多大的区别。就像菜里放盐一样，只不过是多少的问题，而不是有没有的问题。而雪中送炭则是群众希望我们去做的，甚至是强烈要求我们去做的。我们做了，就能满足人民群众的某种实际需求。为此，作为领导者一定要心里装着群众，一切为了群众，急群众之所急，帮群众之所需，关注群众最迫切需要的是什么，能为群众做些什么，把群众的意愿和呼声作为工作的第一信号，把人民群众对美好生活的向往作为奋斗目标。

手 表 效 应

　　森林里生活着一群猴子，每天太阳升起的时候它们外出觅食，太阳落山的时候回去休息，日子过得平淡而幸福。一名游客穿越森林，把手表落在了树下的岩石上，被猴子"猛可"拾到了。聪明的"猛可"很快就搞清了手表的用途，于是，"猛可"成了整个猴群的明星，每只猴子都向"猛可"请教确切的时间，整个猴群的作息时间也由"猛可"来规划。"猛可"逐渐建立起威望，当上了猴王。

　　做了猴王的"猛可"认为是手表给自己带来了好运，于是它每天在森林里巡查，希望能够拾到更多的表。功夫不负有心人，"猛可"又拥有了第二块、第三块表。但"猛可"却有了新的麻烦：每只表的时间指示都不尽相同，哪一个才是确切的时间呢？"猛可"被这个问题难住了。当有下属来问时间时，"猛可"支支吾吾回答不上来，整个猴群的作息时间也因此变得混乱。过了一段时间，猴子们起来造反，把"猛可"推下了猴王的宝座，"猛可"的手表也被新任猴王据为己有。但很快，新任猴王同样面临着"猛可"的困惑。

232

这就是著名的"手表效应"：即只有一只手表，可以知道时间；拥有两只或更多的表，却无法准确判断时间，反而会制造混乱，让看表的人失去对时间的判断的现象。

尼采有一句名言："兄弟，如果你是幸运的，你只需有一种道德而不要贪多，这样，你过桥更容易些。"

"手表效应"带给领导者的启示是，选择其中较信赖的"一只表"，尽量校准它，并以此作为标准，根据它的指引行事。

启示一，标准要求应统一。"一把手"与领导班子成员之间要加强彼此的沟通，既要有默契的协作，也要有明确的分工，尤其对下属布置任务或提出工作要求时，标准要求应统一，上下内外只有一个声音，对同一个人或同一个组织不能同时设置两个以上不同的标准，更不能有两个相互矛盾的要求或声音，否则，下属将因为不知道听谁的而感到无所适从。在一个单位内部，下属如果经常获得相互矛盾的工作要求或声音，一方面反映出领导班子成员之间或工作配合缺乏默契或不团结；另一方面也会使单位的各项工作遭受干扰并陷于混乱。这是单位领导者管理的大忌！

启示二，管理方法应一致。同一个领导者或同一个组织不能同时采取两种不同的管教方法。面对单位内部各种不同职能部门、性质各异的工作人员是不是应该采取不同的管理方法呢？这个问题要分开来看，对于制度层面上的管理工作应一视同仁，比如考勤制度，规定所有人员八点半上班，不管是财务部门还是其他部门的人都不例外，但对于企业市场部门不可能去一刀切。我们知道外勤人员有时出差可能半夜才到家，就不能强求第二天准时上班，这就要有一定的弹性，但是，这属于特殊管理，而不是双重标准。双重标

233

准是指针对同一个问题采取不同的标准。就比如，两个业务员都是出差到深夜两点才回家，第二天都是 10 点才到单位报到，就不能一个算迟到一个不算迟到。管理制度一定要对事不对人，即一视同仁，要制度面前人人平等。同一个单位在相同的事情上对做得好的、贡献大的都应获得同等的表彰和奖励；凡是出现问题造成损失的都应受到同样的批评和惩罚，不能因人而异，讲亲疏远近，否则会导致管理混乱。

启示三，一切行动要听一个指挥。 拿破仑说过：宁愿要一个平庸的将军带领一支军队，也不要两个天才同时领导一支军队。既然是领导，当然都想下属按自己的命令做事，哪怕是一个平庸的领导，但是如果两个人同时领导一个部门，又彼此意见不一，一个说要向东一个说向西，那下属该怎么办？只有原地不动，等两个领导意见一致了再说，这是决策层安排的错误，一定要在两个领导里定出一个主次来，发命令的只能是一个人。俗话说，一个将军一个令，一个马勺一个柄。如果两个人平起平坐，一个不服一个，这样只会坏事。一个单位要行动统一，步调一致，必须一个指挥，一个口令，不能一人一把号，各吹各的调。

首 因 效 应

心理学家阿希1946年以大学生为研究对象做过一个实验：他让两组大学生评定对一个人的总的印象。对第一组大学生，他告诉这个人的特点是"聪慧、勤奋、冲动、爱批评人、固执、妒忌"。很显然，这六个特征的排列顺序是从肯定到否定。对第二组大学生，阿希所用的仍然是这六个特征，但排列顺序正好相反，是从否定到肯定。研究结果发现，大学生对被评价者所形成的印象受到特征呈现顺序的影响。先接受了肯定信息的第一组大学生，对被评价者的印象远远优于先接受了否定信息的第二组。这意味着，最初印象有着高度的稳定性，后继信息甚至不能使其发生根本性的改变。

美国社会心理学家洛钦斯1957年曾做过这样一个实验：他用两段杜撰的故事做实验材料，描写的是一个叫詹姆的学生的生活片段。这两段故事描述的是两种完全相反的性格。一段故事中把詹姆描写成一个热情并且外向的人，另一段故事则把他写成一个冷淡而内向的人。两段故事如下：

詹姆走出家门去买文具，他和他的两个朋友一起走在充满阳光的马路上，他们一边走一边晒太阳。詹姆走进一家文具店，店里挤满了人，他一边等待着店员对他的注意，一边和一个熟人聊天。他买好文具在向外走的途中遇到了自己的朋友，就停下来和朋友打招呼，后来告别了朋友就走向学校。在路上他又遇到了一个前天晚上刚认识的女孩子，他们说了几句话后就分手告别了。

放学后，詹姆独自离开教室走出了校门，他走在回家的路上，路上阳光非常耀眼，詹姆走在马路阴凉的一边，他看见路上迎面而来的是前天晚上遇到过的那个漂亮的女孩。詹姆穿过马路进了一家饮食店，店里挤满了学生，他注意到那儿有几张熟悉的面孔，詹姆安静地等待着，直到引起柜台服务员的注意之后才买了饮料，他坐在一张靠墙边地椅子上喝着饮料，喝完之后他就回家去了。

洛钦斯把这两段故事进行了排列组合：一种是将描述詹姆性格热情外向的材料放在前面，描写他性格内向的材料放在后面；一种是将描述詹姆性格冷淡内向的材料放在前面，描写他性格外向的材料放在后面；一种是只出示那段描写热情外向的詹姆的故事；一种是只出示那段描写冷淡内向的詹姆的故事。

洛钦斯将组合不同的材料，分别让水平相当的中学生阅读，并让他们对詹姆的性格进行评价。结果表明，第一组被测试者中有78%的人认为詹姆是个比较热情而外向的人；第二组被测试者只有18%的人认为詹姆是个外向的人；第三组中有95%的人认为詹姆是外向的人；第四组只有3%的人认为詹姆是外向的人。

实验表明第一印象形成的肯定的心理定势，会使人在后继了解中多偏向发掘对方具有美好意义的品质；若第一印象形成的是否定的心理定势，则会使人在后继了解中多偏向于揭露对象令人厌恶的部分。

从上述实验不难看出，"首因效应"，亦即"优先效应"或"第一印象效应"，是指交往双方形成的第一次印象，在对方的头脑中形成并占据着主导地位，对以后交往关系产生重要的影响，也即是"先入为主"带来的效果。

"首因效应"是个体在社会认知过程中，通过"第一印象"最先输入的信息对客体以后的认知产生的影响作用。实验心理学研究表明，外界信息输入大脑时的顺序，在决定认知效果的作用上是不容忽视的，最先输入的信息作用最大。大脑处理信息的这种特点是形成"首因效应"的内在原因。"首因效应"本质上是一种优先效应，当不同的信息结合在一起的时候，人们总是倾向于重视前面的信息。

"首因效应"启示领导者，在实际工作中，要善于去伪存真、由此及彼、由表及里地深入考察，深刻把握纷繁复杂的社会现象，并善于透过现象看本质，不要被最初的伪装的现象所迷惑。

启示一，要正确把握"首因效应"。"首因效应"所形成的第一印象对人的认知起着至关重要的作用，常常影响着人们对他人以后的评价和看法。当第一次与人接触、进行认知时，留下了良好的印象，这种印象就会左右人们对他以后一系列特征做出解释，反之亦然。因此，第一印象并非总是正确的，但却是最鲜明、最牢固的，并且决定着以后双方的交往过程。具体表现为：首先，它会使人际认知带有表面性。两个素不相识的人初次接触，彼此会根据对方的外貌、仪态、谈吐、穿着等，做出初步的判断和评价，形成某种印象。其次，第一印象容易使人际认知产生片面性。第一印象体现为一种"优先效应"，重视前面的信息，忽视后面的信息。即便注意了后面的信息，也会倾向于认为后面的信息是"非本质的"、"偶然的"。人们习惯于按照前面的信息解释后面的信息，即使后面的信息与前面的信息不一致，也会屈从于前面的信息，以形成整体一致的印象，这就不免带有片面性。这是因为客观事物首次作用于人的感官，在人的头脑中产生的对事物整体的反映，包括事物外观和形状、行为特点、价值评价等。这里讲的客观事物包括人。具体到人，第一印象是指在人与人的交往中第一次见面时一方对另一方的知识水平、文化素养、性格爱好、心理素质等的总体印象。最初印象对于后面获得的信息的解释有明显的定向作用。也就是说，人们总是以他们对某一个人的第一印象为背景框架，去理解他们后来获得的有关此人的信息。心理学中有这样一种观点：人的认识过程有"非矛盾化"的倾向，即后来的感觉如果和先来的不一样，人会本能地加以拒绝，以免发生矛盾。只有当后来的感觉强烈到一定程度的时候，才会突破先前印象的框框，在大脑里产生新的评价结果。

"新官上任三把火"、"恶人先告状"、"先发制人"、"下马威"等都是利用"首因效应"占得先机的经典案例。而人们常说的"给人留下一个好印象"，一般就是指的第一印象。第一印象也不是固定在人们脑海中一成不变的。与其他的记忆信息相似，第一印象也会随着时间的推移而慢慢地淡化。如果我们给别人留下的第一印象是好的印象，我们就要努力维护这种印象。而如果我们给别人留下了糟糕的第一印象，那么就要正视自己的缺点，不要抱着"真金不怕火炼"的想法依然故我，而要努力去改善自身素质和形象，争取彻底改变这种不利局面。

第一印象的转变往往富于戏剧性，分多种情况：第一种情况，当事人有意或无意地经过自身的改变或者努力之后，做出了惊人的举动，这个举动与此人之前的性格大相径庭，使人"刮目相看"，从而彻底扭转了之前给人的第一印象，这就是所谓的"咸鱼翻身"。第二种情况，就是前面提到的对这种效应免疫的那种人。这种人的典型特点是内敛、自信、深不可测。他们往往容易给人留下错误的第一印象，或者干脆没什么印象。属于一开始得不到重视的那一类。等到真正的考验来临的时候，才会毫不吝惜地发挥和展现出他们丰富的经验、精湛的技艺、高超的水准以及挽救危机的能力来。这类人往往会使周围的人认识到第一印象的肤浅和愚蠢。这就是所谓的"不鸣则已，一鸣惊人"。第三种情况，随着人们生活节奏的加快以及交际圈的扩大，绝大多数人都借助网络等通信手段来与陌生人接触和交往。因此第一印象通常不是面对面地产生的，往往就会产生偏差。研究表明，大部分人会有意识地在网络里隐藏自己现实中的某一面，以寻求某种未曾体验过的平衡。即，越是自卑的人在网络越有表现欲，越是有文化的人越喜欢在网络中假装一问三不知，更有一部分人喜欢通过网络改变自己的年龄和性别。这种所谓的"第一印象"，往往是脆弱的。在真实生活中见到真人的那一刻起，就会自行瓦解。因此，作为领导者应正确认识和把握"首因效应"的表现形式，并在实践中准确识别和运用。

启示二，要树立自身的良好形象。"首因效应"是在短时间内以片面的资料为依据形成的印象。心理学研究发现，与一个人初次会面，45 秒钟内就能产生第一印象。这一最先的印象对他人的社会知觉产生较强的影响，并且在对方的头脑中形成并占据着主导地位。这种先入为主的第一印象是人的普遍的主观性倾向，会直接影响到以后的一系列行为。如果一个人在初次见面时给人留下良好的印象，那么人们就愿意和他接近，彼此也能较快地取得信任，并会影响人们对他以后一系列行为和表现的解释。反之，对于一个初次见面就引起对方反感的人，即使由于各种原因难以避免与之接触，人们也会对之很冷淡，在极端的情况下，甚至会在心理上和实际行为中与之产生对抗状态。大量实践证明，第一印象是非常常见的社会现象。一个人的衣食住行是离不开周围的社会影响的，而社会环境因素同样也会反作用于一个人的内心世界。心理学家认为，由于第一印象主要是性别、年龄、衣着、姿势、面部表情等"外部特征"。一般情况下，一个人的体态、姿势、谈吐、衣着打扮等都在一定程度上反映出这个人的内在素养和其他个性特征，不管"暴发户"怎么刻意修饰自己，举手投足之间都不可能有世家子弟的优雅，总会在不经意中"露出马脚"，因为文化的浸染是装不出来的。"首因效应"是一个妇孺皆知的道理，每个人都力图给别人留下良好的第一印象。

社会心理学家艾根 1977 年研究发现，在与人相遇之初，按照 SOLER 模式来表现自己，可以明显增加他人的接纳性，使得在人们的心中建立起良好的第一印象。SOLER 中，S 表示坐姿或站姿要面对他人；O 表示姿势要自然开放，L 表示身体微微前倾；E 表示目光接触；R 表示放松；用 SOLER 模式表现出来的含义就是

"我很尊重你，对你很有兴趣，我内心是接纳你的，请随便"。卡耐基在早期著作《如何赢得朋友》中也总结了六条给人留下良好印象的途径，即：真诚地对别人感兴趣；微笑；多提别人的名字；做一个耐心的倾听者，鼓励别人谈他们自己；谈符合别人兴趣的话题；以真诚的方式让别人感到他自己很重要。特别是新官上任，要努力在群众中留下忠诚、为民、干净、有担当的第一印象，首先，要注重仪表风度，一般情况下人们都愿意同衣着干净整齐、落落大方的人接触和交往。其次，要注意言谈举止，言辞幽默，举止优雅，会给人留下好的印象，并且第一印象会长期地左右对方对你的判断。另外，在交友、求职等活动中，可以利用这一效应，展示给人一种好的形象，为以后的交流营造良好的心理环境。当然，这在社交活动中只是一种暂时的行为，更深层次的交往需要提升谈吐、举止、修养、礼节等各方面的素质。美国总统林肯也曾因为相貌偏见拒绝了朋友推荐的一位才识过人的阁员。当朋友愤怒地责怪林肯以貌取人，说任何人都无法为自己的天生脸孔负责时，林肯说："一个人过了40岁，就应该为自己的面孔负责。"虽然以貌取人不可取，但我们却不能忽视第一印象的巨大影响作用，因而必须通过提高自身修养来整饰自己的形象，为将来的成功铺好路径、搭好台阶。

启示三，注意弱化"首因效应"的负面影响。"首因效应"具有先入性、片面性、误导性，根据第一印象来评价所有事情往往有失偏颇，容易被某些表面现象蒙蔽，为此，领导者除了注意自身修养外，还必须懂得弱化"以貌取人，失之子羽"和"士别三日，当刮目相看"的道理，防止"首因效应"的副作用，患上"印象病"。

秦朝末年，刘邦、项羽争霸之战愈演愈烈。韩信在项羽麾下，虽然熟读兵书，上知天文、下知地理，然而，就因为受过胯下之辱而不被人看好，韩信几次求见项羽都不被重用，最后他的才华被张良发现并引荐到刘邦那里，最终被刘邦封为大将，带兵一举歼灭项羽，成就了刘邦一代霸业。《三国演义》中有这样一个故事，庞统原本想效力东吴，但孙权见他相貌丑陋，心中有几分不屑，又见他傲慢不羁，更觉不快，竟把与诸葛亮比肩齐名的庞统拒之门外，错失了一位良才。众所周知，礼节、相貌与才华绝无必然联系，但是礼贤下士的孙权尚不能免俗，可见第一印象对人的影响之大，之所以出现"首因效应"的副作用，其主要表现在三个方面：一是以貌取人。人们对仪表堂堂、风度翩翩的人容易留下良好的印象，而其缺点却很容易被忽视。二是以言取人，那些口若悬河、能说会道，特别会阿谀奉承的人往往给人留下好印象。三是以一时的成绩取人，对急功近利，不惜劳民伤财搞"面子工程"、"形象工程"的人往往高看一眼，委以重任。"首因效应"之所以会引起认知偏差，就在于认知是根据不完全信息而对交往对象做出判断的。仅凭第一印象就妄加判断，以貌取人，以言取人、以一时取人，往往会造成不可挽回的错误。许多"带病提拔"的干部无不与此有关。实际上，"首因效应"的产生与领导者的社会经历丰富程度有关。如果领导者的社会经历丰富、社会阅历深厚、社会知识充实，则会将"首因效应"的副作用控制到最低限度。另外，通过学习实践，在理智的层面上认识"首因效应"，了解"首因效应"获得的评价一般都只是依据一些表面的非本质的特征做出的，并在以后的认知中不断地予以修正完善。也就是说，第一印象并不是无法改变，并不是难以改变的。孔子曰："吾始于人也，听其言而信其行，今吾始于人也，听其言而观其行"。也就是这种变化最经典的说明。"路遥知马力，日久见人心"，仅凭第一印象就妄加判断，"以貌取人"，往往会造成不可弥补的错误，领导者应引以为戒。

态 度 效 应

    心理学和动物学专家做过一个有趣的对比实验：在两间墙壁镶嵌着许多镜子的房屋里，分别放进两只猩猩。一只猩猩性情温顺，它刚进到房间里，就高兴地看到镜子里面有许多"同伴"对自己的到来都报以友善的态度，于是它就很快地和这个新的"群体"打成一片，奔跑嬉戏，彼此和睦相处，关系十分融洽。直到三天后，当它被实验人员牵出房间时还恋恋不舍。另一只猩猩则性格暴烈，它从进入房间的那一刻起，就被镜子里面的"同类"那凶恶的态度激怒了，于是它就与这个新的"群体"进行无休止的追逐和厮斗。三天后，它是被实验人员拖出房间的，因为这只性格暴烈的猩猩早已因气急败坏、心力交瘁而死亡。

    这种现象被心理学家称为"态度效应"，即什么样的态度，决定什么样的结果。有人说："生活是一面镜子，你对它笑，它也会对你笑。"其实不仅生活如此，别人也是一面镜子，你对他笑，他也会对你笑。笑与不笑，取决于你的态度，这种态度决定你的人际关系，决定家庭教育的效果，决定你的工作业绩，决定你的人生成败。

"态度效应"对领导者的启示是深刻的。

启示一，真诚以待，与人为善。人与人相处时，友善的态度非常重要。如果我们诚恳地对待群众，忠厚地对待他人，就像对待自己一样，真心实意，没有半点虚情假意，就容易换来人民群众的真心相待，也容易获得群众的信任，群众也愿意与我们交往，与我们成为朋友。哪怕是对一个陌生人，只要你充满善意和友爱，对方也会被深深感动，即便你和他没有更多的交往，甚至只有一面之缘，他也可能将你的善意与友情铭记一生。

一个年轻人从偏僻的山村乘车去往大城市。上车之前，他买了一罐饮料。坐在车上，看着窗外的大城市，感觉一切都那么新鲜，突然他想起了自己买的饮料，便拿出来想喝掉，可是他从来没有喝过这种罐装饮料，甚至不知道怎么打开它。只见他翻来覆去地查看，却依然找不到解决的办法。坐在他对面的是一对母子，小男孩的母亲看着他，好像知道他的窘迫。就在这时候，那位母亲拿出一罐饮料，对小男孩说："你要喝饮料吗?"在孩子没有回答之前，母亲就在年轻人的面前轻轻拉下了拉环，饮料打开了。瞬间，年轻人明白了那位母亲的意思，他感激地对她笑了笑，顺利地打开了易拉罐。这件事使年轻人重新找回了自信。十几年过去了，那位母亲的善意举动一直感动着他，也教导他要真诚对待别人，要懂得照顾别人的感受，要尊重那些落难之人。后来他成功了，在一次接受采访的时候，他激动地讲述了这个故事，他说他很感谢那位母亲给他上了人生最重要的一课。在我们的生活中，如果我们能把别人当作自己，用别人乐于接受的方式对待别人，我们就容易获得别人的好感。在我们表现善意的同时，我们也能得到别人的善待。

如果把"善意"视为一种礼物，它无疑是最珍贵的礼物之一，善意地"礼尚往来"，这样的生活才会充满更多的欢声笑语，才会减少许多哀怨仇恨。相反，如果不能善待别人，而是戴着有色眼镜对待别人的不幸，那么就无法给人留下好印象，甚至给自己的人生埋下隐患。

美国有一个自越南战场归来的士兵，在旧金山给父母打电话，告诉他们："爸爸妈妈，我回来了，可是我有个请求，我想带一个朋友同我一起回家。""当然好啊！"父母高兴地答道，"我们非常欢迎你的朋友。"儿子显得非常平静，他继续说："可是有件事我想先告诉你们，我那个朋友在战争中受了重伤，少了一只胳臂和一只脚，他现在走投无路，我想请您允许他和我们一起生活。""儿子，我对此感到非常抱歉，"父亲在那头犹豫了片刻，"不过，我们或许可以帮他找一个安身之处。"儿子沉默了一下，父亲接着说："儿子，你知道自己在说些什么吗？像他这样的残疾人会给我们的生活增添很大的负担，我们有自己的生活，不能让他来破坏我们的生活。我建议你先回家，然后把他忘了，他会找到自己的一片天空的。"就在此时，儿子把电话挂断了，父母再也没有他的消息了。几天后，父母接到了来自旧金山警察局的电话，得知他们亲爱的儿子已经坠楼身亡了。警方表示这只是单纯的自杀案件。父母伤心欲绝地飞往旧金山，在警方的带领下来到儿子的尸体旁，只见儿子少了一只胳膊和一只脚。这时他们明白了一切。这个故事中的父母对"别人"的不幸没有足够的同情，更没有施以援手。从父亲的话中，儿子读懂了父母的待人之道，知道如果回去和父母一起生活，就会像父亲说的那样"增添负担"，或许这就是他感到绝望的原因。确实，无论是对待自己的孩子，还是对待别人，我们都应该尽量保持一视同仁的善意心态。既然是爱人，就应恒爱之，有句歌词"只要人人都献出一点爱，世界将变成美好的人间"。只要对方不是十恶不赦的大坏蛋，我们都有理由去包容他，去善待他，而不能因为别人有缺陷而对其存在偏见。特别是作为领导者，要始终贯彻党"全心全意为人民服务"的宗旨，真心实意地热爱人民群众，满腔热情地为人民群众做好事、办实事、解难事。历史反复证明，只要我们不忘初心，一如既往地与人民群同呼吸、共命运，就会赢得人民群众的支持和拥护，就没有克服不了的困难。

启示二，善待工作，就是善待自己。"态度效应"告诉我们，我们怎样对待别人，别人就会怎样对待我们。同样，我们怎样对待工作，我们就会取得怎样的成绩。一个人对工作抱有的态度非常重要，它直接决定了将拥有什么样的人生。在工地上，有三个工人在那里砌墙。有人过来问他们："你们在干什么？"第一个人抬头苦笑道："这还用问，难道你没见我在砌墙吗？那些石头重得要命，我真的累得快不行了。"第二个人面无表情地答道："我们在盖一栋高楼。不过这份工作可真是不轻松啊。"第三个人笑容满面地答道："我们在建设一座美丽的城市，我们建造的大楼将成为这个城市的标志性建筑之一。我为自己能够参与这个工程感到兴奋和自豪。"十年后，第一个工人依然在砌墙。第二个工人坐在办公室里画图纸，他成了一名工程师。第三个工人当了老板，而且是前两个人的老板。一个人有怎样的工作态度，就有怎样的人生态度，而人生态度决定一个人一生的成就。因此，善待工作，就是善待自己，因为工作不只是为领导卖力、为老板打工，而是为创造美好的生活所付出的行动。善待自己，并不是肤浅地让自己吃好穿好，而是要善待自己的心灵，善待自己的生活，善待自己的工作。工作是每个人一生中最重要的组成部分。如果不能善待工作，那些"创造美好生活"、"成就事业巅峰"等口号都会变成空谈，毫无意义。其实工作着是一种幸福，因为工作给我们提供了施展才华的舞台。我们寒窗苦读学来的知识，我们的责任心、应变力、决断力、与人相处的能力都能在这样的一个舞台上得到展示。工作能给我们提供充实自我、表达自我的机会，使我们的生活变得更丰富、更充实、更有趣、更高尚。如果我们用这样的心态对待工作，那么我们在工作中的表现绝对会令大家眼前一亮。"如果你有智慧，那么请表现出来，如果你缺少智慧，请拿出汗水。"只要你有积极的工作态度，无论是拿出智慧，还是拿出汗水，你都能赢得领导和同事的尊重，你的人生也会逐渐在这种积极的态度中发生质变。

启示三，以爱感化恨，以善感化恶。 人世间最有威力的武器不是刀枪剑棍，不是导弹核武器，而是善良的心灵。一个微笑能化解恩仇，正所谓"相逢一笑泯恩仇"，一个善意的举动可以感化一个仇视你的人，正所谓"以德报怨，以德服人"。爱和善能在悄然间消除仇恨，激发爱心。可见，爱和善是最美的武器，也是最有威力的武器。

很久以前，在一个偏远的村落里，住着一位颇有名气的雕刻师傅。因为他的雕刻技术不错，所以附近村庄的寺庙邀请他去雕刻一尊菩萨像。可是去那个村庄要经过一座山头和一片森林，而那座山上经常闹鬼，平时人们都是白天结伴而行，如果晚上翻山，那是非常危险的。因此，雕刻师傅的亲人和朋友都劝他等天亮再去，但他不听劝告，说那样会耽误时辰，于是他独自连夜翻山。走着走着，天色渐暗，雕刻师傅隐约发现前面的路上坐着一个穿着破草鞋的女子，看起来非常狼狈。雕刻师傅主动走过去，问她是否需要帮忙。当他得知女子也想去山的那头时，热情地表示愿意背她一程。就这样，师傅背着女子走在洒满月色的山路上。师傅走得汗流浃背后，就停下休息。此时，女子问师傅："难道你不害怕传说中的女鬼吗？为什么你不快点赶路，还要帮助我这个落难女子呢？""我是想赶路呀！"师傅回答，"可是我不忍心把你一个人留在山上，万一你碰到危险怎么办呢？我背你走，虽然累，但至少彼此有个照应啊！"这时师傅看到身旁有块木头，就拿出随身携带的雕刻工具开始雕刻。他边看着女子，一斧一刀地雕刻出一尊人像。女子好奇地问："师傅啊，你在雕什么呢？""我在雕一尊菩萨的像啊！"师傅笑着说，"我觉得你的容貌很慈祥，就像慈善的菩萨，所以就照着你的容貌雕了一尊菩萨。"一旁的女子听了这话，不禁潸然泪下，因为传说中"恐怖女鬼"就是她。女子把自己的不幸遭遇告诉了雕刻师傅，原来她在多年之前经过这座山时被人奸杀，后来她化作女鬼，报复过路人。可是，充满仇恨的女鬼万万没有想到，竟然有人说她"容貌很慈祥、很像菩萨"。刹那间，女鬼化为一道光芒消失在山林间。第二天，人们发现雕刻师傅活着到达了邻村，从那以后山上再也没有闹过鬼。

看完这个故事，你有怎样的感想呢？不少领导者总是抱怨，当领导就是容易得罪人、结仇人，想一想，只要心存善念，以诚相待、接纳群众、善待下属，再多的仇恨也会被我们的诚意感化。现在社会上，很多人都有一种自我防卫心理，经常戴着有色眼镜来看人，时刻提防别人，生怕被人骗了、被人坑了。但即使这样，还是有些防不胜防。于是人人自危，社会气氛也变得紧张不安。如果我们能像雕刻师傅那样善待别人，我们的生活可能会变得轻松许多。有这样一句话："当你握紧拳头时，好像抓住了许多东西，其实连空气都没抓到。当你张开双手时，你好像两手空空，但其实全世界都在你的手心。"当我们打开心门，展现出自己善良和友爱的一面，阳光与清新的空气就会进入我们的内心世界，那样我们的心情就会豁然开朗，生活也将变得更加美好。

踢 猫 效 应

　　某公司董事长为了严格公司管理，许诺自己将以身作则，早到晚归。事出突然，一天早上，他在家看报看得太入迷以致忘了上班时间。为了不迟到，他在公路上超速行驶，结果被警察盘查并开了罚单，最后还是误了上班时间。这位老董事长愤怒之极，莫名其妙地将销售经理叫到办公室训斥一番。销售经理挨训之后，气急败坏地走出董事长办公室，将秘书叫到自己的办公室并对他挑剔一番。秘书无缘无故被人挑剔，自然是一肚子气，就故意找接线员的碴儿。接线员无可奈何，垂头丧气地回到家，对着自己的儿子大发雷霆。儿子莫名其妙地被父亲训斥之后，也很恼火，便将自己家里的猫狠狠地踢了一脚。

　　这就是著名的"踢猫效应"，即对弱于自己或者等级低于自己的对象发泄不满情绪而产生的连锁反应。

　　人的不满情绪和糟糕心情，一般会沿着等级和强弱组成的社会关系链条依次传递，由金字塔尖一直扩散到最底层，无处发泄的最小的那一个因素，则成为最终的受害者。一般而言，人的情绪会受到环境以及一些偶然因素的影响，当一个人的情绪变坏时，潜意识会驱使他选择下属或无法还击的弱者发泄。这样就会形成一条清晰的愤怒传递链条，最终的承受者，即"猫"，是最弱小的群体，也是受气最多的群体，因为也许会有多个渠道的怒气传递到他这里来。

"踢猫效应"的产生，有的来自领导者自身；有的来自领导者的人际交往；有的来自领导者工作能力和素质的影响；有的来自家庭方面的影响。它给予领导者的启示是多方面的。

启示一，要增强控制情绪的意识和能力。"踢猫效应"的负面影响是显而易见的。对于个人而言，随便发泄个人情绪，将影响领导者形象，阻碍事业的发展，一个优秀的领导者应该具有良好的抗压、抗挫能力。如果领导者无法控制好自己的情绪，随便拿下属当出气筒，那么影响的只能是个人的威信。从事领导或管理工作，同时也是跟上下左右的人进行协调沟通，说到底是做人的工作，这就要求领导者应该具有宽广的胸襟；从修养角度看，良好的个人修养是一个职业发展的前提，而良好的性格是一个人职业发展的关键；对单位来说，领导者的职责和目标是教育和管理所属人员创造业绩，推动单位的建设和发展。如果领导者随便发泄个人情绪，会把这种情绪从一个部门带到另外一个部门，在单位中容易形成不良的文化，对提高单位核心竞争力来讲有百害而无一利；"踢猫效应"最终影响的是最底层的群众，不良情绪的扩展，最终受害者也是基层群众，这样，也就直接影响着团队的凝聚力和战斗力。

古人云："克己复礼。"克己，就是遇事从容，能理智控制好自己的情绪。领导者和颜悦色可以给周边疲倦的心灵以慰藉和鼓励。有位高僧在外出云游前，把自己钟爱的兰花交与弟子，并嘱咐悉心照料。谁知一天晚上弟子忘了将兰花搬回室内，恰巧风雨大作，原本开得正艳的兰花被打得七零八落。弟子忐忑不安等待着师傅的责骂。僧人云游回来，得知缘由，只是淡淡说了一句："我不是为了生气才种兰花的。"弟子从中得到启发，幡然悟道。领导者由于自己所处的地位和影响力，就需要对自己有更高的标准和更严的要求，要知道自己的一言一行都会给下属造成影响。为此，领导者对己，在竞争和压力下要保持从容的心态，面对突发事件要较好地控制自己的情绪；对人，要做到与人为善——真诚、宽容、大度，不斤斤计较，不迁怒于人。这样，才能显示出领导者的真正胸怀，才能受到下属的敬仰。领导者还应学会换位思考，多包涵和体谅下属。如果领导者善于从下属的角度出发来思考问题，就更容易理解下属、亲近下属，从而减少管理者与下属之间的摩擦及负面情绪传递，同时也会赢得下属的尊敬，提升团队的执行力和工作热情，日常工作的开展就会更加顺利。

启示二，要学会自我释压。现代社会中，工作、学习、生活的节奏越来越快、竞争越来越激烈，人们在享受现代生活便利的同时，也面临着更大的压力。神经经常处于紧张状态，这种紧张很容易导致人们情绪的不稳定，一点不如意就会使自己烦恼、愤怒起来，好像张满的弓弦，稍有裂纹就会崩断。生活在这样的高压下，人的心理承受能力都很脆弱，一点点不顺的小事都会使得情绪一落千丈，怒火会像压抑已久的火山，喷射而出。周围的人也许正处于雷同的状态，于是这种糟糕的情绪便会像瘟疫一样在人群中蔓延，如果不能及时调整这种消极因素带给自己的负面影响，就会身不由己地加入到"踢猫"的队伍中——被别人"踢"或去"踢"别人。稍不留意，还会把这种不良情绪带给自己的下属或家人，使他们成为"踢猫效应"链条末端无辜的受害者，进而影响其行为。在现实生活里，很容易发现许多人在受到批评后，不是冷静下来想想自己为什么会受批评，而是心里面很不舒服，总想找人发泄心中的怒气。其实这是一种不愿接受批评、没有正确地认识自己错误的表现。受到批评，心情不好这可以理解，但批评之后产生了"踢猫效应"，这不仅于事无补，反而容易激发更大的矛盾。

在竞争白热化的今天，时时保持豁达的姿态，很具挑战性。然而在压力下还能保持风度，就意味着对自己心理弱点的克服，意味着人格魅力的提升。"进门前，请脱去烦恼；回家时，带快乐回来"，一位家庭主妇在她的房门上挂了这么一块木牌。在她的家中，男主人一团和气，孩子大方有礼，一种温馨、和谐气氛满满地充盈整个空间。询问那块木牌，女主人笑笑，解释说："有一次我在电梯镜子里看到一张充满疲惫的脸，一副紧锁的眉头，一双忧愁的眼睛……把我自己吓了一大跳。于是我开始想，孩子、丈夫看到这副愁眉苦脸时，会有什么感觉？假如我对面也是这副面孔，又会有什么反应？接着我想到孩子在餐桌上的沉默、丈夫的冷淡，这些背后隐藏的真正原因竟是我！当晚我与丈夫长谈，第二天就写了一块木牌钉在门上提醒自己，结果提醒的不只是自己，而是一家人。"

如果稍微用心，把这种豁达和体恤用于生活、工作的各个方面，"踢猫"这条恶劣的传递链就能被截断。领导者每天面对那么多的重大决策，压力之大可想而知。而领导也是人，也有七情六欲，这是人之常情，关键是看自己怎么调节。平时可以多参加一些有益于身心健康运动，多与同事交流沟通，当然也要学会抽出时间进行独处，以便自我反省，对事物做出正确判断。

启示三，要善于调控下属的情绪。先来看一个故事：一天，美国总统林肯正在办公室整理文件，陆军部长斯坦顿满脸怒气地走了进来，坐到椅子上一句话也不说。林肯知道他一定又被人指责了，就问他发生了什么。斯坦顿气呼呼地对林肯一顿发泄："刚才有位少将竟用不屑的语气跟我说话，根本没把我放在眼里。"本以为林肯会安慰他几句，痛骂那位少将，但林肯没有那样做。林肯让他写一封信回应那位少将，并告诉他可以在信中狠狠地骂那位少将一顿。很快斯坦顿就写了一封言语犀利的信。林肯看完信后对斯坦顿说："写得很好，就需要这样好好教训他一下。"然后将信扔进了炉子里。斯坦顿责问林肯："为什么把我的信扔到炉子里？"林肯回答说："难道你没感觉到写完这封信你已经消了气吗？如果感觉还没消气，就再写第二封吧。"林肯处理情绪的方法告诉我们，反击或发泄给别人不是一种合适的处理情绪的方式。我们要寻找合适的途径，消除自己心中的愤怒，或者将它转化成另一种力量。

日本松下公司所有分厂里都有吸烟室，里面摆放着一个极像松下幸之助本人的人体模型，工人可以在这里用竹竿随意抽打"他"，以发泄自己心中的不满。等他打够了，停手了，喇叭里会自动响起松下幸之助的声音，这是他本人给工人写的诗："这不是幻觉，我们生在一个国家，心心相通，手挽着手，我们可以一起去求得和平，让日本繁荣幸福。干事情可以有分歧，但记住，日本人只有一个目标：即民族强盛、和睦。从今起，这绝不再是幻觉！"当然，这还不够，松下说："厂主自己还得努力工作，要使每个职工感觉到：我们的厂主工作真辛苦，我们理应帮助他！"正是通过这种方式，使松下的员工自始至终都保持高度的工作热情。这个例子说明，员工有情绪是正常的，关键是如何创造条件使员工能发泄出情绪，而不把坏的情绪带到工作中去。松下公司的做法在我国的企业中是很少见的，我们的领导者不善于管理员工的情绪，总觉得能否调节好自身的情绪是员工自己的事，与他人、与企业无关。久而久之，员工的抱怨越积越多，最终表现为消极怠工或"隐性辞职"，不但缺少主人翁的责任感，还有可能成为企业的蛀虫。为此，要重视创建使员工自我减压的机制。一方面，领导者要改变观念，重视员工的牢骚和不满，充分理解其积极因素。另一方面，可借鉴其他行业或国外的一些优秀做法，并结合自身实际加以改造利用。当然，员工自身也要适应这种改造，积极参与各项活动之中。总之，要尽量把快乐分享给他人，使快乐增值，防止不良情绪传染，而产生"踢猫效应"。

启示四，要注重修炼自己的风度。人并不是孤立存在的，社会中的每个人都需要面对其他人，领导者领导一个单位更是如此。如果无缘无故地被人丢了一个包袱过来，当然要想办法甩掉它，而下属只能再甩给更弱者，这股无名之火转来转去最终转到对待工作的态度上。在这种情况下，领导者如何保持良好的风度是非常重要的。风度是什么？举止潇洒、言谈风雅，这只是冰山的一角；风度的实质是：对己，在压力下能保持从容的心态，面对突发事件能较好地控制情绪；对人，能做到与人为善——真诚、大度。那些面对强大对手仍能"羽扇纶巾，谈笑间，樯橹灰飞烟灭"的将帅，那些自己承受巨大生存压力仍然为大众呐喊"安得广厦千万间，大庇天下寒士俱欢颜"的正直之士，虽然身世各异，但那种豁达的风度令人尊敬。胜人者力，自胜者强。在压力下能够保持风度，这首先就是一种成功。另外，恰当地处理错误方式往往会带来不一样的效果。

有这样一个故事：在一家餐厅里，一位顾客突然指着自己的杯子，对服务员大喊："服务员！你们的牛奶是坏的，把我的一杯红茶都糟蹋了！"服务员一边道歉一边说："真对不起！我立刻给您换一杯。"很快，服务员重新换了一杯红茶送了过来，旁边还放着新鲜的柠檬和牛奶。服务员轻声对这位顾客说："我能不能建议您，如果加了牛奶，就不要放柠檬，因为有时候柠檬酸会导致牛奶结块。"顾客的脸一下子红了，原来牛奶"坏了"是因为加了柠檬。这位顾客匆匆喝完茶，离开了餐厅。旁边一位顾客看到这一情形，笑着问服务员："你为什么不直接告诉他呢？本来就是他的错。"服务员笑着说："因为他粗鲁，所以才要用委婉的方式对待，因为事情一说就明白，所以才要心平气和地说。"

领导者遇到挫折或不顺心的事，就拿下属当出气筒，这样的领导者即使事业上取得了一定成绩，也难有真正的成功。一个人，特别是领导者，如果不能与人为善，不能宽以待人，经常向周边释放消极的因素，导致所处环境和政治生态恶化，怎么能谈得上真正意义上的成功呢？为此，领导者必须注意修炼自己的风度，营造和谐氛围，避免"踢猫效应"的发生。

贴标签效应

在第二次世界大战期间，美国由于兵力不足，政府就决定组织关在监狱里的犯人赴前线作战。为此，政府特派了几个心理学专家对犯人进行了战前的训练和动员，并随他们一起到前线作战。训练期间心理学专家对他们不过多地进行说教，而特别强调犯人们每周给自己最亲的人写一封信。信的内容由心理学家统一拟定，叙述的是犯人在狱中的表现如何好、如何接受教育、改过自新等。专家们要求犯人们认真抄写后寄给自己最亲爱的人。三个月后，犯人们开赴前线，专家们要犯人给亲人的信中写自己是如何的服从指挥、如何的作战勇敢等。结果，这批犯人在战场上的表现比起正规军来毫不逊色，他们在战斗中正如他们信中所说的那样服从指挥，那样勇敢拼搏。

心理学家克劳特在1973年就做了如下的实验：他要求人们为慈善事业做出捐献，然后根据他们是否有捐献，标上"慈善的"或"不慈善的"。另一些被试则没有用标签法。后来再次要求他们做捐献时，标签就有了使他们以第一次的行为方式去行动的作用，即那些第一次捐了钱并被标签为"慈善的"人，比那些没有标签过的人捐得要多，而那些第一次没有捐钱被标签为"不慈善的"人比没有标签的贡献更少。

但是，如果贴的标签不是正面的、客观的，那么被贴标签的人就可能朝着与所贴标签内容相反的方向行动。心理学家斯蒂尔在1976年对此做了一项研究。他给人们打电话，说他们参加了（或没有参加）某个团体，或者讲一些对那个团体不太体面的话。然后要求这些人帮助那个团体建立一个饮食合作社。结果表明，消极的标签比积极的标签起了更大的效应，其原因大概是他们认为这种标签是太不公正的，因此，他们想主持公道，并乐于帮助这个团体。

上述表明：当一个人被贴上标签时，他就会做出自我印象管理，使自己的行为与所贴的标签内容相一致。这种现象是贴上标签引起的，故称为"贴标签效应"。

心理学认为，之所以会出现"贴标签效应"，主要是因为"标签"具有定性导向的作用，无论是"好"是"坏"，它对一个人的"个性意识的自我认同"都有强烈的影响作用。给一个人"贴标签"的结果，往往是使其向"标签"所喻示的方向发展。

"贴标签效应"启示领导者，所贴标签往往影响着人们的印象管理，左右着人们的行为。

启示一，别给下属乱贴标签。一个人被别人，特别是上级领导下了某种结论，就像商品被贴上了某种标签。这样就会使自己的行为与所贴的标签内容相一致。这种现象是由于贴上标签后而引起的，由此推导，当某个人总是被别人特别是上级领导贴上"笨蛋"、"无能"等消极标签，久而久之，他对自己的能力就会产生怀疑，进而对自己失去信心。也许有的领导者会说，这样说他并无恶意，只是"激将法"，是"恨铁不成钢"，目的是想他变得好一点而已。这样的观点表面上看似乎有一定的道理。心理学家研究发现，在"标签效应"中，如果贴的标签不是正面的、客观的，那么被贴标签的人也可能由于觉得不公平而产生与所贴标签内容方向相反的行动，也就是说，"激将法"是可行的。但是，要使负面的、消极的标签产生正面的效应需两个条件：一是被贴标签者能够理解所贴标签是不是客观、公正的，二是被贴标签者的独立性要比较强。要知道，下属特别是青少年或学生，对领导、对老师的说法易于认同，也就是他并不容易分辨领导说的是不是客观、公正，同时，一般人独立性是有限的，即使觉得上级领导不公平，也容易产生"你说我不行，我就破罐破摔"的想法。因此，领导者不可轻易对下属下结论，不要给下属乱贴标签。否则轻则会破坏上下级关系，严重的还可能促使下属向消极方面发展。

启示二，注重对下属心理和行为的引导。"说你行你就行，不行也行；说你不行就不行，行也不行。"这句俗话反映了一种不良社会现象，但如果换个角度看问题，放在心理学的范畴来分析，却是有一定道理的，就像上面那副对联的横批："不服不行"。一个人的成长，不但受制于先天的遗传因素，更离不开后天环境的复杂影响。在种种影响因素中，社会评价和心理暗示的作用非常之大。人的心理发育、认知能力发展是一个逐步成熟完善的过程，青少年对是非、善恶、美丑等的辨识能力较弱，外界的影响（无论有意识的还是无意识的）对他们的心理素质的形成起着决定性作用。每个人对别人的评价会下意识地产生一种认同感，并进而以此塑造自己的行为。而且，相同评价出现的次数越多，对人的心理和行为的塑造固化作用越强，甚至会左右终生。有些人的行为表现，就是由于儿童时期一些家长或老师无意中给孩子贴上了不正确的标签，使他们的不良心理和行为不断地得到强化。因此，领导者正确运用"标签效应"对下属进行科学健康的心理和行为引导，具有特殊重要的意义。领导者在教学管理中，要注意做好学校老师和学生家庭成员的工作，要求老师、家长不得随意给他们的性格和行为特点下结论、贴标签，特别是不能做出可能产生负面影响的评价。同时，采取召开座谈会、发放征求意见书等形式，经常与学生家长探讨交流这方面的心得体会，共同担负起教育引导的责任。

启示三，巧用"贴标签效应"。实践证明，巧用"贴标签效应"，可以起到事半功倍的教育引导作用。具体讲，应从五个方面努力。

1. 对下属的教育、评价保持一致性和一贯性。对下属的教育不能自相矛盾，今天讲这个道，明天说那个理，那样会使他们无所适从，也会使教育引导失去应有的权威性。

2. 不轻易对下属定性下结论。下属特别是青年人，喜欢率性而为，即使有一些不良习惯，往往也是一种无意识行为。所以，切忌动不动就给下属贴上"标签"，人为地划分好坏，那样，很容易使他们自觉不自觉地趋同于划定的类别，限制了他们的自然成长。

3. 不做上纲上线的批评。领导者对下属的批评要讲究方式方法，只批评下属具体的不良行为，不要贬低他们的品质和能力，不要把一时错误、失当行为，看成是他们自身固有的缺点。不要把偶然犯错误说成是人品不好，也不要因一件事未办好，就斥其为"笨蛋"、"无能"。这些看似随意的话，实际上对他们自尊心的伤害往往很深。为此，领导者对下属进行批评的科学方法，应当是"就事论事"，不"上纲上线"，注重用具体指导代替盲目指责，用提出希望代替严厉批评。这样，不但批评的效果会好得多，而且给下属的行为指明了方向。

4. 可用善意的谎言。雨果说过"善是精神世界的太阳"。人在特殊的地方，特殊的时候，从善意出发说出的谎言，反映出的是人的精神世界理智的光芒，而不是罪恶。领导者从善意出发，从爱护入手，维护下属的自尊，避免矛盾冲突，实现情感沟通和顺利交往，在一些特殊场合巧用谎言是一种领导智慧。因此，运用"贴标签效应"，不但使人的特长和优点得到巩固发扬，而且能够帮助一些人矫正和克服不良习惯，引导他们健康快乐成长、不断取得新进步。

洼 地 效 应

前些年，跨国公司曾一度扎堆到我国建工厂、开公司、办企业，就是因为我国经济水平不高，发展相对落后，人力成本低，是相对的"洼地"。近两年，随着资金、技术、人口的不断流入，我国市场渐趋饱和，对各类生产资源的需求加大，竞争加剧，原来具有的比较优势开始慢慢削弱，资金、技术等流入趋缓。受资本的逐利性驱动，资本拥有者又去寻找下一个"洼地"。很多跨国公司搬到了越南、缅甸、孟加拉国等国家，这些地方便成为新兴的"洼地"。

"洼地"即中间低四周高的自然地形，如同水往低处流一样，资金也会向交易成本低的地方集中，这在经济学中，被称作"洼地效应"。

从经济学理论上讲，"洼地效应"就是利用比较优势，创造理想的经济和社会人文环境，使之对各类生产要素具有更强的吸引力，从而形成独特竞争优势，吸引外来资源向本地区汇聚、流动，弥补本地资源结构上的缺陷，促进本地区经济和社会的快速发展。简单地说，指一个区域与其他区域相比，环境质量更高，对各类生产要素具有更强的吸引力，从而形成独特竞争优势。

"洼地效应"启示领导者，应着力创造"价值洼地"，驱动区域经济发展。

启示一，优化政策环境。"洼地效应"是区域经济发展的加速器。大多数的"洼地效应"是人为创造出来的，其中最明显的例子就是深圳。在划作特区前，深圳只不过是南海边无数个贫穷落后的小渔村之一，在 20 世纪六七十年代还发生过严重的饥荒并导致了不少人的外逃。和其他南海边的村落比，尽管它临近香港，可是囿于当时政治形势，并没有使它得到比较优势，相反因它与接壤的地区社会制度的不同而形成了比较劣势。但是中国改革开放政策的提出，尤其是将深圳划作经济特区改变了一切，政策的优势成了深圳最大的比较优势，并由此带动形成了地缘优势、比较优势，最后造就了"洼地效应"。这对深圳经济的发展起到了加速作用。如果没有这种效应，深圳就会和沿海许多小村镇一样处于同一起跑线、同一竞争地位，发展程度也会相差无几，而不会成为今天的国际性大都市。与此类似，各地星罗棋布的经济开发区也正是利用了"洼地效应"的这种加速作用，从而获得了远高于开发区之外的发展速度。从而推动了我国区域经济健康发展。

在尊重市场客观规律的基础上，制定出一系列的有利于营造"洼地效应"的政策制度，对于经济发展来讲是一个非常重要的软性环境，而政策优势是一个地区最大的比较优势之一。只要我们牢牢把握住了这点，就抓住了营造"洼地效应"的大方向。因此，领导者一要吃透党的路线方针政策、中央决策部署和上级指示精神。二要摸清本地区、本部门、本单位的特点、优势在哪里，弱项、短板是什么，掌握第一手资料。三是善于把中央的大政方针和上级的指示精神与自己的具体实际相结合，拿出适合自己发展的政策、举措，创造性地开展工作。

启示二，挖掘资源优势。"洼地效应"的特征，以区域比较优势为基础。比如深圳，它拥有沿海、与香港毗邻的地缘优势，吸引了来自全球各地的资金、技术和人才，以至在短短的20年里，发生了翻天覆地的变化。在这个过程中，深圳之所以能吸引各地的资金、技术，除了政策优势外，靠的就是地缘优势所带来的"洼地效应"。这就要求领导者在综合分析、对比本地资源、人才、技术的基础上，找出本地的比较优势，优先发展优势行业。把政策、资金和本地的独有资源结合起来，往往是经济上出奇制胜的一大法宝。比如湖南省竹业资源居全国之首，就可考虑发展竹子的深加工、精加工产业。徐州是几大铁路交会处，交通方便，又毗邻南、北两方，可优先发展商品流通业。旅游业作为全世界的一个相对新兴产业，被誉为"无烟工业"，它对经济的带动因素以及抗经济衰退的能力，受到了各国越来越多的注意，旅游资源作为一种相对稀缺资源，是一个地区非常重要的比较优势。一些老、少、边、穷地区自然资源丰富，在这一点上拥有得天独厚的条件，拥有巨大的经济发展潜力。一旦这个发动机运转起来，就会带动当地其他相关产业的发展，扩大需求，提高市场容量，从而形成比较优势。这些对于其他地区区域经济发展亦有着同样的启示。

启示三，提升综合竞争力。在优化自然资源和社会资源配置的同时，也要注意交通运输、能源供应、网络通信等硬件建设，这些也是现代社会大生产所必不可少的。这些硬件和政策制度等软环境的建设是相辅相成的，最好的软环境最终也得靠硬件表现出来，硬件和软件就像驱动经济的两个轮子，缺一不可。在现代社会中，我们根本不能想象在一个交通拥堵、能源匮乏、通信不便、信息闭塞的环境下如何发展经济。只有当一个地区内在的资源优势、外部创造的政策优势与交通、通信等硬件设施有效地结合起来时才能提升综合实力，创造最大的"洼地效应"。

瓦拉赫效应

奥托·瓦拉赫读中学时，父母为他选择的是一条文学之路，不料一个学期下来，老师对他做出了如下评语："瓦拉赫很用功，但过分拘泥，这样的人即使有着完美的品德，也绝不可能在文学上发挥出来。"此时，父母只好尊重儿子的意见，让他改学油画。可是，瓦拉赫既不善于构图，又不会润色，对艺术的理解力也不强，成为班上倒数第一。此时，学校的评语对他更是令人难以接受："你是绘画艺术方面的不可造就之才。"面对瓦拉赫的笨拙表现，当时多数教师除了感叹别无他法。而此时的一位化学教师却与众不同，认为瓦拉赫在文学、绘画艺术方面虽然表现不佳，但他那一丝不苟的品质，是具备做好化学实验的必备条件，建议他试学化学。父亲与他都接受了化学教师的建议，从此学起了化学。这下，瓦拉赫的智慧火花一下被点燃了，而且一发就不可收拾，他在化学方面的聪明才智被彻底地发掘出来了，一下成为在化学方面公认的"前程远大的高才生"，在同学中遥遥领先，直至最后摘取诺贝尔化学奖，为人们所称颂。

　　由此，在人才心理学中，人们把那些大智若愚者的特殊才能被正确发掘后，所发生的巨大变化现象，称为"瓦拉赫效应"。

　　是什么力量使瓦拉赫发生了如此神奇的变化呢？

　　分析其原因，不外乎如下几方面：一是不同的人存在着不同的潜能。心理学家霍华德·加德纳认为，人的智力是多元的，人除了语言智力和逻辑、数理智力两种基本的智力外，还有其他七种智力，它们是视觉空间关系智力、音乐节奏智力、身体运动智力、人际交往智力、自我反省智力、自然观察智力和存在智力。这七种多元智力在每个人身上都或多或少地存在着，它代表了每个人不同的潜能。这些潜能只有在适当的情境中才能充分地发掘出来。瓦拉赫就有着与众不同的多元智力，用传统的智力理论来判断，他就是一个智商低弱的人，而用加德纳的多元智力理论来分析，他并不是一个低能者，只不过是他的七种智力组合的方式与众不同罢了。化学教师看到了这一差异，为他创造了有利于他在化学方面发展的潜能环境，从而使他的七种智力组合而成的潜能得到了充分的发展。二是闪光点能及时发现并发扬光大。一个人存在着不同的潜能，而且这种潜能还会不时地表现出来。这时就看有没有人及时地捕捉到，并不断地加以挖掘。否则，这种闪光点就会如同天上的流星一闪而过。因此，及时发现闪光点是十分重要的。发现后能否创造条件让其发挥最大潜能也是十分关键的。在这两点上，瓦拉赫都得到了满足。因此，他如鱼得水，其特殊潜能得到了极速的发展。如果没有化学老师发现他的闪光点，如果没有化学老师持续的鼓励和大力支持，那么，瓦拉赫这颗化学巨星就可能成为一颗流星，一闪而过，不复存在。三是没有"恨铁不成钢"的家庭环境。瓦拉赫之所以成功还与他有一个良好的家庭环境有关。虽然学校对他的文学、绘画等方面的评定极差，但始终没有影响他父母对他的期望，他们总是那样一如既往地爱他、信任他，相信他能取得成功，并帮助他分析学习失败的原因，使他鼓起勇气，努力学习。这种宽容的家庭环境是他走向成功的重要条件。

"瓦拉赫效应"给领导者如下启示。

启示一，要善于挖掘和运用人的潜能。 领导者应清醒地意识到个体的潜能是不一样的，有的比较全面，有的只在某一方面特别出色。作为领导者，如果能把这一出色的方面充分发掘，就可能促进下属其他方面也发生变化，从而实现人的全面发展。领导者在这一发掘过程中，主要的工作应放在帮助下属如何去找到自己的潜能优势，而不是越俎代庖。对下属的个性发展也应如此，有些下属表面上看某些个性还真成问题，如果硬要他在这些方面发挥作用，就好像要瓦拉赫学习文学、绘画艺术那样，只能是个不可造就之才，如果换个角度，把下属其他的潜能优势发挥出来，就可能产生巨大的"瓦拉赫效应"。有个单位，原来没有一个拔尖一点的人才，后来换领导后，单位成员绝大多数成了技术骨干和各方面的拔尖人才，还有一些成了其他行业的领军人物。为什么成员还是那些成员，却会发生那样天翻地覆的变化呢？就是因为新任领导者能充分运用"瓦拉赫效应"，以至绝大多数下属的优质潜能被充分地发掘出来，使这个单位从原来的所谓"问题单位"一举成为大家公认的人才辈出的优秀单位。

启示二，要找到实现人全面发展的突破口。 发现单位成员的潜能优势，并不等于已经重视单位成员的发展。重要的是要把这种潜能优势发掘出来，并转化为现实的创造力和发展力。在这一点上，有的领导者很重视，而且特别注重下属的"闪光点"的培养工作，他们不放过微小的光源，并使之呈现燎原之势。因此，他们特别关注成员平时的表现，总是多观察、多分析，并想方设法找到下属发挥潜能优势的最佳点，然后进行培育引导。特别对那些平时自认为一无是处或被人说成"问题个体"的，更要冷静地分析原因，观察他们的兴趣爱好，从中帮助他们找到自己发展的优势，必要时创造一些学习条件，满足他们特有的偏爱需要，从而激发出他们的发展动力，带动其他方面的工作积极性，最终达到全面发展。事实上，领导者对待自己也应如此，走上领导岗位的人，并不是完美无缺不需再发展的人，在许多方面可能还会存在着许多缺陷，离好干部的标准还有很大差距，有的问题还比较大，一时还不能适应现代领导的要求。因此，领导者也要发现和培养自身的"闪光点"，改正不足从而全面提高综合素质和领导水平。

启示三，要树立和坚持正确的人才观。 人才是分层次的，人才是多样的，人才是不断发展变化的。因此，领导者在教育培养下属时，就要体现这一人才观。防止和纠正"恨铁不成钢"的心态，坚定是铁也是材的理念，主要在于铁用于何处，才能使材变成"才"。有的领导者常常叫喊"我处无才，人才难求"，却不注意发掘身边的人才，总认为"远来的和尚会念经"，热衷于引进人才。结果影响了本单位人才脱颖而出，打击了下属的成才积极性。要树立"个个都是人才，人人都可成才"观念，激发单位人才发挥潜能，从而产生巨大的"瓦拉赫效应"。

启示四，要对下属充满爱心与信心。 瓦拉赫的成才过程，可以说离不开他父母和化学老师对他的爱护和信任，即使他在其他领域学习失败时，也不嫌弃他，而是一如既往地帮助和关心他，从而使他不断进步，一举成功。现实中，我们不难发现，有才能的人往往个性很强，优缺点都很突出，自视很高，与同事不甚"合群"。这就需要领导者以敏锐的眼光发现人才，以宽阔的胸怀拥抱人才，以包容的心态吸纳人才。并且做到量才录用，扬长避短，激励人才在单位建设和发展中建功立业。

在此，笔者再引用两句名言，以引导我们领导者自觉地运用"瓦拉赫效应"。

松下幸之助说："人生成功的诀窍在于经营自己的个性长处，经营长处能使自己的人生增值，否则，必将使自己的人生贬值。"

成功学专家 A.罗宾说："每个人身上都蕴藏着一份特殊的才能。那份才能犹如一位熟睡的巨人，等待着我们去唤醒他……上天不会亏待任何一个人，他给我们每个人以无穷的机会去充分发挥所长……我们每个人身上都藏着可以'立即'支取的能力，借这个能力我们完全可以改变自己的人生，只要下决心改变，那么，长久以来的美梦便可以实现。"

心理摆效应

　　《红楼梦》第三十一回中有这么一段描述：林黛玉天性喜散不喜聚，她说："人有聚就有散，聚时欢喜，到散时岂不冷清？既清冷则伤感，所以不如倒是不聚的好。比如那花开时令人爱慕，谢时则增惆怅，所以倒是不开的好。"故此人以为喜之时，她反以为悲。那宝玉的情性只愿常聚，生怕一时散了添悲，那花只愿常开，生怕一时谢了没趣；只到筵散花谢，虽有万种悲伤，也就无可奈何了。

　　其实，贾宝玉的"喜聚不喜散"和林黛玉的"喜散不喜聚"是一回事，他们都留恋聚时的欢喜，伤感于散后的冷清。只是为了避免散后的冷清，林黛玉才觉得"不如倒是不聚的好"。

虽然贾宝玉和林黛玉是小说中的人物，但在现实生活中，这种聚时欢喜散时伤感的情绪，也是相当普遍的。心理学家发现：人的情感在受外界刺激的影响下，因其强度的多样性和情感的正反性而呈现出多梯度性和两极性的特点，每一种情感具有不同的等级，还有着与之相对立的情感状态，如快乐与忧愁等。就像大海的波涛一样变化，起伏、涨落都遵循一定的规律。在特定背景的心理活动过程中，感情的等级越高，呈现的"心理坡度"就越大，因此也就很容易转化为相反的情绪状态。即如果此刻你感到兴奋无比，那相反的心理状态就会在另一时刻不可避免地出现。

在情绪心理学中，这种特定背景和心理活动而引发的像钟摆那样向两极摆动的心理现象，被称为"心理摆效应"。情绪往"正"向摆动强烈时，心理摆朝着"负"向的挥动力往往也很大。这种心理状态巨大的变换，多发生在那些环境和角色反差较大的人身上。在现实生活中，我们每个人时刻面临着名誉、地位、权力、利益的考验，难免会大悲大喜，但是长期的剧烈的"心理摆效应"会对身心造成不良影响，正所谓"物极必反，乐极生悲"。所以我们应该学会缓解甚至消除其负面的影响。

"心理摆效应"启示领导者身处官场，大起大落在所难免，要做到"不以物喜，不以己悲"，宠辱不惊，始终保持心灵淡然、心态平和。

启示一，要注意消除情绪上的反差。这是自我认识的关键。人的情感复杂多变，犹如大海的波涛，大起大落。喜悦时如沐春风，忧郁时黯然神伤，生气时急火攻心，伤心时愁肠百结，焦虑时惶惶不可终日，紧张时惴惴不安，等等。就像一年四季变化。心理学家研究表明，人的情绪不仅在短时间内呈现出较大的波动，而且会发生从高潮、临界到低潮的周期循环变化。在情绪高潮期内，我们会感觉心情愉悦，精力充沛，能够平心静气地做好每件事情。在情绪的临界期内，我们会觉得心情烦躁不安，容易莫名其妙地发火。而在情绪低潮期内，我们的情绪极度低落，思维反应迟钝，对任何事情都提不起兴致，严重时还会产生悲观厌世的情绪。大起大落的情绪不仅会给人的身心带来很大的伤害，还会让我们变得异常暴躁，失去理智，以至于做出一些出格的举动，让自己悔恨终生。2006年7月10日，在德国的奥林匹克足球场上，法国队与意大利队正在进行着世界杯的冠亚军角逐。比赛异常激烈，从上半场开始到加时赛的前118分钟，法国队一直遥遥领先，这与法国队队长齐达内对全队的把控能力密切相关。法国人一次次疯狂的进攻令意大利队乱了阵脚，眼看法国队便要如愿捧回冠军的奖杯。这时，出人意料的事情发生了。队长齐达内突然情绪失控，用他的光头顶向意大利队的后卫马特拉齐，因此被红牌罚下场。失去领队的法国队立即元气大伤，最终与冠军的殊荣失之交臂。人生不能总是高潮，生活也不可能永远是诗情画意。人生有聚也有散，生活有乐也有苦。职级地位有升也有降，有些人希望永远生活在一路升迁、春风得意、高高在上的理想境界中，而对平凡生活状态总是心存排斥，他们的心境自然也就会因生活场景的变化而大起大落。

如果能够掌握一些克服"心理摆效应"的方法，就可以有效调节日常生活中的坏情绪。我们可以通过有意识的记录，确定自己情绪变化的周期，以便提前预测自己的情绪变化，避免情绪给我们生活带来的负面影响。如果清楚了自己的情绪周期，就可以合理安排自己的作息时间，有意识地将最为重要的工作安排在情绪高涨的时候完成；情绪低落时，我们可以多散散心，参加健身运动，找朋友聊天倾诉，寻求心理慰藉，直到安全度过情绪危险期。此外，在受到情绪困扰的时候，我们可以通过调节自己的认知方式来调节情绪，因为很多情绪的好坏源于我们对事情的不同看法。例如，当我们受到上司批评的时候，不同的人往往会有不同的反应。悲观的人认为这是上司的故意刁难，对他非常不信任；而乐观的人却认为这是上司的刻意栽培，帮助他认识到自身的不足。正是因为这些认识上的偏差，我们才会产生不同的情绪。因此，我们可以通过改变对事情的看法，改善自己的不良情绪。

启示二，要体验不同生活状态的乐趣。生活是缎、霞、歌，这是诗意的表达，更多时候，生活是苍白的、平淡的，甚至是艰难困苦的，不会总是处于激情、浪漫、刺激和甜美的理想境界，所以，不要排斥平凡的人生、普通的生活，平平淡淡才是真。要学会体验不同生活状态的乐趣，既能在激荡人心的活动中体验激情，热烈奔放，又能在日常生活中享受平实，悠然自得。实际上，春有万物复苏，百花盛开；夏有山川翠绿、莺歌燕舞；秋有层林尽染、果实累累；冬有千里冰封，万里雪飘。在职期间，有台上的风光，有事业的成就感；离职退休，有闲暇的惬意，有重拾爱好的空间。可以说各有各的风景。只要有一颗平常心，只要有一个良好的心态，自然是处处好景，时时快乐。只有这样，才能在生活场景发生较大转换时，避免心理上的落差，避免产生失落感和消极的情绪。有一位国王想将王位传给自己的儿子，他膝下有两位王子，都很聪明可爱，这可让他犯了难。一天，国王叫来两个儿子，给了每人一枚金币，让他们到集市上买回一件物品。出发前，国王派人将他们的衣兜剪了一个洞。下午，两兄弟都回来了，大儿子垂头丧气，小儿子却喜笑颜开。国王佯装不明就里，询问他们发生了什么事情。大儿子沮丧地答道："金币掉了！"小儿子回答说："我用金币买回了一个教训：把贵重物品放进衣袋前，要先检查一下衣兜有没有洞。这可是我一辈子都受用的无穷财富啊!"国王听后,立即决定让小儿子继承自己的王位。心态决定格局,格局决定状态。"福兮祸所伏,祸兮福所倚",换一角度思考,你会发现有些损失也可以成为一笔财富。

启示三,要强化理智对情绪的调控作用。根据"心理摆效应",人情绪的高低、潮涨潮落是相依存在、相辅相成的。要避免狂落就只有先避免狂涨。所以,在顺境中要冷静、清醒,在逆境中要安详、镇静。始终保持宠辱不惊的平和心态,特别是当自己的情绪转入低谷时,要尽量避免不停地对比和回顾情绪高涨时的景象,隔绝相关的刺激源,把注意力转向一些能平和自己心境或振奋自己精神的事物和活动中去,激荡的情绪就会慢慢平静下来。传说有一个叫作爱地巴的人,每次生气和人起争论的时候,他立即飞快地跑回家去,绕着自己的房子和土地跑三圈。后来,爱地巴的房子越来越大,土地也越来越广,但他的习惯依然没有改变,哪怕累得气喘吁吁。当爱地巴老了的时候,仍然保留了年轻时的习惯。有一次他生了气,拄着拐杖艰难地绕着土地和房子行走,等他好不容易走完了三圈,太阳都下山了。

他的孙子很不解,问道:"阿公,您一生气就围着房子和土地跑,其中有什么奥秘吗?"爱地巴说道:"年轻时我跟人争吵生气后,就绕着房和地跑三圈,边跑边想,我的房子这么小,土地这么少,哪有时间跟人家生气啊!想到这里,我所有的怒气都消了,就把所有的时间用来劳作。老了生气时,我也绕着房子和土地走三圈,边走边想,我的房子这么大,土地这么多,我又何必和人计较呢?一想到这里,气也就消了。"

延迟满足效应

　　美国心理学家萨勒曾做过这样一个实验：他将一群都是 4 岁的孩子带到一间陈设简陋的房子，然后告诉他们说："每人桌上放有两块好吃的软糖，如果你能坚持 20 分钟，等我买完东西回来，这两块糖就给你。但你若不能等这么长时间，就只能得一块，现在就能得一块！"这对 4 岁的孩子来说，很难选择——孩子都想得两块糖，但又不想为此熬 20 分钟；而要想马上吃到，又只能吃一块。

　　实验结果：三分之二的孩子选择宁愿等 20 分钟得两块糖。当然，他们很难控制自己的欲望，不少孩子只好把眼睛闭起来傻等，以防受糖的诱惑，或者用双臂抱头，不看糖或唱歌、跳舞。还有的孩子干脆躺下睡觉——为了熬过 20 分钟！三分之一的孩子选择现在就吃一块糖。实验者一走，1 秒钟内他们就把那块糖塞到嘴里了。

　　经过 12 年的追踪，凡熬过 20 分钟的孩子（已是 16 岁了），都有较强的自制能力，自我肯定，充满信心，处理问题的能力强，乐于接受挑战。而选择吃 1 块糖的孩子（也已 16 岁了），则表现为犹豫不定、多疑、妒忌、神经质、好惹是非、任性，经不住挫折，自尊心易受伤害。在后来几十年的跟踪观察中，也证明那些有耐心等待吃两块糖果的孩子，事业上更容易获得成功。

综上所述，延迟满足是指为了长远的、更大的利益而自愿延缓或者放弃目前的、较小的满足。从小时候的自控、判断、自信的小实验中能预测出他长大后个性的效应，就叫"迟延满足效应"或称"糖果效应"。

"延迟满足效应"启示领导者，"延迟满足"不是单纯地让人们学会等待，也不是一味地压制人们的欲望，更不是让人们"只经历风雨而不见彩虹"，说到底，它是一种克服当前的困难情境而力求获得长远利益的能力。

启示一，要志存高远。"不谋全局者不足以谋一域"；不谋长远者不足以谋当前。领导者应始终站在战略全局的高度和长远发展的角度思考、筹划单位的奋斗目标。有些目标比较远大，要完成远大的目标，需要像越王勾践那样"卧薪尝胆"做长期不懈的努力和艰苦卓绝的奋斗，付出大的代价。当完成任务时，所得的回报也很大。这就要求领导者放弃眼前的利益和即时的享乐，约束自己的情绪和言行。有时为了达到目标，需要忍得住寂寞、抗得住诱惑、守得住清贫、经得住挫折。领导者在实现远大目标的征途中，崎岖坎坷、风雨雷电在所难免，需要有坚定的信念和坚强的意志。如果缺乏意志力，每遇上外界的诱惑，便放下学习或工作，追求即时享乐，或者急功近利，搞所谓"政绩工程"，就很容易半途而废，更谈不上建功立业。

哈佛大学对个人成功因素做了一个纵向调查，试图找出一些影响人们成功的原因。他们研究的内容有教育、智力、家庭、社会背景等，他们发现很多富家子弟很不成功，而很多出身贫寒的人反而很成功。经过反复研究，他们认为最重要的一个因素是"时间透视力"。"时间透视力"是指当你计划每天的事情和活动的时候，你所能考虑的时间长短。"时间透视力"长的人毫无例外地能够使自己做的每一件事情都成为长远目标的一个部分，平均而言，成功人士的"时间透视力"可以达到10年、15年甚至20年。而失败的人，就是典型的时间短视，他们只重眼前利益，关注短期的快乐和享受。在欧美科学界流行着这样一句话："一心想得诺贝尔奖的，得不到诺贝尔奖。"在我国的学术界也流行着这样一句话："不要急于装满口袋，先要装满脑袋，装满脑袋的人最终也会装满口袋。"以王选院士为例，人们只看到他和北大方正今天的辉煌，但是很难想象，最初的十年间，他度过了怎样艰苦寂寞的岁月。当时，大学和科研院所流行的是写论文、升职称、出国进修。从事激光照排的工作根本看不见有什么名和利的前景，但激光照排的难度和价值，强烈地吸引了王选，使他最终取得了成功。王选的成功验证了"延迟满足"的力量：谁笑到最后，谁笑得最好。

启示二，要强化自控能力。自我控制能力是个体在没有外界监督的情况下，适当地控制、调节自己的行为，抑制冲动、抵制诱惑、延迟满足、坚持不懈地保证目标实现的一种综合能力，是意志力的表现。它是自我意识的重要成分，是一个人走向成功的重要心理素质。在现实生活中，一些人常要在周末或晚上放弃休闲时间，专心学习，难道他们不知道怎么消遣吗？这其实就是延迟满足的表现。为了保障退休后的生活，现在就将部分收入储蓄起来或者用于再投资，这也是延迟满足的表现。为了有健康的身体，不抽烟、不酗酒、不暴食，这也需要延迟满足的能力。延迟满足，就是我们平常所说的"忍耐"。为了追求更大的目标，获得更大的享受，可以克制自己的欲望，放弃眼前的诱惑。这种"忍耐"与排队等待之类的"忍耐"有所区别。它是针对"诱惑"而言，是一种放长线钓大鱼的自我克制与自我把握——当然，这是以明确的目标为基础的。许多人之所以追求即时的满足，而无法做到延迟满足，是因为在潜意识中认为：生活不应该太艰难，太艰难不如逃避算了。这种想法源于婴儿时代——在那个时候，人们的需求总是可以立即得到满足。我们在襁褓中时，由于生存的需要，一旦有欲望，往往可以立即得到父母的满足。于是我们从小在潜意识中就觉得：我们的需求应该立刻得到满足，痛苦会很快过去，我们应该享受舒适和快乐。可是，在逐步长大成人的过程中，我们却发现，世界不能总是让我们的需求立即得到满足。我们经常需要等待，付出持久的努力才能够得到我们想要的东西。实践证明，要追求长远的快乐，不得不忍受一定的不适和痛苦，这是不容易做到的，因为它违反了人的天性。生活在物质非常丰富、思想解放的时代，似乎"即时满足"更符合大众的口味。遍地的快餐文化，那些闪婚又闪离的人群，各种名目的速成班，都体现了这一点。但是，真正的成功，往往属于那些眼光长远、不懈努力、善于忍耐的人。

有这样一个真实的故事。18 世纪后半叶，欧洲探险家来到澳大利亚，发现了这块"新大陆"。1802 年，英国派弗林达斯船长带船队驶向澳大利亚，想以最快的速度占领这块宝地。与此同时，法国的拿破仑为了同样的目的，也派阿梅兰船长驾驶三桅船前往澳大利亚。于是，英国和法国进行了一场时间上的竞赛。法国先进的三桅快船很快捷足先登，占领了澳大利亚的维多利亚，并将该地命名为"拿破仑领地"。他们以为大功告成，便放松了警惕。他们发现了当地特有的一种珍奇蝴蝶，为了捕捉这种蝴蝶，全体出动，一直追入澳大利亚腹地。这时候，英国人也来到了这里，当他们看到法国人的船只，以为法国人已占领了此地，非常沮丧。但仔细一看却没发现法国人，于是船长立即命令手下人安营扎寨，并迅速给英国首相报去喜讯。等到法国人兴高采烈地带着蝴蝶回来时，这块面积相当于英国大小的土地，已经牢牢地掌握在英国人的手中了，留给法国人的只是无尽的悔恨。

在这个故事中，法国军队为了满足一时的冲动，却放弃了本可以获得的更大、更长远的利益。类似这个故事中的情况，在生活中屡见不鲜，很多时候我们的欲望并不能马上实现，而为了实现它，我们必须长久地付出和忍耐。能否耐心地等待，往往决定了我们能否取得巨大的成就。领导者作为一个地区或单位的领航人，能否达到"延迟满足效应"事关全局，责任重大。必须处理好眼前与长远、局部与全局利益的关系，防止和克服"急功近利"、"小富即安"和"小进即满"等思想，树立正确的政绩观，舍得在抓基层、打基础、管长远的工作上动脑筋、下功夫。

启示三，要发掘自己的情商。我们都说领导者不仅要具备智商，更应具备情商。而情商包含两大要素，即价值判断和自制力，就是不但要能判断出什么对自己有利，还要能抵御诱惑、控制自己采取正确的行动。情商比智商更重要，即对于人们所向往的成功来说，情商往往具有决定性的作用，这是智商根本无法比拟的。情商就是自制力，就是人的意志品质和综合心理素质，包括认识、调整和把握自己的能力，最要紧的一点是能管住自己的情绪和欲望。情商高就是自制力强，能够去做不愿意做却对自己有利的事情。一个人能否取得成功，意志品质所起的作用往往大于聪明才智。如果把人生形象地比作路，成功就是走上一条伸向高处的路，就是走上一条有光明前途的路。情商中的价值判断所起的作用，就是告诉人们哪条路风景更好，情商中的自制力所起的作用，则是在人们看清该怎么做后能够凭借意志依道而行、一往无前。从这种意义上说，人与人竞争，比的与其说是智力，不如说是情商，谁能自如地驾驭自己的人生航船，谁就能乘风破浪驶向理想的彼岸。谁控制不住自己的任性和冲动，谁的人生航船就比较容易触礁下沉。所谓的强者，强就强在以意志为支柱的情商上，归根到底还是能够凭借主宰个人行为而改变命运。

异 性 效 应

中国古代常有这样的故事：某小姐长期深居闺中闭门读书，从不接触同龄的男性，某日外出游玩，偶遇公子，双方顿生爱慕之情，可当时的社会，男女受到封建礼教束缚，不能正常往来，之后，双双郁郁寡欢，相思成疾……

文艺复兴时期的意大利作家薄伽丘讲过这样一个故事：有一位老人为了让他的儿子一心侍奉上帝，不让儿子接触世俗社会。有一天，他带儿子到了佛罗伦萨，儿子见到了许多新鲜事物，像皇宫、公牛、马匹、金钱，可他全都不曾留意，唯独女人，吸引了他的眼球，他问："它们是什么？"这位老人不愿意让儿子知道她们是女人，就说："它们叫作绿鹅。"儿子立刻对父亲说："亲爱的爸爸，让我带一只绿鹅回去吧！我要喂它。"这位老人深悔不该把儿子带到佛罗伦萨来。

在日常生活中，我们经常可以看到男营业员接待女顾客，一般要比接待男顾客热情些，反之亦然。林女士是某公司公关部经理。她交际颇广，出师必胜，为公司立下赫赫战功。公司的原料奇缺，材料科的同志四处奔走，却连连碰壁，而林女士外出联系，问题便迎刃而解。公司资金周转严重失灵，急需贷款，急得总经理像热锅上的蚂蚁。又是林女士周旋于银行之间，竟获得上千万元的贷款。林女士因此备受领导器重，工资、奖金一加再加。有人试图总结林女士成功的秘诀，发现除了具有清醒的头脑、敏捷的口才、丰富的知识及接物待人灵活之外，还和她端庄的容貌、娴雅的仪表有很大的关系。

在太空飞行中，60.6%的宇航员会产生"航天综合征"，如：头痛、眩晕、失眠、烦躁、恶心、情绪低沉等，而且一切药物均无济于事。这到底是为什么呢？几年前，在南极考察的澳大利亚科研人员也得了这种怪病，晚上失眠，白天昏昏沉沉，用了许多方法，均无法治愈。经过调查研究，得出的结论竟是"没有男女搭配，是性别比例失调严重，导致异性气味匮乏的结果"。因此，美国著名医学家哈里教授向美国宇航局提出建议，在每次宇航飞行中，挑选一位健康貌美的女性参加。就这么一个简单的办法，竟使困扰宇航员的难题迎刃而解。

心理学家研究发现，在一个只有男性或女性的工作环境里，尽管条件优越，环境良好，自动化程度很高，然而，不论男女，都容易疲劳，工作效率不高。

"异性效应"是指，在个体关系中，异性接触会产生一种特殊的相互吸引力和激发力，并能从中体验到难以言传的感情追求，对工作和学习通常起积极的影响，这种现象也称为"磁铁效应"，即"同性相斥，异性相吸"，俗话说"男女搭配，干活不累"正是说明这个道理。

"异性效应"是一种普遍存在的心理现象，这种效应尤以亚成年个体为甚，其表现是有两性共同参加的活动，较之只有同性参加的活动，参加者一般会感到更愉快，干得更起劲，表现也更出色。这是由于当有异性参加活动时，异性间心理接近的需要得到了满足，因而会使人获得程度不同的愉悦感，并激发起内在的积极性和创造力。男性和女性一起做事、处理问题都会显得比较顺利。

"异性效应"给领导者的启示是不可忽视的。

启示一，利用"异性效应"取长补短，提高工作、学习效率。男女进入青春期后，由于激素的分泌，第二性征的出现，使身体外形及体内机能发生了很大的变化。这一变化既影响周围同物种个体的评价，又促使自己性别角色认知的发展，因此，个体心理上的差异越来越明显。男孩子往往勇敢刚强、果断机智，不拘泥于细枝末节，当然也有的男孩骄横粗暴，逞强好胜。女孩子则往往文静柔弱、感情细腻丰富、举止文雅，比较被动。男女个体相互交往、相互吸引，往往易于发现对方的长处和自己的不足，有利于相互学习、取长补短，丰富和完善自己的个性。男性在思维方式上偏重于抽象化，概括能力较强；女性在思维方式上多倾向于形象化，观察细致，富有想象力。因此男女个体在一起学习、工作就可以相互启发，使思路更加宽阔，思维更加活跃，思想观点相互启迪，往往能触发智慧的火花。在活动中男女个体相互交往，心理交融、两性相悦，使男女个体在异性面前竭其所能，展现风采，可以发掘潜能，激发大家的工作热情和干劲，增强单位的凝聚力和战斗力。为此，领导者应提倡和鼓励男女间的正常交往，多组织一些集体活动，便于大家相互了解、相互学习、取长补短、共同促进。这样能够增强单位的和谐、稳定，使大家出色地完成各项任务。

启示二，利用"异性效应"提高自我评价的能力，激励奋发向上。"异性效应"最直接的道德影响，也在于能加强个体性别角色意识。在群体中，异性间的交往，既是长期的，又涉及学习和工作的各个方面。现代科学认为，人的行为在很大程度上被其承担的角色所决定。在我们这个由男人和女人组成的世界面前，"异性效应"帮助个体认识社会，揭示社会生活真相，形成他们的社会道德、性道德和爱情道德。亚成年的男女个体由于性意识的发展，往往非常留心异性个体（特别是自己喜欢的异性）的一笑一颦、一举一动，喜欢对异性个体评头品足。同时男女个体又都很重视异性对自己的评价。男女个体在评价对方的同时，当然也一定会注意规范自己，塑造自己，完善自己，从而在评价别人中学会评价自己，使自我评价能力得到提高。这样能够促进男女个体自尊、自重、自省、自励，以自身的高尚行为和良好形象影响对方，并引起异性的关注。事实证明，有些对领导者不顺从的男女个体，在异性同事的帮助下，却能够逐渐严格要求自己，各方面都有了很大的进步。由于"异性效应"，男性往往激励自己，使自己成绩优异，谈吐文明礼貌，举止潇洒自如，服饰整洁大方，具有豁达的胸怀和男子汉气质；女性也不知不觉地对自己提出了更高的要求，工作勤奋努力，举止优雅大方，待人温文尔雅，富有德行修养。这种异性间的相互激励成了男女个体良性发展的动力。事实上，"异性效应"也发生在上下级中，女领导者一般具有温柔和亲切的特点。性格粗暴的男下属，往往乐于接受女领导的管教；而女下属的工作成绩，则容易获得男领导的较高评价。这都是"异性效应"的魔力。

启示三，利用"异性效应"增进友谊和团结。"异性效应"有其发生的条件：在一个集体中，异性个体数量的构成，无论哪一方，不能少于所需要的最低比例——百分之二十，而且，年龄要相差不大。随着亚成年个体身心走向成熟，特别注意异性对自己的评价，寻求机会表现自己。在异性面前，重视个体的容貌和装束，更强烈地维护自己的自尊心，这本身便是一种道德约束力，是"异性效应"道德教育机制的关键。"异性效应"的道德力量，还表现在审美观的形成上。青春期后，异性之间的广泛交往，产生情感上的接近和心理上的依恋。作为交往的重要方面，对美的选择和追求发生了根本变化。从人体美转向气质美，而且，这种转变有一定方向，服从特定的模式。"异性效应"的又一道德功能，在于能加强集体生活的凝聚力。研究发现，在清一色的男性或女性组成的集体里，往往会因一些小事而发生摩擦，引起冲突，影响和谐气氛。"异性效应"可以缓和、避免这种情况，促使个体间相互关心，推动人际理解，其基础是两性本身的相互吸引。所谓人际理解，实质是彼此相互认可，在此基础上，异性个体之间的心理沟通，便于建立真正的友谊，构成集体的凝聚力，同时，性别本身的差异，有互补作用，使集体生活多姿多彩。领导者在组织各种集体活动中，应注意男女的数量的合理搭配，热情鼓励异性间的互相关心和互相帮助。如此借助"异性效应"，可以形成一种愉快喜悦的氛围，增强单位成员的团结和友谊。

约翰逊效应

后羿是夏朝著名的神箭手，他练就了一身百步穿杨的功夫，立射、跪射、骑射样样精通，几乎从来没有失手过。夏王听说了他的本事，十分欣赏他。有一天，夏王把后羿召入宫中来，准备领略他那炉火纯青的射技。夏王命人把后羿带到御花园里的一个开阔地带，叫人拿来了一块一尺见方、靶心直径大约一寸的兽皮靶，用手指着说："这个箭靶就是你的目标。如果射中了的话，我就赏赐给你黄金一万镒；如果射不中，就削减你的一块封地。"后羿听了夏王的话，一言不发，面色变得凝重了起来。看着一尺见方的靶子，想着即将到手的万两黄金或即将失去的千户封邑，心潮起伏，难以平静，平素不在话下的靶心变得异常遥远，他的脚步显得异常沉重。他慢慢走到离箭靶一百步的地方，然后取出一支箭搭上弓弦，摆好姿势拉开弓开始瞄准。想到自己这一箭出去可能发生的结果，后羿的呼吸变得急促了起来，拉弓的手也微微发抖，瞄了几次都没有把箭射出去，最后，后羿一咬牙松开了弦，箭应声而出，"啪"的一下钉在离靶心有几寸远的地方。后羿脸色一下子白了，他再次弯腰搭箭，精神却更加不集中了，射出去的箭也偏得更加离谱。后羿收拾弓箭，悻悻地离开了王宫。夏王在失望的同时掩饰不住心头的疑惑，就问道："后羿平时射起箭来百发百中，为什么今天大失水准呢？"有一位一直在旁边观察的大臣解释说："后羿平时射箭，不过是一般练习，在一颗平常心之下，水平自然可以发挥出来。可是今天他射出的箭直接关系到他的切身利益，根本无法静下心来施展技术，又怎么能射得好呢？"本来稳操胜券的后羿因为心理负担太重而大失水准，最终黯然离场。

1972 年，尼克松竞选连任。由于他在第一任期内政绩斐然，所以大多数政治评论家都预测尼克松将以绝对优势获得连任。然而尼克松本人却很不自信，他极度担心再次出现失败。在这种潜意识的驱使下，他鬼使神差地干出了令人大跌眼镜，也令他自己懊悔终生的事情。他指派手下的人潜入竞争对手总部所在的水门饭店，在对手的办公室内安装了窃听器。事发之后，他又连连阻止调查，推卸责任，在选举胜利后不久便被迫辞职。

有位年轻人在岸边钓鱼，旁边坐着一位老人，也在钓鱼。奇怪的是，老人家不停有鱼上钩，而年轻人一整天都未有收获。他终于沉不住气，问老人："我们两人的钓饵相同，地方一样，为何你轻易钓到鱼，我却一无所获？"老人从容答道："我钓鱼的时候，只知道有我，不知道有鱼；我不但手不动，眼不眨，连心都静得像没有跳动，鱼不知道我的存在，所以它们咬我的鱼饵；而你心里只想着鱼吃你的饵没有，连眼也不停地盯着鱼，见有鱼上钩，心浮气躁，情绪不断变化，心情烦乱不安，鱼不让你吓走才怪，又怎么会钓到鱼呢?"

一位名叫约翰逊的运动员。他平时训练有素，实力雄厚，但在体育场上却连连失利。人们借此把平时表现良好，但由于缺乏应有的心理素质而导致竞技场上失败的现象称为"约翰逊效应"。在日常生活中，有些平时成绩名列前茅的学生在考试中却屡屡失利，有些实力相当强的运动员却在赛场上发挥异常，饮恨败北。细细品来，"实力雄厚"与"赛场失误"之间的唯一解释只能是心理素质问题，主要原因是得失心过重和自信心不足而造成的。

有些领导者平时"功绩卓著"，众星捧月，造成一种心理趋势：只能成功不能失败，再加上自己地位的特殊性，各方面寄予厚望，使得其患得患失的心理加剧，心理包袱过重，如此强烈的心理负担阻挠自己，怎么能够发挥出应有的水平呢!

"约翰逊效应"启示领导者，既要面对上级领导，又要面对基层群众和舆论媒体，同时还要应付名誉、地位、权力、金钱、美色的考验，竞争会更多，压力会更大，必须排除各种干扰和患得患失的私心杂念，始终保持应有的政治定力。

启示一，始终保持一颗平常心。一个人的进取心太强，对某个事物如名利、地位、职位升迁刻意追求，心态就难以平和，心境就难以坦然，目标就像蝴蝶一样振翅飞远。平常心可以使人情绪宁静，处变不惊，镇定自若，更容易达成目标，而且平常心还可以产生情感自慰，使人的生活更加和谐平衡，做事才能拿得起放得下。这就需要领导者要淡泊名利地位，淡化攀比心理，不为名利所累，不为权力所惑，不为金钱所动，不为美色所诱。老老实实做人，踏踏实实做事，清清白白为官。

启示二，始终保持奋发图强的精神风貌。很多人会说，我们工作、生活的环境不允许我保持平常心，又该怎么办？如果是这样的话，那么就只能退而求其次，主动参与每一次竞争，不断对人生旅程中出现的压力和障碍加以应对。适应是一个过程，可以在一次次的磨砺中实现从量变到质变的飞跃，从而提高对外界压力的承受能力。心理学家威廉·詹姆斯说："播下一个行动，你将收获一种习惯；播下一种习惯，你将收获一种性格；播下一种性格，你将收获一种命运。"从行动到性格，需要无数次磨炼和体验，这个过程不可忽视。

启示三，瞄准目标，矢志不移。对于目标真正的专注往往抑制恐惧。古人云："致虚极，守静笃。"当一个人专注到极致的时候，整个心中是没有任何旁骛的，就像一只要抓老鼠的猫，两只锐利的眼睛直盯即将到手的猎物，聚精会神，随时伺机给予致命的一击。同样人只有精神极度集中，不达目的决不罢休，才能凝心聚力抓工作、干事业、创佳绩。

晕 轮 效 应

美国社会心理学家戴恩做过一个这样的实验。他让被试者看一些照片，照片上的人有的很有魅力，有的没有魅力，有的非常普通。然后让被试者在与魅力无关的特点方面评定这些人。在结果表明，被试者对有魅力的人比对无魅力的人赋予更多理想的人格特征，如和蔼、沉着、好交际等。

美国心理学家凯利以麻省理工学院的两个班级的学生分别做了一个试验。上课前，实验者向学生宣布，临时请一位研究生来代课。接着告诉学生有关这位研究生的一些情况，其中，向一个班的学生介绍这位研究生具有热情、勤奋、务实、果断等品质，向另一个班的学生介绍的信息除了将"热情"换成"冷漠"之外，其余各项都相同。两种介绍间的差别是：下课后，前一个班学生与研究生一见如故，亲密攀谈；另一个班的学生对他都敬而远之，冷淡回避。可见，仅介绍中的一词之别，竟会影响到整体的印象。学生们戴着这种有色眼镜去观察代课者，而这位研究生就被罩上了不同色彩的晕轮。

"晕轮效应"，又称"光环效应"、"成见效应"、"光晕效应"，是指在人际相互作用过程中，人们常从对方所具有的某个特征而泛化到其他一系列有关特征，也就是从所知觉到的特征泛化推及未知觉到的特征，从局部信息而形成一个完整的印象，即一种夸大的社会印象。正如晕轮和月晕一样，在云雾的作用下，其光辉从一个中心点逐渐向外扩散成越来越大的圆圈，形成一种光环作用，所以称为"晕轮效应"或"月晕效应"。"晕轮效应"常表现在一个人对另一个人（或事物）的最初个别的、表面的印象决定了他的总体看法，而看不准对方的真实品质，形成一种或好或坏的"成见"。所以"晕轮效应"是主观推断的泛化、定势的结果。本质上是一种以点代面、以偏概全的主观印象，是认知上的失误。

"晕轮效应"最早是由美国著名心理学家爱德华·桑戴克于20世纪20年代提出的。他认为，人们对人的认知和判断往往只从局部出发，扩散而得出整体印象。一个人如果被标明是好的，他就会被一种积极肯定的光环笼罩，并被赋予一切都好的品质；如果一个人被标明是坏的，他就被一种消极的否定的光环所笼罩，并被认为具有各种坏品质。这就好像刮风天气前月亮周围出现圆环（月晕）。其实，圆环不过是月亮光的扩大而已，据此，桑戴克为这一心理现象起了一个恰如其分的名称——"晕轮效应"或"光环效应"。

"晕轮效应"给领导者的启示是广泛而深刻的。

启示一，应克服"投射倾向"。"晕轮效应"还在于内隐人格理论的作用。人的某些品质之间是有其内在联系的。比如，热情的人往往对人比较亲切友好，富有幽默感，肯帮助别人，容易相处；而冷漠的人较为孤独，古板，不愿求人，比较难相处。这样，对某人只要有了一个特定印象，我们就会自然而然地去补足其他有关联的特征。另外，就人的性格结构而言，各种性格特征在每个具体的人身上总是相互联系、相互制约的。例如，具有勇敢正直、不畏强暴性格特征的人，往往还表现在处事待人上襟怀坦白，敢作敢为，在外表上端庄大方，恳切自然。而一个具有自私自利、欺软怕硬性格特征的人，则会在其他方面表现出虚伪阴险、心口不一，或阿谀奉承，或骄横跋扈。这些特征也会在举止表情上反映出来。于是，人们既可以从外表知觉内心，又可以从内在性格特征泛化到对外表的评价上。这就产生了"晕轮效应"。现实生活中，人们对一个人的整体态度，还会连带着影响到跟这个人的具体特征有关的事物上。成语中的"爱屋及乌"就是"晕轮效应"弥散的体现。

《韩非子·说难》中讲过这样一个故事。卫灵公非常宠幸弄臣弥子瑕。有一次弥子瑕的母亲病了，他得知后就连夜偷乘卫灵公的车子赶回家去。按照卫国的法律，私乘国君的车子是要处以刖刑（把脚砍掉）的。但卫灵公却夸奖弥子瑕孝顺母亲。又一次，弥子瑕与卫灵公同游桃园，他摘了桃子吃，觉得很甜，就把咬过的桃子献给卫灵公尝，卫灵公又夸奖他有爱君之心。后来，弥子瑕年老色衰，不受宠了。卫灵公由不喜欢他的外貌而不喜欢他的品质了，甚至以前被他夸奖过的两件事，也成了弥子瑕的"欺君之罪"。有些人总是从好的一面解释人，因为他本人就是一副菩萨心肠；有些人则总是用恶意来判断人的行为，即使是好事他也会认为这是"别有用心"，这是因为他本人猜疑心重，即"以小人之心度君子之腹"。这种把自己的某些心理特点附加给对方的现象即是"投射倾向"。人际知觉的投射倾向表明，一个人对他人的知觉包含着自己的东西，人在反映别人的时候常常也在反映着自己，而这种反映又往往是不自觉的。

德国著名思想家、科学家、作家约翰·沃尔夫冈·冯·歌德说过："人们见到的，正是他们知道的。"人们常常会极端化地推及人和物，进行知觉的评价和对比。从喜爱一个人的某个特征到喜爱他整个人，从讨厌一个人的说话态度到讨厌他所做的每一件事，这就是所谓"情人眼里出西施"、"厌恶和尚恨及袈裟"。如果我们对自己的"投射倾向"不加注意，没有清醒地、理智地经常自我反思，就很可能制造出"晕轮效应"，出现各种偏见。因此，领导者要注意防止把自己的看法和主张强加于人，摒弃凭感觉与感情为人处世，防止以个人性情好恶定取舍，以远近亲疏论短长，真正做到公道处事、客观评判、正确识人用人。

启示二，应消除"刻板印象"。"晕轮效应"的最大弊端在于以偏概全。有时我们抓住的事物的个别特征并不反映事物的本质，可我们却仍习惯于以个别推及一般、由部分推及整体，势必牵强附会地推出其他特征。随意抓住某个或好或坏的特征就断言这个人或是完美无缺，或是一无是处，这就犯了片面性、刻板印象的错误。青年人恋爱中的一见钟情，就是由于对象的某一方面符合自己的审美观，往往对思想、情操、性格诸方面存在的不相配处都视而不见，觉得对象是"带有光环的天仙"，样样都尽如人意。同样，在日常生活中，由于对一个人印象欠佳而忽视其优点的事，不胜枚举。刻板印象就是所谓类化作用，按照预想的类型将人分为不同种类，然后贴上标签，按图索骥。比如，提起教授便想到"文质彬彬"，说到商人，总和"唯利是图"挂起钩来。刻板印象的形成，往往始于对某一类人普遍特征的归类，这是一种简单的认识，虽然有利于对某一类群体做出概括的了解，但也很容易产生偏差。因为人心不同，各如其面，而刻板印象所根据的却并非认识对象本人的事实，有时刻板印象还是由于偏见的合理化而来。因此，刻板印象与"晕轮效应"可以说是有不解之缘的，是导致失真的一个"误区"。苏东坡有句著名的诗"横看成岭侧成峰，远近高低各不同"就说明了这样一个问题。我们要对他人产生确切的、深刻的认识，千万别忘了人的丰富多样性，要不断地修正头脑中由于刻板印象所造成的假象，唯有消除偏见，进行多角度的深入分析，才能做出正确的判断。

启示三，应防止"以貌取人"。"晕轮效应"往往产生于自己对某个人的肤浅了解，也就是还处于感知的阶段，因而容易受表面性、局部性和知觉所带来的选择性影响，从而对于某人的认识仅仅专注于一些外部特征上。有些个性品质或外貌特征之间并无内在联系，可我们却容易把它们联系在一起，断言有这种特征就必有另一种特征，或以外在形式掩盖内部实质。如外貌堂堂正正，未必正人君子；看上去笑容满面，未必心底慈善。简单把一些不同品质联系起来，得出的整体印象必然是表面的。两个素不相识的人，初次见面后所形成的直观感觉，在心理学上称为第一印象。由于它有先入为主的特点，因而往往比较深刻。如果第一印象好就会给以后交往打下良好的基础。但初次接触所提供给你的判断材料不仅十分有限，而且往往是比较外在的，甚至具有一定的虚假性，问题的严重性又恰恰在于此。一般说来，先得到的信息常常只扮演补充和解释的角色，如果仅仅依此定论，势必陷入"晕轮效应"。俗话说"当局者迷，旁观者清"，因此，领导者应及时矫正"第一印象"，注意客观、全面、深入地观察，不要过早地对人做出评价、对事做出结论，一定要调查研究，辩证地看待人和事，特别是有突出优点或缺点的人，甚至思想上要有修改甚至否定第一印象的准备，尽可能多地听取各方面的意见和建议，去粗取精、去伪存真、由此及彼、由表及里地分析思考，使我们的思维和行为更加符合客观实际。

一项心理实验显示，当人们被要求在一堆他们不认识的照片中分别找出"好人"与"罪犯"时，总会受到外貌"晕轮效应"的影响，即表现出按外貌分类的倾向。苏联心理学家鲍达列夫曾向72个人调查他们是怎样理解人的外貌的。其中9人回答：方方的下巴是意志坚定的标志，宽大的前额是智慧的标志；3人认为粗硬的头发表示倔强的性格；14人认为人胖表示心地善良；2人认为肥厚的嘴唇是憨厚朴实的标志；等等。这个调查结果是有趣的，也具有一定的普遍意义。尽管这些生理特征是较为固定的或天生的，但不少人仍认为从中能看出一个人的性格特征。这种"由表及里"的推断，含有很大的偏见成分。为此，只要我们在认识他人的问题上，不满足于从表象上去了解，而注重了解对方的心理、行为等深层次结构，我们就能够有效地防止外貌"晕轮效应"的影响。

启示四，应避免"循环证实"。心理学研究证明：一个人对他人的偏见常会得到自动的"证实"。比如，你对某人存有怀疑之心，时间一长，自然会为人所觉察，对方必然会产生离心和戒心。而对方这种情绪的流露，又反过来使你深信自己当初对他的看法是正确的。这就是心理学中的角色互动和双向反馈。由于一方感情的偏失，导致对方的偏失，反过来又加强了一方偏失的程度。如此循环证实，势必陷入越来越深的偏见中去，走进"晕轮效应"的迷宫而忘返。这就提醒领导者在与他人交往时，不要过分地注意别人是怎样评价自己的，相信自己一定会获得他人的理解和认可，同时，也要加强相互间的沟通交流，及时消除误解、增进互信。特别是当你看不惯某个人，对某个人怀有成见的时候，应当理智地检讨一下自己的态度和行为是否受到"晕轮效应"的影响，自觉走出"晕轮效应"的陷阱。

常言说，"知人为聪，知己为明"。从一定意义上讲，一个领导者水平如何，在很大程度上取决于他的知人知己的能力。我们知道，对人的知觉过程不同于对物的知觉过程，人对自身和同类的知觉，往往一开始就注定要受到主体意识的明显渗入和缠绕。所以对人的知觉与对物的知觉比较起来更困难，更容易受到主观因素的影响，从而出现失真乃至错觉。"晕轮效应"的错误在于：容易抓住事物的个别特征推及一般。它给认知带来消极影响的直接结果就是以偏概全，偏见是以有限的或不正确的信息来源为基础的。一个走进"晕轮效应"迷宫的人，势必产生偏见。

酝 酿 效 应

古希腊国王让人做了一顶纯金的王冠，但他又怀疑工匠在王冠中掺了银子。可问题是这顶王冠与当初交给金匠的金子一样重，谁也不知道金匠到底有没有捣鬼。国王把这个难题交给了科学家阿基米德。阿基米德为了解决这个问题冥思苦想，起初尝试了很多办法，但都失败了。有一天他去洗澡，他一边放水一边坐进澡盆，结果看到水往外溢，同时感觉身体被轻轻地托起，他突然恍然大悟，运用浮力原理解决了这一难题。

苯元素在1825年就被发现了，此后几十年间，人们一直不知道它的结构。所有的证据都表明苯分子非常对称，大家实在难以想象6个碳原子和6个氢原子怎么能够完全对称地排列，形成稳定的分子。德国化学家凯库勒长期研究苯分子结构，但同样对苯分子中原子的结合方式百思不得其解。1864年冬的某一天晚上，他在火炉边看书时，不知不觉打起瞌睡，做起了梦。这是一个化学史上最著名的梦，苯分子结构的秘密由此解开。凯库勒自己是这样描述的："但事情进行得不顺利，我的心想着别的事了。我把坐椅转向炉边，进入半睡眠状态。原子在我眼前飞动：长长的队伍，变化多姿，靠近了，联结起来了，一个个扭动着，回转着，像蛇一样。看那是什么？一条蛇咬住了自己的尾巴，在我眼前轻蔑地旋转。我如同受了电击一样，突然惊醒。那晚我为这个假设的结果工作了一整夜，这个蛇形结构被证实是苯的分子结构。"

美国化学家普拉特和贝克等人也都讲述过类似的经历。例如，普拉特和贝克写道："摆脱了有关这个问题的一切思绪，快步走到街上，突然，在街上的一个地方——我至今还能指出这个地方——一个想法仿佛从天而降，来到脑中，其清晰明确犹如有一个声音在大声喊叫；第二天，我在做一件性质完全不同的事情时，好像电光一闪，突然在头脑中出现了一个思想，这就是解决的办法，简单到使我奇怪怎么先前竟然没有想到。"

综上例证，当反复探索一个问题的解决而毫无结果时，把问题暂时搁置几小时、几天或几个星期，由于某种机遇突然使新思想、新心象浮现了出来，百思不得其解的问题往往一下子便找到解决办法。这就是所谓的"酝酿效应"，又称"直觉思维"。

心理学家西尔维拉的实验也说明了这种效应。她对被试者提出问题："有4个小链子，每个链子有3个环。打开一个环要花2分钱，封合一个环要花3分钱。开始时所有的环都是封合的。你的任务是要把这12个环全部连接成一个大链子，但花钱不能超过15分钱。"在实验中的3组被试者都用半小时来解决问题，第一组半小时中有55%的人解决了问题；第二组在半小时解决问题中间插入半小时做其他事情，有64%的人解决了问题；第三组在半小时中间插入4个小时做其他事情，有85%的人解决了问题。在这个实验中，主试要求被试者大声说出解决问题的过程，结果发现第二、三组被试者回头来解决项链问题时并不是接着已经完成的解法去做，而是利用其他方法从头做起。因此，可以认为，"酝酿效应"打破了解决问题不恰当的思维定势，从而促进了新思路的产生。

在我国，民主集中制是党的根本组织原则和领导制度。在实施集体领导中，"个别酝酿"是实现科学决策的重要环节和方法，对于落实民主集中、促进会议决定的科学性、正确性有着重大作用。

"酝酿效应"启示领导者在实际工作中，应贯彻好民主集中制，运用好"个别酝酿"环节。

启示一，要科学把握"酝酿效应"的主要特征。从"酝酿效应"的表现形式和思维本质来看，具有非逻辑性和突发性两个特征。首先，它既不表现为演绎的推理形式，又不表现为归纳逻辑，也表现不出其他的规律性。它不受逻辑规律的约束，往往超越逻辑程序而直接做出结论。它的非逻辑性特点常常表现为：1. 不可解释。当一个问题从百思不得其解的长期困扰到突如其来的领悟理解，这一具体过程是意想不到和难以说明的，如高斯在证明一个折磨了他两年之久的算术定理时，一个突然的想法使他获得了成功。他回顾说："像闪电一样，谜一下解开了，我也说不清楚是什么导线把我原先的知识和使我成功的东西联结了起来。"2. 逻辑程序的高度简缩。有两种情形，一种是原有逻辑程序的简化和压缩，另一种则是"违反"了那种逻辑程序。这就是说，直觉思维忽略了逻辑推理进程的细节过程，越过了许多中间环节，但把握住了个别的、最重要的环节，特别是最终的结论。3. 综合性。思维者不着眼于细节的逻辑分析，而是从整体上来把握对象。

　　其次，"酝酿效应"是一种突发性的创造活动，一般是在对问题冥思苦想之后，在出其不意的状态下突然发生，因而表现为思维运动的突然飞跃，体现突发、突变和突破的特点。俄国化学家门捷列夫发现元素周期律的决定性观念，就是在他提着箱子准备上火车之际突然闪现的；德国著名数学家希尔伯特长期未解出的一个数学难题，据他说也是在一次看戏时突然领悟的。"酝酿效应"是一种有非逻辑性和自发突变性的思维活动，是一种突破性的创造活动，它不受形式逻辑的约束，能打破常规思路，产生惊人的方法突破和成果突破。它提示：当我们对一个问题百思不得其解时，将其从脑海中抛开，转而想别的事情，或可以去散步、读书等，等待有价值的想法、心象的自然酝酿成熟并产生出来。之所以如此，是因为抛开对问题的思索后，也就摆脱了长期的精神紧张，但头脑中搜集到的资料是不会消极地储存在那里的，它在按照一种未知的或很少意识到的方式进行着加工和重新组合，进而产生了新的想法。我们平时所说的"灵感迸发"或者"恍然大悟"，就是经过这样一个酝酿阶段之后，突然出现的智慧火花。

　　启示二，要提高对"个别酝酿"的认识。不管是科学家还是一般人，在长期致力于解决某一问题而又百思不得其解的时候，如果他暂时停下对这个问题的思考去做别的事情，几小时、几天或几周之后，他可能会忽然想到解决的办法，这就是"酝酿效应"。酝酿之所以有利于问题的解决，可能与对定势的克服有关。在解决问题的初期，人们往往以原来某种方式或依靠某种知识结构进行思维。如果最初的这种心理状态是适当的，就可能解决问题；但如果不适当，那么解决步骤将始终是不恰当的，问题就不能解决。如果暂时停止对那个问题的思考，则人们有可能打破原来不恰当的思路，从而导致解决问题的合理步骤的出现。这是因为酝酿时，表面似乎把问题放下了，实际上大脑潜意识的思维并没有完全终止，而且此时消除了因"想不出办法"导致的紧张，有利于找到新思路，使我们茅塞顿开。也就是说，一个人开始考虑解决问题的途径不成功，走到了一条死胡同后，离开这种情境一会儿，人就能用另外的方式来进行探索，结果找到了有效的方法使问题得到解决。"酝酿效应"实际上是产生了顿悟，使人们打破了原来不恰当的思路，从一个新的角度思考问题，从而使问题得以解决。日常生活中，常常会对一些难题束手无策，不知从何入手，这时思维就进入了"酝酿阶段"。直到有一天，当抛开面前的问题去做其他的事情时，答案却突然出现在我们面前，令我们忍不住发出类似阿基米德的惊叹，这时，"酝酿效应"就绽开了"思维之花"，结出了"答案之果"。古代诗词说"山重水复疑无路，柳暗花明又一村"，正是这一心理的写照。

心理学家认为，酝酿过程中，存在潜意识层面的推理，储存在记忆里的相关信息在潜意识里组合，人们之所以在休息的时候突然找到答案，是因为个体消除了前期的心理紧张，忘记了个体之前不正确的、导致僵局的思路，具有了创造性的思维状态。因此，如果你面临一个难题，不妨先把它放在一边，去和朋友散步、喝茶，或许答案真的会"踏破铁鞋无觅处，得来全不费工夫"。也就是说，在解决问题时碰到百思不得其解的情形，不如把该问题搁置于一边而改做其他事，时隔几小时、几天，甚至一段时间之后再来解决它，问题答案常可能较快地找到。这种效应产生的原因，据现代认知心理学的解释是，原初的定势不合适，致使问题得不到解决，后来通过暂时放下，不合适的知识结构得到消除，个体便能够运用新的思路去解决问题。

启示三，要充分发挥"个别酝酿"的作用。个别酝酿有三个方面的作用：

1. 能营造领导班子的团结氛围。领导者特别是单位一、二把手，在班子中居于核心地位，担负着团结一班人的使命，其贯彻民主集中制的水平，直接关系到集体的团结和谐，"个别酝酿"作为贯彻落实民主集中制的具体措施，既是党委成员之间思想上的碰撞，也是相互间感情上的交流，更有一定时间的独立思考。经验和教训证明，若不重视会前的"个别酝酿"，很可能把会开成随声附和的"点头会"或各执一词的"辩论会"。长此以往，领导成员之间容易滋生不满、误解和隔阂。为此，领导者要牢固树立民主意识，会议决策前，先通告议题，把会前的酝酿做足做细，给大家充分的时间对议题进行深入的调研思考和交流探讨，避免因仓促上会而导致的意见不合。

2. 能凝聚集体智慧和力量。领导者要尊重和吸取每个班子成员的意见、建议，引导大家正确认识自己在班子中的重要地位和作用，激发班子成员说实话、讲真话，敢于发表自己的真知灼见，使酝酿的过程成为班子成员集思广益、群策群力的过程。

3. 能促进领导班子的科学决策。毛泽东同志曾明确指出："在会议之前，对于复杂的和有分歧意见的重要问题，必须留有独立思考的时间，使委员们有思想准备，以免会议决定流于形式或不能做出决定。"(《毛泽东选集》第四卷，人民出版社1991年版，第1341页。)邓小平同志也强调："如果在讨论中发现重大的意见分歧，而这种分歧并不属于需要立即解决的紧急问题，就应该适当地延长讨论，并且进行个人商谈，以便求得大多数的真正同意……"（《邓小平文选》第一卷，人民出版社 1994 年版，第 231 页。）新《党章》更是把"个别酝酿"定为党委决策过程中的重要环节，其目的在于防止临时动议、草率决策、议而不决、决而不行等现象发生。因此，领导者会前应引导大家对议题仔细酝酿、充分酝酿、反复酝酿，确保正确决策的形成。

启示四，要注意提升"个别酝酿"的质效。

1. 要善于抓住重点。单位、部门的重大工程建设、重大经费开支、重大任务部署、重大利益调整、重要人事任免以及人员立功受奖等事关方向性、全局性、基础性的重大问题和涉及群众切身利益的重点、难点、热点、敏感性问题，领导者应当高度重视、谨慎处理，要在议题确定后，及时发布"安民告示"，会前给班子成员留足调研思考的时间，进行充分酝酿，不断提高领导班子议大事、抓大事的能力。

2. 要注重把握原则。一方面，要坚持讲政治、顾大局的原则，领导者要善于站在政治全局的高度，将"个别酝酿"融入党的事业发展的主旋律和大趋势，始终把握单位建设的正确方向。另一方面，要坚持讲真话、办实事的原则。领导者作为"一班之长"，要将"个别酝酿"作为成员讲真话、交真心的平台，作为为群众办实事、解难事的重要环节，亲自参与酝酿，倾听不同声音、尊重不同意见，掌握一手资料。

3. 要讲究科学方法。首先要把握好时机，领导者要舍得花时间、下功夫对可能出现的倾向性、突发性问题进行预判，做到心中有数。同时要在给大家留出充足的时间思考研究的基础上，根据议题的不同情况，选择酝酿的时机，一般对重大工程建设、重大经费开支等难度较大的问题，酝酿的时间要长一些；对干部任免、人事调整等敏感问题，则不宜过早酝酿，以防跑风漏气。其次要选好范围，根据议题的不同性质，领导者要合理选择酝酿范围的大小。对干部人事、立功受奖等与切身利益关系密切问题，应听取各方意见；对重大工程建设、重要制度建立等专业性较强的问题，应吸取有关专家的意见，确保酝酿的科学性、缜密性。

"自己人"效应

为矫正中学生早恋倾向，有位教师对学生的教育是这样开场的："记得自己年轻时，班上有一位漂亮女生，不知怎么搞的，我老是会想到她，在上课时也会禁不住看她一眼。"然后，这位教师指出这是青春期性萌动的正常反应，再接着谈自己对早恋的看法和建议。这样的效果就很好，学生会觉得亲切可信，从而对这位教师的建议愿意听取采纳。

冯玉祥将军在他的"丘八诗"中号召士兵："重层压迫均推倒，要使平等现五洲。"他热爱体贴士兵，关心他们的生活，曾为伤兵尝汤药，擦身搓背，甚至和士兵一样吃粗茶淡饭。所以，士兵们都感到冯将军没有架子，与自己处于平等地位，因而都尊重和听他的话，有什么想不通的事都愿意找他说，把他视为自己人、知心朋友。

所谓"自己人"，是指对方把你与他归于同一类型的人。人们对"自己人"所说的话更信赖、更容易接受。在人际交往中，如果双方关系良好，一方就更容易接受另一方的某些观点、立场，甚至对对方提出的为难要求，也不容易拒绝。这在心理学上称作"自己人"效应或"同体效应"。例如,同样一个观点,如果是自己喜欢的人说的,接受起来就比较容易;如果是自己讨厌的人说的,就可能本能地加以排斥。有道是:"是自己人,什么都好说;不是自己人,一切按规矩来。"

现实中,要与同事搞好人际关系,就不能不强化"自己人"效应。强化"自己人"效应,从领导者这个角度而言,就是要使他人确认你是他们的"自己人"。100多年前,林肯引用一句古老的格言,说过一段颇为精彩的话,他说:"一滴蜜比一加仑胆汁能够捕到更多的苍蝇,人心也是如此。假如你要别人同意你的原则,就先使他相信:你是他的忠实朋友即'自己人'。用一滴蜜去赢得他的心,你就能使他走在理智的大道上。"

"自己人"效应启示领导者,酿成这"自己人"的"一滴蜜",关键还在于你自己——在于你如何把"态度与价值观的类似性"和"情感上的相悦性"具体化,在于你怎样从各个方面去广采可供酿蜜的"花粉"。

启示一,要遵从相关原则。除了从阶级地位、政治态度、立场观点这些根本问题上的类似性确立人际关系的"自己人"之外,还应遵从下列原则:

第一,平等观。要想取得对方的信任,首先要与对方处于平等地位。人际交往是角色互动,如果动辄就摆出一副居高临下之势,以"三娘教子"的态度教训别人,那就"互动"不起来,很难叫人喜欢你。法国大革命时期最出色的宣传家马拉,就是因为被群众称为"人民之友",具有"自己人"的平等地位,才赢得人民的喜爱,因而他的见解也就容易被群众所接受。在平等观问题上,我们还要注重交往中的用语问题。这不仅仅是一个形式问题。比如，你在某种人际交往场合讲话，如果说"希望诸位朋友献计献策"，这就是以领导者的身份居高临下来说话，而不是平等的态度，是心理上对在座诸位的不尊重。改成"群策群力"或"我们一起商量"，这就承认大家具有平等地位了。这说明，人际交往中的用语问题也存在一个有无平等观的问题，一个是否"自己人"的显现问题。

第二，对别人感兴趣。卡耐基曾经说过一段发人深省的话："你要是真心地对别人感兴趣，两个月内你就能比一个光要别人对他感兴趣的人两年内所交的朋友还要多。"纽约电话公司曾经做过有趣的调查：在电话中哪一个词出现得最多。结果，他们吃惊地发现，在 500 个电话谈话中，使用了 3950 次的词竟是第一人称的"我"。这说明在"人际市场"中，人们总有一种"想使别人对我感兴趣"的心理趋向。一个理智的人，应当用"自己人"效应去调节这一心理趋向，使之走向平衡、和谐的状态。这就是要牢牢记取下面这句平常却又富有深意的话：要使别人对你感兴趣，那你首先要对别人感兴趣。

第三，给人以"可信度"。所谓"可信度"，是他人相信你的言行真诚的程度。在人际交往中，你的话语必须使人感到你说得在理、说得中肯、说得靠谱，才能增强信息传递的效力。但在这三者之间，起根本作用的还在于你是否说得中肯。某著名诗人为自己的诗或他朋友的诗写吹捧文章，人们就不大信任他，因为人们不关心他写作的固有能力，而关心他的客观性，进而关心他的可信程度。一旦了解到他不是公正的观察者，他的可信度就会大打折扣，他说的话也就会没有多少作用了。这种现象说明，在影响可信度的因素中，存在着一个"隐藏动机"，即他人对你言行动机的理解。如果他人知道你在人际交往中的言行是出自高尚的目的，就会愈加信服你的言行，相反，如果了解到这种言行是为了个人从中获得好处，那就会使你的可信度大为降低，于是也就产生不了"自己人"效应。那么，如何让他人相信你是一个公正、客观而无偏见的人呢？答案就是实践。就是说，要通过客观实践让他人了解你的主张，你的行动完全是为了别人，是为了大众，是出于高尚的动机，而绝不是别有用心、贪图私利。既然实践会证明一切，那在任何时候都不要"王婆卖瓜，自卖自夸"，否则反而会使人家不相信你的"瓜"以及你"卖瓜"的动机。在这里，尤其需要注意的是，对实践的证明力要有耐性，不要企求"立竿见影"。许多事是要经过长时间的反复实践的检验，才能显示其本质的证明力。"路遥知马力，日久见人心"，就是此意。你的可信度是否强？你是否真是他人的"自己人"？实践自会公证。即使有暂时的误会、曲解甚至受冤枉，也大可不必介意。"可信度"还需要你的大肚量。事实上，等到实践证明了一切，雾散云消，那时，你的"可信度"不是会更强吗？人家不是会更热情地视你为"自己人"吗？

第四，要有才华魅力。当其他条件都相等时，一个人越有才华，越有能力，人们就越喜爱他。这可能是因为人们有一种要使自己正确的需要，如果与他打交道的你是一个有能力、有才华的人，他就会感到有利于他正确而不犯错误、有利于得到提高而不至于退步。因此，你在能力、才华方面如果比较突出，又具有魅力，就会产生一种人际吸引力，使他人对你产生钦佩感并欣赏你的才能，愿意把你作为"自己人"而与你接近。这就是"自己人"效应中的

"魅力吸引"因素。要强化"自己人"效应，就不能不重视能力、才学的提高。

第五，优化个性品质。社会心理学家指出，人的内在品质是产生持久吸引力的关键，而有些个人的性格特征会阻碍人与人之间的吸引，不利于"自己人"效应的产生与发展。人们一般都喜欢真诚、热情、友好的人，讨厌自私、奸诈、冷酷的人。国外有位学者曾列出555个描绘人的个性品质的词汇，然后让众人说出他们喜欢哪些个性品质，并说明喜欢的程度。结果发现，评价最高的是真诚，评价最低的是虚伪。我国的社会心理学者也做了一些关于个性品质同人际吸引的关系的研究。他们在研究大学生人际关系时发现，人们在进行哪种人可以成为"自己人"的人际选择时，主要考虑的个性品质因素有这样几条：1.具有较好的合作性，能谦让、懂得体谅；2.能够就思想观点方面的问题敞开讨论而不是主观固执；3.思想比较成熟，可以给自己帮助；4.热情坦率，愿与别人谈心里话；5.性格活泼，爱好活动；6.考虑问题经常以大局利益为重，而不是自私自利；7.对自己应完成的工作抱有责任感，能善始善终；8.能正确认识自己；9.思维活跃，有思想，有创新精神。

启示二，要抓住你的听众。 日常工作中的开会发言、宣传教育、组织动员、交流沟通、检查指导、谈话演讲是领导者的基本功，那么，领导讲话时如何抓住听众，缩短同听众的心理距离，使听众欢迎你、信任你，感到你是他们的朋友和知心人呢？

一是用"自己人"效应引出话题。演讲时引出话题的方式很多，而巧用"自己人"效应对话题的引出和切入，具有事半功倍的效果。1858年，林肯在竞选美国上议院议员的时候，在伊利诺伊州南部进行演说。那时蓄养黑奴的奴隶主们平时对废奴主义者就非常仇恨，当然对林肯到此作反对奴隶制的演说恨之入骨，并发誓只要他来就置他于死地。演说之前，林肯说：南伊利诺伊州的同乡们，肯塔基的同乡们，听说在场的人群中有些人要和我作对，我实在不明白为什么要这样做，因为我也是一个和你们一样爽直的平民，那我为什么不能和你们一样有着发表意见的权利呢？好朋友，我并不是来干涉你们的人，我也是你们中间的一人，我生于肯塔基州，长于伊利诺伊州，正和你们一样是从艰苦的环境中挣扎出来的，我认识南伊利诺伊州的人和肯塔基州的人，也想认识密苏里的人，因为我是他们中的一个……林肯根据听众的情况，简明扼要地把自己与听众相关的情况、经历加以介绍，使听众形成"认同感"。他的话竟把可能面对的敌对方的怒视变为大声喝彩，据说还有打算与他作对的听众成了他的好朋友。

二是用"自己人"效应吸引听众。演讲是一种信息交流活动，演讲者所阐述出来的观点，传递出的信息相当于演讲者与听众之间的桥梁。桥梁架得好，就能把听众吸引到演讲内容中来，创造讲与听的同步效应。在传递信息、观点时，运用"自己人"效应能更有吸引力，更易实现与听众的沟通。加里宁是苏联深受广大青年学子爱戴的演讲家。一次，加里宁在参加莫斯科市鲍乌曼区中学八、九、十年级会议时，被校方邀请作即席演讲。加里宁的演讲是这样开头的："亲爱的同学们，我曾经也经历过像今天的你们这样的学生时代，我深知作为一名在校学生的追求和梦想。我的想法跟你们现在的想法一样，唯一的希望就是你们能好好学习，取得优异的成绩。这不但是你、我的希望，也是家长的愿望，更是政府、社会以及老一辈人对你们的共同期望!"加里宁的演讲,一开始就从自己的经历切入,言明自己也经历过"像今天的你们"一样的学生时代,而且理解作为一名学生的所思所想,以此与听众达成一种"自己人"效应,吸引听众的注意力,缩短了彼此间的心理距离。接下来,他又换位思考,以"我的想法跟你们现在的想法一样"来鼓励、鞭策同学们好好学习,以优异的成绩回报家人,回报社会,报效祖国,让台下的学生感到亲切,激发了认同感,达到了吸引听众的目的。用"自己人"效应激发共鸣要找到与听众心灵沟通的连接点,寻找出与听众心心相印的共鸣区,其实并不难,情感、地位、目的、经历等都能在听众中间产生"自己人"效应,引起听众的共鸣。英国首相丘吉尔在第二次世界大战期间对美国作圣诞演说时曾这样讲道:"我今天虽然远离家庭和祖国,在这里过节,但我一点也没有异乡的感觉。我不知道,这是由于本人母亲的血统和你们相同,抑或是由于本人多年来在此所得的友谊……在美国的中心和最高权力的所在地,我根本不觉得自己是个外来者,我们的人民讲着共同的语言,有着同样的宗教信仰,还在很大程度上追求着同样的理想。我所能感觉到的是一种和谐的兄弟间亲密无间的气氛……"丘吉尔从友谊、情感等角度导出了"我们"、"本人母亲的血统和你们相同"、"一种和谐的兄弟间亲密无间的气氛",这样的演讲就产生了异乎寻常的"自己人"效应,激发了听众强烈的共鸣,获得极大的成功,他的这次演说也成了千古绝唱。

三是用"自己人"效应传情达意。演讲的听众往往是各式各样的,从对听演讲的态度上说,有愿意听的,有持无所谓态度的,也有不愿意听的;从对观点、感情的接受程度上讲,有采取极力赞同的，有将信将疑的，也有抵触、反对的。在演讲中利用"自己人"效应消除听众的逆反心理，拉近与听众的心理距离，使他们更容易接受你的观点、你的情意。林肯出身于一个平民家庭，在参加总统竞选时，他的一个非常富有的竞争对手曾对其贫寒的出身进行攻击。然而，林肯却以巧妙的回击争取了主动，赢得了人心。他在一次演讲中说："有人问我有多少财产。我告诉大家，我有一位妻子和一个儿子，都是无价之宝。此外，也租了一个办公室，室内有一张桌子，三把椅子，墙角还有一个大书架，架上的书值得每个人一读。我本人既高又瘦，脸蛋很长，不会发福。我实在没有什么可依靠的，唯一可依靠的就是你们。"这番话是林肯对"有多少资产"的答复，最后一句话"我实在没有什么可依靠的，唯一可依靠的就是你们"就是利用了"自己人"效应来传情达意，是暗示人们："你们是我唯一的财富，我离不开你们。"选民们听了之后，自然会体验到林肯热爱民众的深厚情感。

"自己人"效应表明：要使对方接受你的观点、情感，那么，就必须把听众视为与自己一体，或把自己视为听众中的一员，这样双方的心理距离就近，演讲效果就容易事半功倍。

后　记

　　党的十八大以来，以习近平同志为核心的党中央顺应历史潮流，把握发展大势，从容应对国际国内出现的新情况、新问题，统筹推进"五位一体"总体布局，协调推进"四个全面"战略布局，提出了一系列治国理政的新思想、新举措。党的十九大报告中，习近平总书记着重强调，中国特色社会主义进入了新的时代，我们党一定要有新气象、新作为。要团结带领人民进行伟大斗争、推进伟大事业、实现伟大梦想，必须坚定不移地全面从严治党，不断提高党的执政能力和领导水平。指出要增强党员领导干部理论学习、政治领导、改革创新、科学发展、依法执政、群众工作、狠抓落实、驾驭风险"八种本领"，着力解决领导干部的"本领恐慌"，全面提升领导干部战略思维、创新思维、辩证思维、法治思维和底线思维能力。

　　为深入贯彻落实党的十八大、十九大和习近平总书记系列重要讲话精神，本人系统学习了有关政治、经济、历史、哲学、法学、教育学，特别是心理学方面的知识和专家论述，查阅了古今中外相关文献资料，并结合自己多年从事领导工作和思想政治工作的经历、体会，编著了这本《领导者应关注的60种效应》，诚挚希望与各行各业的各级领导者、管理者一起交流、探讨、学习、提高。

本书在编写过程中，得到了部分科研院所有关专家、教授以及领导和同志们的鼓励、支持和帮助，成稿出版之际，深表谢意！

由于本人水平有限，业余时间有限，本书定有欠妥之处，敬请读者批评、指正。

陈金明

2017 年 10 月

责任编辑:贺　畅

封面设计:张　辉

图书在版编目(CIP)数据

领导者应关注的 60 种效应/陈金明 编著. —北京:人民出版社,2018.5
　(2019.2 重印)

ISBN 978－7－01－019012－9

Ⅰ.①领…　Ⅱ.①陈…　Ⅲ.①领导学　Ⅳ.①C933

中国版本图书馆 CIP 数据核字(2018)第 039706 号

领导者应关注的 60 种效应

LINGDAOZHE YING GUANZHU DE 60 ZHONG XIAOYING

陈金明　编著

人民出版社 出版发行

(100706　北京市东城区隆福寺街 99 号)

北京汇林印务有限公司印刷　新华书店经销

2018 年 5 月第 1 版　2019 年 2 月北京第 2 次印刷

开本:710 毫米×1000 毫米 1/16　印张:20.5

字数:230 千字

ISBN 978－7－01－019012－9　定价:63.00 元

邮购地址 100706　北京市东城区隆福寺街 99 号

人民东方图书销售中心　电话 (010)65250042　65289539